Zu diesem Buch

«Nicht allen das Gleiche, sondern jedem das Seine»: Wenn es nach den konservativen Bildungspolitikern ginge, die sich unter dieser Devise sammeln, werden Hauptschüler eine vergessene und benachteiligte Mehrheit bleiben. Sie haben ja das Ihre zur Ungleichheit bekommen: eine Ausbildung, die angeblich ihren speziellen Anlagen entspricht, mit der sie werden können, was ihre Eltern, die Volksschüler von früher, schon sind. Wer aber wie Wolfgang Wimmer in der Hauptschule unterrichtet und die Lebensprobleme seiner Schüler ernst nimmt, wird ein anderes Verständnis der Devise entwickeln. Sie steht dann für den Anspruch von Kindern aus Arbeiterfamilien und Obdachlosenquartieren auf besondere Förderung. Das Plädoyer dafür liefert die teilnehmende, persönlich betroffene Beschreibung der Wirklichkeit der Hauptschule und der eigenen Lerngeschichte. Dieses Buch nimmt daher nicht eine sozialwissenschaftliche Bestandsaufnahme vor, sondern es versucht, aus der Geschichte der Schüler und ihres Lehrers Einsicht in die reale Macht der Verhältnisse zu gewinnen und Ansätze nachzuweisen, wie sich Lernen und Leben in und außerhalb der Schule Schritt für Schritt menschlich gestalten lassen.

Über den Autor

Wolfgang Wimmer, 1937 in Halle/Saale geboren, unterrichtet seit zehn Jahren in der Hauptschule. Er arbeitet aktiv in der GEW.

Wolfgang Wimmer

Nicht allen das Gleiche, sondern jedem das Seine

Sozialbiographien aus einer Hauptschulklasse

rororo

Rowohlt

ERSTAUSGABE

Veröffentlicht im Rowohlt Taschenbuch Verlag GmbH,
Reinbek bei Hamburg, Dezember 1976
Umschlagentwurf Jürgen Wulff

Satz Aldus (Linotron 505 C)
Gesamtherstellung Clausen & Bosse, Leck/Schleswig
Printed in Germany
580-ISBN 3 499 16996 7

Inhalt

Nicht allen das Gleiche, sondern jedem das Seine

Es war der Kultusminister von Baden-Württemberg der diesen Satz in einem Aufsatz mit dem Titel «Tendenzwende in der Bildungspolitik» zur Kennzeichnung und Richtigstellung gewisser Fehlentwicklungen der Bildungsreform gebrauchte. Von der Bildungsreform hatte ich übrigens viel gehört, aber nichts gespürt, wir an der Hauptschule waren die Vergessenen der Bildungsreform geblieben.

Soweit ich weiß, findet sich dieser Satz, sinngemäß, zum erstenmal bei Aristoteles in der «Ethik» im Kapitel über die Gerechtigkeit. Aristoteles wollte damit ausdrücken, daß es ungerecht sei, wenn Gleiche Nichtgleiches und Nichtgleiche Gleiches haben und genießen. Der zweite Teil war der Wahlspruch des Königreichs Preußen, er stand aber auch auf dem Eingangstor zum KZ Buchenwald. Es ist also ein Satz, der leicht mißbraucht werden kann.

Der Satz ist leicht zu verstehen. Man muß an den Arzt, nicht an den Richter denken. Ein Richter darf nicht sagen: «Nicht allen das Gleiche, sondern jedem das Seine.» Er muß die Angeklagten gleich behandeln und bei gleichen Taten Gleiches zumessen. Er wäre sonst ungerecht. Daher heißt es, daß vor dem Gesetz alle gleich sind, so ungleich sie auch sonst sein mögen. Dagegen darf der Arzt nicht alle Patienten gleich behandeln. Er wäre sonst ein Kurpfuscher. Tuberkulose kann man nicht mit Hustensaft heilen, sondern jeder Patient braucht die ihm zuträgliche Pflege und angemessene Medizin. Hier gilt also der Satz: «Nicht allen das Gleiche, sondern jedem das Seine.»

Wendet man ihn aber auf das Schulwesen an, so müßte die Forderung lauten: «Jedem Kind und jedem Jugendlichen die ihnen gemäße Schule.»

Und hier bin ich so glücklich, mich in Übereinstimmung mit dem Minister zu befinden. Denn diese Forderung kommt in dem besagten Aufsatz vor, und ich hatte sogar Gelegenheit, eine Frage zu stellen, nachdem er eine Rede gehalten hatte.

Frage: «Herr Minister, ich habe Ihren Worten mit Interesse zugehört. Ich habe auch kürzlich einen Aufsatz von Ihnen gelesen, ich glaube mit dem Motto ‹Tendenzwende in der Bildungspolitik›. Wenn ich richtig verstanden habe, geben sie in diesem Aufsatz der Begabung einen höheren Wert, als ihr in den letzten zehn Jahren eingeräumt worden ist, und sie drängen also das Gewicht des Milieus etwas zurück. Und danach schien mir, als würde unser dreigliedriges Schulsystem den einzelnen Begabungsrichtungen entsprechen. Ich habe folgende Frage: Wir haben vielleicht 2500 Hauptschüler in F. Wahrscheinlich könnten sie an den zehn Fingern Ihrer Hände die Akademikerkinder abzählen. Auf jeden Fall ist die Hauptschule heute eindeutig eine Schichtenschule. Es ist die Schule der Arbeiterkinder, die meistens aus großen Familien kommen, und die Schule von Kindern von Angestellten, aber nicht von leitenden. Glauben Sie tatsächlich, daß die Begabungsrichtungen in unserem Volk so gestreut sind, und würden Sie, wenn Sie es nicht annehmen, nicht doch dem Milieu und den dahinterstehenden Arbeitsprozessen ein größeres Gewicht einräumen?»

Antwort: «Er hat darauf hingewiesen, er hat darauf hingewiesen, meine Damen und Herren, daß ich in einem Aufsatz vor zwei Jahren Begabung sehr stark herausgestellt habe. Ich habe das in der Tat gegenüber einer Tendenz getan, die aufgekommen war. Man berief sich dabei auf Heinrich Roth in Göttingen, der es niemals so undifferenziert gesagt hatte, aber der gesagt hatte: ‹Es kommt auf das Begaben an und nicht auf die Begabung.› Daraus haben Leute vereinfachend geschlossen, es gibt überhaupt keine Begabung. Alle Leute sind genau gleich, infolgedessen kann man von allen das Gleiche verlangen. Ich würde dagegenstellen, und das habe ich auch heute getan, die Unterschiedlichkeit der Menschen. Woher sie kommt, meine Damen und Herren, ist mir ziemlich gleichgültig. Aber es ist eine ganz praktische Erfahrung, mit der alle in der Schule rechnen müssen, daß sie nicht von jedem das Gleiche erwarten können und fordern können und daß infolgedessen dem Rechnung getragen werden soll. Von da aus fordere ich eben eine Differenzierung, nicht wahr? Das ist zu sagen.

Nun, Sie haben als zweites darauf hingewiesen, daß in der Hauptschule viel mehr oder fast ausschließlich, so haben Sie's gesagt, das kann ich jetzt nicht beurteilen, Arbeiterkinder sind und ob ich das richtig finde. Ich möchte jetzt eine etwas provozierende Antwort geben. Wahrscheinlich ist dann zu Unrecht eine ganze Reihe von vielleicht Akademiker- oder von Beamtenkindern auf dem Gymnasium und in der Realschule. Das kann man vielleicht sagen, denn wenn wirklich nach der Begabung geurteilt würde, müßten sich die Kinder wahrscheinlich etwas anders verteilen, als es im Augenblick geschieht.» (Dieser und andere Ausschnitte aus der Podiumsdiskussion wurden im Frühjahr 1976 vom Südwestfunk gesendet.)

Leider ist bei solchen Anlässen nicht Gelegenheit, nachzufragen und ein Gespräch anzufangen, um Aufklärung zu erhalten. Einiges war mir allerdings klargeworden. Während ich bei dem Satz «Nicht allen das Gleiche, sondern jedem das Seine» an gesellschaftliche Ungleichheit gedacht hatte, an in der Gesellschaft nicht Gleichgestellte, dachte der Minister an natürliche Ungleichheit, an von Natur nicht Gleichgestellte, an von Natur aus verschieden Begabte.

Nun wurde aber, nach seinen eigenen Worten, bei der Verteilung nicht wirklich nach der Begabung geurteilt. Mir war auch schwer einsehbar, wie das geschehen sollte. Also hing doch das Urteil, mit dem man über Schullaufbahn und Lebenschancen entschied, von Kriterien ab wie Einkommen und Bildungsstand der Eltern, die nichts mit der natürlichen Begabung zu tun hatten. Dafür hatte ich aber das Wort «Milieu» gebraucht. Daher kam es, daß die Andersbegabten, die angeblich praktisch Begabten und für das abstrakte Denken Ungeeigneten, sich in den Vorstädten versammelten.

Denn natürlich sprach niemand von gut und schlecht Begabten. Man sprach von Andersbegabten, von der Gleichwertigkeit der Ungleichwertigen. Aber das war der fromme Wunsch guter Herzen, der leicht zur Heuchelei geriet. Denn nirgends hatte ich gesehen, daß sie, die Ungleichwertigen, gleichviel wert waren, in der Schule nicht und auf dem Arbeitsmarkt nicht. Überall gab man für sie weniger aus.

Wenn man aber die gesellschaftliche Ungleichheit unterschlug, so deutete man sie in Wahrheit um, sie erschien als natürliche Ungleichheit. Ungleichheit, die am Anfang des Lebens entstand, wurde vor das Leben verlegt.

Da mich interessierte, woher die Unterschiedlichkeit der Menschen kam, spielte ich verschiedene Hypothesen durch. War sie naturgegeben, war sie vielleicht sogar gottgewollt? Und da wurden mir auf einmal die ontologischen, ja die theologischen Fundamente unserer Bildungspolitik klar, und unser dreigliedriges Schulsystem erschien mir in einem ganz neuen Licht. An die Stelle der Gesellschaft trat Gott, an die Stelle von Sozialisation Prädestination. Der Schulentwicklungsplan erschien als Verwirklichung und Fortsetzung des göttlichen Plans auf Erden, in dem auch mir ein Plätzchen zugewiesen war, an dem ich meinen Frieden finden könnte. Und beinahe glücklich rief ich mit dem Minister aus: «Nicht allen das Gleiche, sondern jedem das Seine.» Doch was geschah?

Auf dem Weg von meinem Mund bis in die Schulwirklichkeit verwandelte sich der Satz. Er wurde zu einem verkehrten Satz. Er kehrte sich gegen die, für die er doch gesprochen sein sollte. Ich sah vor mir viele, die durch ihre Herkunft benachteiligt waren und durch die Schule abermals benachteiligt wurden. In diese Situation hineingesprochen, schien der Satz einen schlechten Zustand zu sanktionieren. Er klang zynisch und höhnisch. Da sagte ich zu mir: «Bist du denn ein Zyniker?», und kehrte den Satz schnell wieder um, damit seine Wahrheit wieder zum Vorschein käme. «Nicht allen das Gleiche, sondern jedem das Seine» bedeutete dann: «Die Benachteiligten müssen bevorzugt werden.»

In Wahrheit wäre ich mit weniger zufrieden gewesen: Nicht Gerechtigkeit, sondern weniger Ungerechtigkeit, nicht Bevorzugung der Benachteiligten, sondern weniger Benachteiligung. Wenn schon nicht jedem das Seine, so doch wenigstens allen das Gleiche. Aber nicht einmal das ist der Fall.

Lerngeschichte I

Ich bin in der DDR aufgewachsen und kam, wie viele der Verheißung folgend, nach dem Westen. Anfangs ging es mir materiell schlecht, aber da ich Probleme des Kopfes hatte, geistige Probleme, nahm ich es kaum wahr. Um sie zu lösen, begann ich Philosophie zu studieren. Während ich Brot mit Margarine aß, dachte ich über Sätze nach wie: «Das Sein braucht den Menschen.» Es dauerte lange, bis mir klar wurde, daß auch der Mensch etwas braucht. Da sah ich mich nach einem Broterwerb um. Ich ging an die PH. Es war nicht Berufung.

Damals befand sich die PH gerade auf dem Sprung zur wissenschaftlichen Hochschule. Mit einem Bein stand sie noch in der Tradition der alten Lehrerbildungsanstalt, während das andere in der Luft hing. So zwischen Himmel und Erde angesiedelt war auch das Studium. Wir erhielten keine Fachlehrer-, sondern eine Allroundausbildung. Dazu gehörten auch Wandtafelzeichen und Musizieren. An jedem Mittwoch um sieben Uhr in der Frühe ging ich in das oberste Stockwerk der PH. Dort erwartete mich der Musiklehrer. Ich nahm das Musikstudium wieder auf, das ich zum Leidwesen meiner Eltern im Alter von zwölf Jahren abgebrochen hatte. Gemeinsam spielten wir schließlich den Türkischen Marsch.

Wir wurden auch im Singen ausgebildet. Am Ende eines Semesters sang ich unter dem schadenfrohen Grinsen meiner Kommilitoninnen und Kommilitonen das Lied vor: «Geh aus mein Herz und suche Freud.» Der gute Mensch, der uns unterrichtete, wurde von den Studenten sehr geärgert, und eines Tages schrie er uns entrüstet an: «Sie waren noch gar nicht auf der Welt, da habe ich schon mit zwölf Hotzenwäldern Chor gesungen.» Dieser Teil der Ausbildung war sehr bodenständig.

Im anderen Teil breiteten die Dozenten in ihren Vorlesungen immer neue Wertehimmel über uns aus. Aber da ich immerhin an den Texten großer Philosophen geschult war, konnten sie mir nicht viel anhaben. Mit stumpfem Eifer saßen wir über Sätzen wie den folgenden: «Die Rede von Bildungsgütern oder Bildungsinhalten meint zunächst, ‹daß der Redende in einer Berührung mit einem geistigen Gehalt, mit einem Bestandteil und Ausschnitt der Kultur, mit einer Dichtung, einem Gemälde, einer Musik, einer Staatsauffassung, einer geschichtlichen oder religiösen Persönlichkeit bildende Eindrücke erfahren hat. Sie sind sein geistiges Eigentum geworden, wie man bildlich sagen darf, sie gehören zu ihm, und es ist ja die Eigentümlichkeit des Geistigen, daß es so etwas gibt: ein in sich geschlossenes, selbständiges Gebilde wie eine Sonate, ein geschichtliches Menschenleben, ein Gedicht, eine Kulturepoche (. . .) kann von einem Menschen ergriffen und besessen werden und bleibt doch, was es ist, bleibt unverbraucht und selbständig . . .›» (W. Klafki:

Studien zur Bildungstheorie und Didaktik, S. 132f, Zitat im Zitat von E. Weniger: Theorie der Bildungsinhalte und des Lehrplans).

Die Welt schien voller Häuser zu sein, in denen man Kammermusik spielte und Literaturzirkel abhielt.

Unsere Lehrer sprachen viel von der Liebe zu den Kindern, und während sie sprachen, röteten sich ihre Wangen. Es war die Liebe, die wir fühlen sollten und die für sie eine unerfüllte, unbestimmte Sehnsucht geblieben sein muß, da sie keinen Umgang mit ihnen hatten. Das Kind war eine wundersame Pflanze, die sich nach geheimnisvollen Gesetzen entfaltete. Doch wurzelte sie in keinem Boden, und kein Himmel stand über ihr. Es war eine Pflanze, die nirgendwo wuchs.

In Wahrheit verbarg sich in den zarten Seelen unserer Lehrer der harte Geist von Konquistatoren und Kolonisatoren. Sie hatten eine Botschaft, die wir fremden Völkern bringen sollten. Niemand fragte nach deren Leben und Kultur. Wir wurden zur Missionierung geschickt, aber niemand von uns wußte, wohin es gehen sollte, und hätten wir danach gefragt, so hätte man uns vielleicht mit geheimnisvollen Lächeln geantwortet: «Ins Land der Kinder.» Sie selbst, wie gesagt, wußten es wohl nicht genau, aber trotzdem bildeten sie uns aus, denn schließlich war es ihr Beruf. Natürlich rächte sich das. Da man mit dieser Ausrüstung nicht viel anfangen konnte, entledigte man sich ihrer bald wie überflüssigen Ballastes. Die Damen und Herren waren geachtet, aber sie wurden schließlich nicht ernst genommen.

Gewisse Ereignisse hätten mir die Augen öffnen können. Ich wohnte der Turnstunde eines Studenten bei. Er hatte eine riesige Anzahl kräftiger Neuntkläßler zu unterrichten. Er selbst war ein kleiner, feingliedriger Mensch. In der neuen Sportkleidung, die er trug, wirkte er wie einer, der sich als Sportler verkleidet hatte. Er setzte sich an die Spitze des Zuges, um ein paar Runden zu laufen, wurde aber gleich überrollt und dann überrundet. Hoffnungslos lief er Runde um Runde mit, bald unter ferner liefen. Er versuchte vergeblich, sich Gehör zu verschaffen, schien sich dann in der Menge zu verstecken und tauchte schließlich in ihr unter. Die Stunde mußte abgebrochen werden, der Student schlich kleinlaut nach Hause, und der Turnlehrer sagte: «Ihm fehlen die Ellenbogen.»

Nachdem ich das Examen gemacht hatte, fand ich mich fröstelnd auf den Straßen im Norden Mannheims wieder. Die Schule, an die ich kam, war ein wilhelminischer Bau, vor dem sich auch ein Erwachsener klein vorkam. Da ich anfangs kein Zimmer hatte, übernachtete ich zuerst im Nebenraum des Kohlenkellers. Am ersten Morgen als Lehrer, nachdem ich mich notdürftig rasiert hatte, stieg ich zitternd hinauf, um in die Gesichter der neuen Generation zu blicken. Das Schicksal war mir günstig, ich bekam eine zweite Mädchenklasse. Ich sagte: «Nehmt die Bücher raus», und sie nahmen die Bücher raus, und ich erschrak wie damals, als ich das erste Mal den Fuß auf das Gaspedal eines Autos setzte und es losfuhr. Ich begann mit ihnen das Einmaleins zu üben und stellte sie an der hinteren Wand auf. Wer zuerst die Antwort wußte, durfte eine Bankreihe vorrücken. Die Fixen näherten sich rasch dem freien Raum, in dem ich stand, und durften sich setzen, wenn sie mich erreicht hatten. Die anderen standen noch an der Wand, in sich gekrümmt. Um sie zu trösten, sagte ich ihnen, daß es nur ein Spiel sei. So lehrte ich sie früh, daß es Sitzplätze und Stehplätze gibt und daß der Dumme immer der Dumme ist, und bereitete sie auf das Leben vor. Das alles tat ich ohne Absicht.

Eines Tages erschien eine Mutter, die mit der Note ihrer Tochter nicht zufrieden war. Das Auftauchen der elterlichen Gewalt beunruhigte mich, und ich nahm sie in die Klasse mit. Ich bewies ihr schnell, daß es mit den Rechenkünsten ihrer Tochter nicht weit her war, und sie entfernte sich bald.

Ich unterrichtete auch eine neunte Mädchenklasse im Werken. In einem Bastelladen kaufte ich die Materialien, um ihnen das Korbflechten beizubringen. Sie rührten nur widerwillig die Hände und sahen mich mit Blicken an, die ich nicht zu deuten wußte. Heute glaube ich, daß sie mich schlichtweg für bekloppt hielten.

Manchmal sah ich den Rektor mit einer Geige durch die Korridore gehen. Er unterrichtete Musik. Er sagte mir, daß er sich freue, von einem jungen Kollegen Anregungen zu erhalten und zu lernen, da er selbst kein großer Didaktiker sei. Seine Offenherzigkeit machte ihn sympathisch. Er nahm mich zu einer Gewerkschaftssitzung mit. Dort waren andere Rektoren und Konrektoren. Sie sprachen über Geld. Ich wurde Mitglied, aber die Gewerkschaftsarbeit interessierte mich erst später.

Ich war damals Krankenvertreter und wurde bald darauf an eine Schule versetzt, die in einem Viertel lag, das nicht den besten Ruf hatte. Wieder bekam ich eine Mädchenklasse, diesmal eine sechste. Einige Mädchen schienen schon älter und reifer zu sein und legten ein Verhalten an den Tag, das ich, gelinde gesagt, provozierend fand. Zwei von ihnen traf ich an einem späten Abend auf dem Jahrmarkt wieder. Sie schlenderten an den Buden entlang, und jedes hielt am Arm einen Kerl und in der Hand einen Glühstengel. Als sie mich bemerkten, betrachteten sie mich mit offener Verwunderung wie einen Schneemann in den Hundstagen oder als hätte sich der Kartenständer aus dem Klassenzimmer selbständig gemacht. Sie gingen immer ein paar Schritte vor mir her, absichtlich. Ich war der Situation nicht gewachsen und entfernte mich.

Ich erinnere mich, daß ich Hofaufsicht hatte. Der Hof war durch Seile in Hälften geteilt, für die Jungen und für die Mädchen. Ich stand im Jungenteil, weniger zur Verhütung von Unfällen als zu meiner Rechtfertigung, sollte etwas geschehen. Ein Junge fiel hin und schlug sich den Kopf blutig. Ich hob ihn auf und trug ihn ins Schulhaus. Oben am Fenster standen der Rektor und einige Lehrer. Einer von ihnen sagte mir später, das hätte er nicht gemacht. Der Satz beunruhigte mich, und ich begann, meine Kollegen und mich mißtrauischer zu beobachten.

Es gab einen Lehrer, der groß und stark war und ein Lächeln auf dem Gesicht trug, welches anzeigte, daß er mit der Welt zufrieden war und mit sich. Das erstaunte mich jedesmal. Er sprach freundschaftlich und kameradschaftlich mit seinen Schülern, und sie hingen an ihm. Ich sah, wie er sie mit vorgetäuschten Fußtritten die Treppe hinaufscheuchte, und ich glaube, es freute ihn, daß ich ihn dabei beobachtete. Seine Schüler schienen sich frei zu bewegen vor dem Hintergrund seiner unerschütterlichen Autorität. Er war schwer aus der Ruhe zu bringen. Aber einmal sah ich, wie er einen Schüler, der wie irr im Treppenhaus herumlief, zornig packte. Der Schüler zappelte in seinen großen Händen wie ein Hase. Der Lehrer hob ihn hoch und preßte ihn an die Wand, etwa in Augenhöhe. Wäre in diesem Moment der Hausmeister mit Hammer und Nägeln vorbeigekommen, so hätte man meinen können, der Schüler, der inzwischen aufgehört hatte zu zappeln, sollte dort angeschlagen werden.

Ein anderer Lehrer nahm mich in sein Klassenzimmer mit. An der Wandtafel stand der Satz: «Otto ist Schwul.» Der Lehrer schrie keineswegs los, er mokierte sich nicht einmal darüber, daß seine Schüler noch immer nicht den Unterschied zwischen Haupt- und Eigenschaftswort begriffen hatten, sondern sagte bloß: «Für sie ist es eben ein Hauptwort.» Er hatte viel Verständnis. Trotzdem kam es vor, daß er einen Schüler einen Banditen nannte, aber dann fügte er hinzu: «Ich weiß ja, warum er sich wie ein Bandit benimmt.» Er sagte auch: «Die Leistung ist das Abfallprodukt eines guten Verhältnisses des Lehrers zum Schüler», oder: «Es ist bedauerlich, wenn die Leute nach Mallorca fliegen und meinen, es sei Zypern, aber wichtiger ist es, daß sie sich nicht um den Fensterplatz streiten», oder: «Warum sollte er nicht Hilfsarbeiter werden? Hauptsache, er wird ein glücklicher Mensch.» Jedoch gab er zu, daß es für einen Hilfsarbeiter wahrscheinlich besonders schwierig ist, glücklich zu sein.

Ich erinnere mich an einen anderen Lehrer, der viele Nachmittage zur Vorbereitung in der Schule verbrachte. Einmal wurde er auf das Schulamt gerufen, um dort Karteien zu ordnen, während die Schulräte abwesend waren. Das haben nicht alle gut gefunden. Aber der Lehrer war allseits beliebt wegen seiner Hilfsbereitschaft. Stand er vor einer schwierigen Klasse, deren Mitarbeit zu wünschen übrigließ, sagte er: «Was sollen wir denn bloß noch machen? Wir wollen doch bloß das Beste für euch. Aber etwas müßt ihr schon dazutun.» Da er diese Rede schon oft gehalten hatte, klang seine Stimme ausgeleiert, wie von einer Schallplatte, auf der die Nadel hängengeblieben ist.

Wie alle Älteren war er im Krieg gewesen, er hatte etwas anderes werden wollen, aber der Krieg hatte ihm einen Strich durch die Rechnung gemacht. Er meinte, der jungen Generation ginge es zu gut, sie habe ja alles, ohne sich anstrengen zu müssen. Er sagte, daß jede Generation ihre Erfahrungen machen muß. Nach einer Generation, der es gutgeht, folgt eine, die auf die Schnauze fällt.

Mit einem anderen Kollegen stand ich vor meinem Klassenzimmer, als die Schüler herausstürzten und uns beinahe über den Haufen gerannt hätten. Er fragte mich: «Wie lange wollen Sie das noch mitmachen?» Vielleicht hat er auch gefragt: «Wie lange halten Sie das noch aus?» Dieser Kollege konnte auf unnachahmliche Weise die Schüler nachahmen. Dabei schwang in seiner Stimme oft ein Ton der Entrüstung mit. Er war entrüstet über die Ignoranz und Faulheit der Schüler. Er konnte es nicht verwinden, daß das Wirrwar in ihren Köpfen nicht in Übereinstimmung zu bringen war mit den Realitäten der Welt. Deshalb erlebte er wohl Momente des Schmerzes, aber auch des stillen Triumphes, wenn wieder einmal ein Schüler Großbritannien im Mittelmeer schwimmen ließ oder China neben der Bundesrepublik ansiedelte. Gegen die Dummheit der Welt war eben kein Kraut gewachsen.

Er sah nicht rosig in die Zukunft, konnte ihr keine Perspektive abgewinnen. Eines Tages saßen einige Lehrer ermattet im Lehrerzimmer herum, und er meinte: «Das sind die wohlgemuten Lehrer, die das Glück haben, täglich mit der Jugend zusammenzusein.»

Im Grunde war er wohl ein sensibler Mensch, der die Schüler gern mit Samthandschuhen angefaßt hätte, aber die Umstände zwangen ihn, sich Boxhandschuhe überzuziehen. Ging er zur Schule hinaus und versperrte ihm eine Schar Halbwüchsiger den Weg, unbeabsichtigt oder vorsätzlich, so krempelte er innerlich die Ärmel hoch und behandelte die Schüler, die ihn wie Luft behandelten, selbst wie Luft.

Nicht alle setzten sich so erfolgreich zur Wehr. Über einen Kollegen wurde folgende Geschichte erzählt. Einmal streckte ihn während der Turnstunde ein heftiger Schmerz in der Hüftgegend nieder. Er legte sich auf eine Bank an der Längsseite der Turnhalle und ließ sich ein Kissen bringen, das er sich unterschob. Auf diese Weise konnte er die Sportstunde fortführen, auf den Ellenbogen gestützt und den Kopf in die eine Hand gelegt, die Trillerpfeife in der anderen Hand. In diesem Augenblick trat ein Schulrat durch die Tür der Turnhalle und hielt in vollkommener Unkenntnis der Sachlage den Kollegen für einen Faulenzer, während er in Wirklichkeit das Bild eines pflichtbewußten Beamten vor sich hatte. Er forderte ihn höhnisch auf, sich beim nächsten Mal Kaffee und Kuchen mitzubringen. Alle Beteuerungen des Lehrers führten nicht zur Richtigstellung, sondern stempelten ihn überdies, da die Verletzung innerer und nicht äußerer Art und somit nicht vorzeigbar und beweisbar war, als Lügner und Hypochonder ab und schlossen eine Weiterbeförderung, die er bereits ernsthaft ins Auge gefaßt hatte, endgültig aus. Von da an tat der Kollege keinen Strich mehr zuviel. So ungerecht also kann die Welt der Schule sein.

Ich selbst aber schien nicht hineinzugehören, die Wirklichkeit stand mir fremd gegenüber. Ich stand auf dem Schulhof und erkannte am anderen Ende einen Kollegen. Er hatte einen Blazer an und hielt die Hände in die Taschen gesteckt wie im Gram. Wir gingen auf dem großen Platz aufeinander zu, während die Halbwüchsigen unseren Weg kreuzten. Plötzlich verlor ich die Orientierung. Die Welt versank in einer Anonymität, in der ich die Namen der Dinge vergaß, auch meinen eigenen. Ich dachte: «Das kann nicht sein», und der Satz bezog sich auf nichts Bestimmtes, sondern schloß alles ein. In dieser Bewußtlosigkeit begriff ich, daß die Wirklichkeit Wirklichkeit war. Dann, gewissermaßen über meine Beine stolpernd, kam ich wieder auf den Boden der Realität zu stehen, ich sah vor mir den Kollegen, und er fragte mich, ob mir nicht gut sei, ich würde so blaß aussehen. «Ganz im Gegenteil», sagte ich, «die Luft tut mir gut.»

Ich empfand meinen Beruf nicht als Abstieg, sondern als Fall. Ich war aus dem Himmel der Philosophie gestürzt in die gemeine Wirklichkeit. Ich war ein Bewohner des Palasts der Kultur, der mit einem Bein in die Hundescheiße getreten war, auf der dieser, nach Brecht, gebaut ist. Am Morgen sah ich in der Straßenbahn eine Frau, die mir gefiel. Am Nachmittag kam sie am Schulhof vorüber und sah mich, wie ich mit den Mädchen herumturnte. Es schien mir, als hätte sie an mir einen Makel entdeckt, und ich wäre gern im Erdboden versunken. Ich legte in ihren Blick all die Geringschätzung, die meiner Ansicht nach und wirklich die Welt für meinen Beruf hegte. Diesem Dünkel setzte ich den eigenen Hochmut entgegen, der von derselben Art war. An sich war ich für diese Sache zu schade, ich war für Höheres berufen und daher nur zeitweise in den Niederungen beschäftigt, gewissermaßen auf Abruf.

Heute habe ich meine Meinung geändert, aber es hat lange gedauert. Ich würde nicht gehen, weil ich mich für zu gut hielte, sondern weil es zu schwer für mich wird. Aber dann würde ich mich wie ein Fahnenflüchtiger fühlen.

In den Gesprächen mit den Kollegen tauchte häufig das Wort «Milieu» auf. Es war ein Schlüsselwort. Das Milieu war wie ein undurchdringlicher Urwald, in den wir hineinspähten. Von einem Kollegen wurde berichtet, daß er sich in ein berüchtigtes Stadtviertel begeben hatte, um einen Schüler für das bürgerliche Leben zu retten. Er war von der Mutter unter dem Hohngelächter der Mitbewohner auf den Treppenstufen mit heißen Pellkartoffeln beworfen worden und hatte den Rückzug antreten müssen. Der Kollege wurde halb mitleidig oder schadenfroh belächelt, halb wie ein Held angesehen.

Jeden Morgen traten die Schüler aus dem Milieu hervor (ich weiß nicht, ob es damals schon das Wort «Milieugeschädigte» gab), die Lehrer kamen aus den bürgerlichen Stadtvierteln angefahren, die Schule war der

Treffpunkt zweier Welten, an dem der Kampf um die Seelen entbrannte. Gemeinsam stemmten wir Lehrer uns gegen die Flut der Anarchie.

Jeden Morgen ging ich mit der Masse mit, sie umgab mich wie ein wärmender Mantel. Wir gingen über die Brücke, die später durch den Song von Joy Fleming bekannt wurde, unten floß der schmutzige Neckar, und oben hob sich langsam die Nacht, und aus der Dämmerung traten die Häuser und Straßen hervor, bereit für die Wege des neuen Tages. Den Vormittag verbrachte ich in der Schule, und am Nachmittag ging ich durch die Stadt. Sie faszinierte mich. Ich ging an den Häusern und Fabrikanlagen vorbei und kam in die Obdachlosensiedlung, in der einige Schüler wohnten. Sie war auf drei Seiten von Einfamilienhäusern umgeben wie von einem Wall. Die Straßen trugen Namen wie «Zur frohen Zukunft», «Zur guten Hoffnung», «Ohne Fleiß kein Preis», als wollten sie die Bewohner auf den Pfad der Tugend weisen, auf dem sie aus den Baracken herausfinden könnten. Nach der offenen Seite hin lag ein verwilderter Park, dort streunten Hunde und spielten Kinder, man sah den Himmel und die ziehenden Wolken und hatte für einen Augenblick das Gefühl, auf einem Planeten zu wohnen. Aber wenn ich morgens in der Klasse stand, schien ich alles vergessen zu haben, was ich am Nachmittag gesehen hatte, ich konnte keine Verbindung herstellen zwischen meiner Tätigkeit, dem Verhalten der Schüler, den Häusern, in denen sie wohnten, und den Fabriken, in denen ihre Eltern arbeiteten. Die Schüler blieben mir fremd, und ich war wohl enttäuscht, daß sie nicht so waren, wie ich sie mir vorgestellt hatte. Es ist mir damals nicht eingefallen, glaube ich, die Karteikarten in der Schule nach einigen kargen Daten über ihre Herkunft und Familienverhältnisse durchzusehen.

Heute kann ich nur mit einem spöttischen Grinsen dem Menschen zusehen, der dort unterwegs ist zu dem, der ich gegenwärtig bin, und den ich, vielleicht, später, wieder kopfschüttelnd betrachten werde. Ich war voller Anschauungen, aber da mir die Begriffe fehlten, war ich blind. Ein Wort wie «Sozialisation» hatte ich nie gehört, an der Hochschule war es nicht bloß ein Fremdwort gewesen, es hatte das Wort nicht gegeben. Heute, da man sehr schnell über die Begriffe verfügt, muß das verwundern. Doch sollte man nicht zu hart urteilen. Denn wenn die Anschauungen fehlen, klingt die Begriffssprache bekanntlich leer, und das ist, scheint mir, häufig der Fall.

Ich wurde abermals versetzt und erhielt eine fünfte Realschulklasse mit 49 Schülern. Bis Weihnachten sollte sie auf den vertretbaren Stand von 40 gebracht werden. Es herrschte ein qualvolles Gedränge. In der Erinnerung sehe ich das Klassenzimmer in perspektivischer Verengung, und die Gesichter in den hinteren Reihen beginnen zu verschwimmen. Eines Tages stieß mich ein Kollege an und zeigte auf einen Mann, der am Fenster des Lehrerzimmers vorbeiging. Er trug eine Aktentasche. «Das ist einer», sagte der Kollege. Er war der Meinung, daß man einen

Schulrat erkennen kann, wahrscheinlich an dem gewichtigen Gang, der von der Bürde herrührt, die er zu tragen hat. Da Schulräte nur selten in den Schulen erscheinen, ranken sich Mythen um sie. In manchen Köpfen erhalten sie ein erhöhtes Dasein, gleichsam wie Götter, die sich nur selten zu den Sterblichen herablassen und deren Seelen mit Furcht und Schrekken erfüllen. Ich habe erlebt, daß ein ganzes Kollegium geschlossen und wie auf Kommando beim Eintritt einer Aufsichtsperson ins Lehrerzimmer aufstand, wie zur Begrüßung eines morgenländischen Potentaten. Dabei sind Schulräte oft patente Leute.

Kurz darauf stand der Mann mit der Aktentasche tatsächlich in meinem Klassenzimmer und sah sich meine Bemühungen an. Er war damit nicht zufrieden und griff selbst in das Unterrichtsgeschehen ein. Dabei entwickelte er ein starkes mimisches und theatralisches Talent, was in der Tat im Lehrberuf sehr nützlich ist. Er warf mir vor, den Frontalunterricht nicht zu durchbrechen, wo doch die Hochschule mir genügend methodische und didaktische Mittel an die Hand gegeben hätte.

In dieser Zeit hörte ich das erste Mal das Wort «Klassenschule». Ein älterer Kollege, der unter den Nazis nicht hatte unterrichten dürfen, sprach es aus. Er empörte sich über die hohe Pension, die damals gerade einem Durchhaltegeneral zugesprochen wurde, während ein Freund von ihm, der im KZ gewesen war, kaum das Nötigste hatte. Dieser Lehrer kümmerte sich sehr um seine Schüler. Aber eines Nachts wurden Fensterscheiben von seinem Klassenzimmer eingeworfen, und er sagte, das hätte ihm endgültig den sozialen Nerv getötet.

Am Ende des Schuljahres versammelte uns der Rektor, um uns in die Ferien zu entlassen, die wir ja reichlich verdient hätten. In den letzten Wochen hätten die Kinder ihre Wut und ihren Zorn in besonderem Maß an uns ausgelassen und an unseren Nerven gezerrt.

Nun begann ein angenehmes Zwischenspiel, ich kam zwei Jahre aufs Land. Der Ortsvorsteher der CDU unterrichtete neben mir, ein netter Mann, der im Ortsblättchen gewaltige Kämpfe mit den Leuten der SPD, den Roten, ausfocht. Wir diskutierten eifrig und überzogen manchmal die Pause. Wenn der Rektor erschien, verspürten wir eine angeborene oder anerzogene Fluchtbewegung, der wir nicht nachgaben. Wir brachten das Gespräch mit Anstand zu Ende. Mit Freunden veranstaltete ich in der nahen Kreisstadt eine Demonstration, wir schrieen: «Nieder mit den Faschisten», es war vor der Wahl, bei der die NPD 10 % der Stimmen errang.

Ich erlebte, wie der Rektor den evangelischen Pfarrer zusammenschrie, der wandte sich ab, sammelte in einer letzten Anstrengung noch einmal die Reste seines Ich, taumelte dem Rektor wie ein angeschlagener Boxer entgegen, um unter einem neuen Anprall von Flüchen davonzuschleichen, endgültig gebrochen. Ansonsten standen die Pfarrer in hohem Ansehen, besonders die katholischen, und ich glaube nicht, daß es sich um einen Versprecher handelte, als der Konrektor einmal eine Rede mit den Worten begann: «Verehrte Geistige». Daran schloß sich die haargenaue Aufzählung der Namen aller anwesenden Honoratioren an. Es hätte ihm wohl schlaflose Nächte bereitet, wenn er einmal einen vergessen hätte. Würde er einfach begonnen haben: «Liebe Anwesende», so wäre es eine Revolution gewesen, wenigstens eine private.

Der Rektor setzte durch, daß wir Stunden hielten, denen die Kollegen zusahen. Er selbst stellte sich als erster zur Verfügung. Es war die erste Lehrerstunde, der ich nach dem Studium beiwohnte. Mehr als vier sind es bisher nicht geworden. Den Inhalt habe ich vergessen, doch erinnere ich mich, daß einem Mädchen die Jacke vom Stuhle rutschte. Er hob sie auf und legte sie wieder auf die Lehne. Unter seinen Händen wurde sie zu einem Demonstrationsobjekt, und die Behutsamkeit seiner Bewegung enthüllte uns eine im Grunde zartfühlende Seele.

Ich selbst hielt Stunden, wie sie zu Tausenden im Lande gehalten werden. Sie rissen die Schüler nicht gerade von den Stühlen, aber sie hinderten sie am Einschlafen. Nachdem ich mehr als zwei Jahre Lehrer gewesen war, brachte ich es fertig, meine Klasse in zwei Leistungsgruppen zu teilen, da die Unterschiede sehr groß waren. Auf einer Elternversammlung wurde ich gefragt, weshalb ich die Kinder der Bessergestellten in einer Gruppe zusammengefaßt hätte. Es war nicht meine Absicht gewesen, ich hatte es nicht einmal bemerkt. Ich nahm meine Entscheidung zurück und begann mir Gedanken zu machen. In den folgenden Jahren hatte ich dazu genügend Gelegenheit.

Ich wurde abermals versetzt und kam nach Freiburg. Dort wurde ich ins Beamtenverhältnis übernommen.

Das Schulamt befindet sich in einer alten Stadtvilla. Draußen war ein Sonnentag, und das Licht fiel gedämpft in das Zimmer. Der Schulrat stand kurz vor der Pensionsgrenze. Er ist ein humaner Mann, der das Verhältnis zwischen Lehrern und Aufsichtsbehörde während seiner Amtszeit freundlicher gestaltet hat. Ich fragte ihn, an welche Schule ich komme und wie dort und im Viertel die Verhältnisse seien. «Schwierig», sagte er. Die Antwort erstaunte mich. Die Stadt und die Umgebung sind schön und wegen ihres Freizeitwertes sehr geschätzt. Viele Leute ziehen hierher, und die, die hier wohnen, ziehen nur ungern wieder fort. Wieso sollte es hier schwierige Verhältnisse geben?

Der Schulrat erhob sich, nahm ein Buch zur Hand und las den Eid vor. Auch ich war aufgestanden, und beide hielten wir die rechte Hand hoch. Er las: «Ich schwöre, daß ich mein Amt nach bestem Wissen und Können führen, das Grundgesetz für die Bundesrepublik Deutschland achten und verteidigen und Gerechtigkeit gegen jedermann üben werde. So wahr mir Gott helfe.» Dabei machte er mehrere sinnvolle Zäsuren, damit man den Satz leichter nachsprechen und sich besser einprägen konnte. Ich war jetzt Beamter auf Lebenszeit.

Die Stadt und die Schule

Von Norden nach Süden mitten durch die Stadt führt die Eisenbahnlinie und schneidet sie in etwa gleichgroße Teile. Von Osten nach Westen zieht sich die Stadt von den bewaldeten Hängen und aus den Seitentälern weit in das große Tal hinein. An klaren Tagen sieht man jenseits Bergzüge. Fährt man von Westen nach Osten, so bemerkt man kaum die leichte Steigung.

Ich wohne im Ostteil. Täglich fahre ich mit der Straßenbahn eine große Straße entlang, die im Sommer häufig von Ausflüglern und Touristen verstopft ist. Nach einer Viertelstunde erreicht die Bahn das alte Stadttor, und kurz danach, fast im Zentrum, steige ich um. Ich nehme entweder den B- oder den C-Bus. Beide Linien führen durch das andere Stadttor hinaus, einen knappen Kilometer nach Süden, um dann bei einer Kirche nach Westen abzubiegen. Hier ist eine Wettergrenze, und an vielen Herbst- und Wintertagen fährt der Bus von da ab durch dichten Nebel, während weiter im Osten bereits die Sonne scheint. Er fährt durch baumbestandene Straßen an alten Bürgerhäusern aus der Gründerzeit entlang. Viele junge Leute, die von der Universität kommen, würden gern hier wohnen. Dann erreicht er die Bahnlinie, und nun bin ich in der Weststadt.

Die C-Linie folgt ein Stück einer Ausfallstraße mit kleinen und größeren Betrieben, Reparaturwerkstätten und Tankstellen. Parallel dazu, etwas nördlich, fährt der B-Bus. Zwischen beiden Straßen liegen Häuser, die nach dem Ersten Weltkrieg gebaut worden sind. Sie haben Vorgärten, schmal wie Handtücher. Wenn ich mit dem B-Bus fahre, muß ich ein Stück laufen. Dann komme ich an ihnen vorbei, und manchmal riecht es dort schon im Februar nach Frühling.

Fährt man mit dem B-Bus weiter, gelangt man an eine Brücke. Hier war früher die Stadtgrenze. Aber jetzt beginnt dahinter eine neue Stadt mit vielen Hochhäusern auf engem Raum, die erst im letzten Jahrzehnt entstanden ist. Leute, die im Osten wohnen und vorbeikommen, sagen oft, sie wollten hier nicht leben, das sei unmenschlich und nicht besser als früher die Hinterhöfe. Einmal habe ich an einem der Häuser fünf Minuten gebraucht, um unter der Vielzahl der Namensschilder ein bestimmtes zu finden. Viele meiner Schüler wohnen hier.

Die Schule liegt zwischen den beiden Buslinien. Auf ihrer Vorderseite nach der Ausfallstraße hin befinden sich Sportplätze, von denen zwei zur Schule gehören, ferner eine große Turnhalle, an die kürzlich eine Aula angebaut wurde, die für Schulfeiern und für Veranstaltungen von Vereinen benutzt wird.

Links liegt die Siedlung mit den schmalen Vorgärten, und rechts stehen lange Reihen von Häusern, denen man ansieht, daß sie nach dem Krieg sehr schnell gebaut wurden. Die Abstände zwischen den Häusern sind sehr groß, so daß sich nur schwer das Gefühl einstellt, man befinde sich auf einer Straße zwischen Häuserzeilen. Aber Plätze sind es auch nicht. Da man nur selten Leute durch diese große Leere zur Bushaltestelle, zum Einkaufen oder nach Hause gehen sieht, verstärkt sich der Eindruck der Leblosigkeit und Starre.

Auf der Rückseite schließlich, hinter der Grundschule, liegt eine Fabrik. Doch hört man von dort keinen Lärm.

Durch eine Glastür gelangt man in die große Pausenhalle der Schule. Rechts und links liegen die beiden zweistöckigen Hauptteile des Gebäudes. Auf jedem Stock befinden sich vier Klassenräume. Geht man geradeaus, so erreicht man durch einen langen Korridor, an dem das Rektorat, das Lehrerzimmer, das Kartenzimmer und andere Räume liegen, die Gebäudeteile für die Grundschule. Beide Schulen sind eigenständig und haben eigene Rektorate.

Die Schule ist sehr zweckmäßig eingerichtet, doch wird häufig geklagt, daß das Regenwasser von den Flachdächern nicht abfließt. Deshalb tropft es manchmal in die Klassenzimmer. Doch davon abgesehen kann man mit Bau und Ausstattung der Schule zufrieden sein.

Am ersten Morgen war ich frühzeitig in der Schule. In der Pausenhalle saßen Schüler und warteten auf das Klingelzeichen, um in die Klassen zu gehen. Sie sahen verschlafen aus, als hätten sie auf den Bänken die Nacht verbracht. Von nun an habe ich sie jeden Morgen dort angetroffen.

Die Lehrer waren sehr hilfsbereit. An dieser Schule wird im Kollegium nicht angeordnet oder befohlen, sondern gebeten, und da die Bitten in der Regel notwendig und sinnvoll sind, werden sie auch sogleich ausgeführt. Man könnte fast annehmen, daß eine Führung überflüssig ist. Allerdings beschränkt sich die selbstverständliche Zusammenarbeit auf die Lösung organisatorischer Fragen wie Stundenverteilung oder Vertretung. Zu gemeinsamen pädagogischen Konzepten kommt es nicht.

Wenn Lehrer mit ihren Klassen Probleme haben, die sie nicht lösen können, geben sie es nur ungern zu. Deshalb glauben Neulinge oft, sie seien die einzigen, die Schwierigkeiten haben. Aber das ist nicht so.

Die soziale Situation

Im Ostteil der Stadt liegen die Bürgerviertel, im Westteil wohnen mehr Arbeiter, allerdings ist auch hier der Anteil der Beamten und Angestellten größer. Es gibt in F. wenig Industrie. Trotzdem sind soziale Ungerechtigkeit und Chancenungleichheit erheblich. Sie werden durch die Schule verstärkt und zeigen sich am sogenannten Ost-West-Gefälle.

Im Westen werden doppelt so viele erstmalig schulpflichtige Kinder vom Schulbesuch zurückgestellt wie im Osten, gehen doppelt so viele

Kinder in die Sonderschule und bleiben 3,6mal so viele Kinder in der ersten Klasse sitzen. In der zweiten Klasse kommen auf einen Sitzenbleiber im Osten 2,4 im Westen, in der 3. Klasse 3,4 und in der 4. Klasse 2,5.

Die Gymnasien liegen zum größten Teil im Osten, die Hauptschulen im Westen. Die Hauptschule ist vorwiegend eine Schule der Arbeiterkinder. Sie kommen häufig aus kinderreichen Familien, beide Elternteile gehen arbeiten. Viele erreichen nicht den Hauptschulabschluß. Das geht auch aus der beigefügten Erhebung über meine Schule hervor.

Die Quote der vorzeitigen Abgänger dürfte über dem Bundesdurchschnitt liegen. Von den rund 390000 Hauptschülern in der Bundesrepublik, die 1975 die Schule verließen, haben 81000 keinen Abschluß erreicht, d. h., es ist ihnen nicht gelungen, die 9. Klasse zu erreichen oder mit Erfolg zu absolvieren.

Angaben zur Situation der V.-schule II (1973)

I. 548 Schüler, 17 Klassen
durchschnittliche Klassenstärke 32,2
durchschnittliche Klassenstärke aller Hauptschulen in F. 30,1
günstigster Durchschnitt 24,8 (R.-S.-Schule)

II. Angaben über den Stand der Eltern
Die Angaben haben nur Näherungswert, da sich der Beruf nicht immer eindeutig aus den Karteikarten feststellen läßt. Nicht berücksichtigt sind eine 6. und eine 9. Klasse. Im Ergebnis dürfte sich das kaum auswirken, da die Parallelklassen in ihrer Zusammensetzung sehr homogen sind.

	5. bis 7. Kl.	8. und 9. Kl.	insgesamt
Arbeiter	81 %	72%	77 %
Angestellte	15 %	22%	17 %
Beamte	1,6%	3%	
Selbstständige	2,4%	2%	
Akademiker	–	1%	0,4%

Der höhere Anteil von Angestellten- und Beamtenkindern in der 8. und 9. Klasse dürfte verschiedene Gründe haben. So scheinen Arbeiterkinder häufiger vorzeitig abzugehen. Das dürfte auch für Kinder aus großen Familien gelten.

III. Anteil der Schülerinnen und Schüler der 5. bis 7. Klassen,

die nicht repetiert hatten	54 %
die einmal repetiert hatten	27 %
die zweimal repetiert hatten	16 %
die dreimal repetiert hatten	3 %

Unter der Voraussetzung, daß niemand von ihnen mehr eine Klasse wiederholen würde, aber alle nach 9 Schuljahren abgingen, würden also 46 % den Hauptschulabschluß nicht erreichen. Wenn alle, die einmal oder mehrmals repetiert haben, ein Jahr länger zur Schule gingen, also ein 10. Schuljahr

besuchten, wären es 19 %.
Einige Zahlen zur Illustration:
Klasse VII 7a
37 Kinder, davon sind 26 bisher sitzengeblieben, das sind 62 %.
Davon sind einmal sitzengeblieben 35 %, zweimal 27 %
Klasse VI 6c
32 Kinder, davon sind 14 sitzengeblieben, das sind 40 %.
Davon sind einmal sitzengeblieben 16 %, zweimal 12 %, dreimal 12 %.
Klasse V 5b
36 Kinder, davon sind 12 sitzengeblieben, das sind 33 %.
Davon sind einmal sitzengeblieben 19 %, zweimal 14 %.
Die Ergebnisse in den jeweiligen Parallelklassen sehen ähnlich aus. Die Kinder bleiben häufiger in der Grundschule als in der Hauptschule sitzen.

IV. Anzahl der Geschwister und der berufstätigen Mütter
Hier stehen nur einige Stichproben zur Verfügung.

Klasse VII 7a durchschnittl.	3,8 Kinder pro Familie	50 %	der Mütter sind
Klasse VI 6c	4,1	62 %	berufstätig
Klasse V 5b	2,6	56 %	

Die Schüler

Ich habe meine Klasse seit fünf Jahren. Sie kam im Sommer 1975 in das 9. Schuljahr. Die Schülerzahl schwankt zwischen 33 und 39. Alle Jugendlichen, über die ich berichte, waren in meiner Klasse oder sind es noch. Beim Schreiben ihrer Biographien habe ich mich oft gefragt, ob ich sie überhaupt schreiben darf.

Meine Schreibweise kam mir kalt und nüchtern vor. Sie erinnerte mich an eine Kamera, die manches aufnimmt, doch selbst unbeteiligt und ohne Bewegung bleibt. Ich hielt den Schülern einen Spiegel vor, in dem sie sich sehen konnten, vielleicht nicht so, wie sie wirklich waren, sondern wie ich sie sah. Das mußte für den einen oder anderen schmerzlich sein, da das Bild, das ich entwarf, nicht mit dem übereinstimmte, das er von sich selbst hatte. Zugleich wußte ich, daß ich keine Zeile ohne große Sympathie geschrieben hatte. Ich hoffe, der Leser wird es merken. Ich habe ein Buch für meine Schüler geschrieben, nicht gegen sie, und wenn ich beispielsweise von Jugendlichen spreche, die gestohlen haben, dann in Wahrheit von solchen, die bestohlen wurden.

Trotzdem mögen Einwände berechtigt sein. Für unberechtigt hielte ich sie, wenn sie von jenen kämen, die, mehr als ich, dafür verantwortlich sind, wenn nicht wenige weit unter ihren Möglichkeiten blieben und einige scheiterten.

A. (Eltern geschieden, zwei Geschwister, dreimal repetiert, aus der fünften Klasse endgültig abgegangen.)
A. war dreimal sitzengeblieben, als er zu mir in die fünfte Klasse kam, und eigentlich dürfte ich ihn gar nicht zu meinen Schülern zählen, denn er war nur zwei Tage da. Er bat, in die Parallelklasse zu kommen, wo er einen Freund hatte. Aber auch dort ist er nur eine Woche geblieben, und damit war seine Schullaufbahn beendet. Eine Zeitlang lebte er noch als Karteikarte in dem Kästchen dort, das im Rektorzimmer steht, und dann wurde er aussortiert. A. ist kein Einzelfall. Wahrscheinlich könnten wir mit Schülern wie ihm eine ganze Klasse füllen.

Mehrmals mußte seine Mutter Geldstrafen zahlen, weil er der Schulpflicht nicht nachkam. Das wurde allgemein als ungerecht empfunden, da sie keinen Einfluß auf ihn hatte. Was hätte sie also tun sollen? Es hätte auch wenig Sinn gehabt, ihn von der Polizei holen zu lassen, denn in der nächsten Pause wäre er zweifellos ausgerissen. Im übrigen weinte ihm keiner eine Träne nach, denn wer wünschte sich zusätzlich einen schwierigen Schüler in seine Klasse?

Ich habe mit einer Lehrerin gesprochen, die A.s Mutter kennt und sie manchmal besucht. Die Mutter beklagte sich bitter über ihn, er würde noch immer keine Anstalten machen, etwas zu arbeiten, und ihr nur zur Last fallen. Er käme nachts spät nach Hause und morgens nicht aus dem Bett. Manchmal geht A. in die Stadt, und wenn er zurückkommt, hat er einen neuen Anzug an.

B. (Neun Geschwister, dreimal repetiert, nach der sechsten Klasse endgültig von der Schule abgegangen.)
Auch B. gehörte zu den Jugendlichen, die dreimal sitzengeblieben waren, als sie in die fünfte Klasse kamen: zweimal in der Grundschule und einmal in der fünften Klasse der Hauptschule. Er konnte sich sehr intensiv in eine Aufgabe vertiefen. Ohne durch Lärm gestört zu werden, reihte er seitenlang Zahlen aneinander und addierte sie.

Nach Abschluß der sechsten Klasse war B.s Schulzeit beendet, und ich ging mit ihm zum Arbeitsamt. Ich legte ein gutes Wort für ihn ein, erklärte, woher er komme, und versuchte, die Gründe für sein frühes Versagen darzulegen. Ich hielte ihn bei gezielter Förderung durchaus für berufsfähig.

B.s Schweigen brachte mich in Schwierigkeiten. Ich wollte ja nur als sein Fürsprecher auftreten und nicht als sein Sprecher. B. müßte schon selbst sprechen, dachte ich. Der Berufsberater nahm seine Personalien auf. Bei der Frage nach seinen Geschwistern geriet B. in Verwirrung. Er hat neun Geschwister, aber bei dem Versuch, sie in eine Reihenfolge entsprechend ihrem Alter zu bringen, verhedderte er sich, obwohl er seine Finger zu Hilfe nahm. Er brach ab und versuchte es von neuem und gelangte diesmal bis zum kleinen Finger der linken Hand, mit der er begonnen hatte. B. hat eine rauhe, ungeübte Stimme, und die mißglückten Versuche steigerten seine Verwirrung.

Der Berater hatte Einsehen mit B. Er gab ihm einen Termin, an dem er getestet werden sollte. Da B. diesen Test bestand, kam er ein Jahr lang zu einem Förderkursus nach St., der vom Arbeitsamt eingerichtet worden war und teils aus normalem Schulunterricht, teils aus praktischer Arbeit an einer Tankstelle, in einer Gärtnerei und in einer Malerwerkstatt bestand, um den Jugendlichen einen Einblick in das Berufsleben zu geben und um sie auf ihre Fähigkeiten hin zu prüfen.

An einem freien Samstag besuchte mich B. in der Schule. Er schien zufrieden zu sein und freute sich auf die Fahrt ans Meer, die seine Klasse vor dem Abschluß machen sollte. Allerdings ist sie dann ins Wasser gefallen.

Ich besuchte B. auch zu Hause. Er wohnte in der Obdachlosensiedlung direkt neben der Familie von U. Bei U. war ein Fenster eingeschlagen, und er blickte heraus, ohne Notiz von mir zu nehmen. Die Siedlung besteht aus Reihen von ein- und zweistöckigen Häusern. Der zweite Stock ist durch eine Außentreppe zu erreichen. Bei Regen sind die Wege und Plätze aufgeweicht. Immer sieht man Kinder, die auf den Treppen vor den Hauseingängen sitzen, häufig auch Männer, die an Fahrrädern oder Autos herummontieren. Nach und nach werden die Häuser abgerissen und die Familien in festere Wohnungen über der Straße umquartiert. Die Siedlung liegt am Rand der Stadt direkt unter den letzten Hochhäusern. Ihre Bewohner können auf die Siedlung herabsehen.

B.s Mutter schien dankbar zu sein, daß ich kam. Die Leute hier sind nicht gut auf die Schule zu sprechen. Die Schule kümmert sich nicht viel um sie.

Ich muß B.s Mutter bewundern. Sie ist klein und schmal und wirkt noch jugendlich. Die Familie bewohnt vier kleine Räume: die Küche, in der gegessen wird, das Wohnzimmer und zwei Schlafzimmer. Eigentlich müßte hier eine furchtbare Unordnung herrschen.

B.s Mutter wäscht, kocht, geht einkaufen. Um sechs Uhr abends fährt sie in die Stadt zum Putzen. Sie macht es auch wegen der Krankenversicherung für ihre Kinder. Ich glaube, sie ist noch nie in den Ferien gewesen.

Einige jüngere Geschwister von B. gehen in den Kindergarten, der für die Siedlung eingerichtet worden ist. Später können sie dort auch die Grundschule besuchen. B.s Mutter weiß noch nicht, ob sie ihre Kinder dort hinschicken wird. Sie möchte sie nicht gern auf eine «Milieuschule» schicken, sondern auf eine normale. Aber dort haben sie nur geringe Chancen. Die Hälfte aller Kinder aus der Siedlung geht auf die Sonderschule.

B.s Vater habe ich auch kennengelernt. Er kam gerade vom Angeln an einem der Baggerseen. Stolz zeigte er mir seinen Angelschein. Ein anderes Mal war er in der trübsten Verfassung. Bei einer Untersuchung hatte er ein Gespräch zwischen dem Arzt und der Krankenschwester gehört und auf sich bezogen. Nun glaubte er, daß er Krebs hätte. Aber in letzter Zeit habe ich ihn wieder in besserer Verfassung angetroffen.

Als B. aus St. zurückgekehrt war, ging ich wieder mit ihm zum Arbeitsamt. Er hatte ein zufriedenstellendes Zeugnis. Wir wurden in ein anderes Zimmer geführt. An der Wand fiel mir eine Graphik auf, auf deren unterem Teil die Hauptschule als mächtiger Klotz abgebildet war, von dem verschiedene Wege aufwärts führten. Einige endeten in der Mitte, aber andere schwangen sich auf Umwegen bis in den oberen Bereich hinauf, der auf Bildern, die noch in manchen Schlafzimmern hängen, vom Himmel ausgefüllt ist, in dem man Gott sieht. Hier aber sah man deutlich die Aufschrift: «Diplomingenieur». Die Graphik erinnerte auch an Kletterpartien mit verschiedenen Schwierigkeitsgraden. Man sah deutlich, daß die Hauptschule eine weiterführende Schule ist. Der Berater sah meinen Blick und sagte, daß das nichts für B. sei. Nachdem er das Zeugnis genügend studiert hatte, bemerkte er, daß B. für das Malerhandwerk am geeignetsten sei, worauf auch seine Noten schließen ließen, und holte drei Adressen von Malermeistern heraus, die Lehrlinge suchten. Wir beschlossen, zuerst zu Herrn Z. zu gehen, der in einem Stadtteil nicht weit von B.s Wohnung seine Werkstatt hat.

Herr Z. erwies sich als aufgeschlossener und noch junger Mann. Er erklärte, daß die praktischen Arbeiten wohl zu erlernen, aber die theoretischen Anforderungen derart gestiegen seien, daß er, wenn er B.s Zeugnis betrachte, Zweifel habe, ob B. diesen gewachsen sei. Ich fürchtete wieder, daß B. keinen genügend aufgeweckten Eindruck machte, da er nur schwer mit der Sprache herausrückte und selbst keine Fragen stellte, die sein Interesse bekundet hätten, und auf Fragen, die ihm gestellt wurden, nur einsilbig antwortete. Nun erkundigte sich der Meister nach seiner Adresse. B. nannte die O.-Straße und, nach der Hausnummer gefragt, eine sehr hohe Zahl. Offenbar kannte Herr Z. den Stadtteil, denn er wiegte bedächtig den Kopf. Zum erstenmal wurde mir klar, was es heißt, dort zu wohnen, und welchen Vorurteilen die Leute dort ausgesetzt sind. Ich schlüpfte für einen Augenblick in B.s Haut und fühlte die Scham, die in ihm aufstieg, und die Röte in seinem Gesicht, als sei es meine eigene und als würde ich selbst dort wohnen.

Der Meister versprach, daß er sich die Sache überlegen und mit einem Lehrer von der Berufsschule sich beraten wolle, den er kannte. Als ich ihn drei Tage später anrief, sagte er, es sei ihm abgeraten worden. Die Malerinnung sei schließlich keine Auffangstelle für Hilfsschüler.

Meister Z. ist kein schlechter Mensch. Sicher hätte er gern etwas Gutes getan, aber er wollte dabei kein Risiko eingehen. Auch hatte er gemerkt, daß sich der Wind gedreht hatte. Nicht mehr die Meister suchten die

Lehrlinge, sondern die Jugendlichen die Meister. Um für B. eine Lehrstelle zu finden, müßte man einen guten Menschen finden, und wer kann sich leisten, gut zu sein?

Schließlich fanden wir einen Meister, der B. als Lehrling aufnahm. Ich versprach ihm, mich um B. zu kümmern, falls er im Theoretischen Schwierigkeiten bekomme, und bin auch ein paarmal zu ihm gegangen, ohne ihn anzutreffen. Seine Mutter zeigte auf die Tapete und sagte: «Das hat B. gemacht.» Aber ich habe ein schlechtes Gewissen. Von sich aus wird B. wahrscheinlich nicht zu mir kommen. Nächste Woche will ich bestimmt hingehen.

Nach einem Jahr

B. kommt ins dritte Lehrjahr. Sein Meister ist mit ihm sehr zufrieden. Er kommt auch auf der Berufsschule mit. Er wirkt aufgeräumt und zuversichtlich. Wütend wird er nur, wenn er an die Ablehnungen bei seinen Bewerbungen denkt. Von wegen Hilfsschüler.

C. (Eltern geschieden, Einzelkind, dreimal repetiert, nach der sechsten Klasse endgültig von der Schule abgegangen.)

C. hatte eine ähnliche Schullaufbahn hinter sich wie B. Er war dreimal sitzengeblieben, als er in meine Klasse kam, zweimal in der Grundschule und einmal in der fünften Klasse. Viel schien ihm das nicht auszumachen. Er war kräftig und pausbäckig, und die Jugendlichen nannten ihn den Dicken. Wäre er schlanker gewesen, so hätten viele ausgerufen: «Was für ein hübscher Junge!» C. war friedfertig und genoß Ansehen. Er trug eine gebügelte Hose, ein sauberes Hemd, ein Jackett, dem man ansah, daß es neu war, und am Mittelfinger einen mächtigen Siegelring. Zwischen den anderen wirkte er tatsächlich wie der Boß oder der reiche Bauer.

Nie hätte man vermutet, daß er die vier Grundrechenarten nicht richtig beherrschte und beim Schreiben Fehler über Fehler machte. Nach neunjähriger Schulzeit waren seine Leistungen so schlecht, daß man darüber staunen konnte, daß er seine Muttersprache gelernt hatte. Aber die sprach er gewandt und schlagfertig. Er machte einen sehr aufgeschlossenen Eindruck.

C. fehlte häufig oder kam zu spät. Manchmal beobachtete ich vom Fenster aus, wie er zur dritten Stunde gemächlich eintrudelte. Ich konnte mir nicht vorstellen, daß er jemals eilig einen Platz überqueren würde. C. sagte, daß er nur schwer aus dem Bett komme.

Seine Mutter war eine junge, adrette Frau. «Dabei tue ich doch alles für ihn. Zu Ostern wollte ich ihm einen Fernsehapparat schenken.» Ich riet ihr davon ab. Sie hatte eine kleine Gaststätte neben dem Sportplatz eines Kreisligavereins gepachtet. C. half ihr nachmittags bei der Arbeit.

«Dann ist er ganz anders», sagte sie. Sein Vater war Hochseilartist. Einmal war er gesehen worden, und sie hatte Angst, daß er C. entführen wollte. «Den Leichtsinn hat er von seinem Vater», sagte sie.

Ich konnte mir nicht verkneifen, mich etwas über C. zu mokieren. «Was hältst du davon», fragte ich, «wenn wir zu deiner Entlassung ein großes Fest arrangieren unter dem Motto ‹Der älteste Sechstkläßler zwischen Bodensee und Nordsee›? Die Blaskapelle wird auf dem Schulhof aufmarschieren, und der Bürgermeister wird eine Rede halten. Dann wird die Kapelle zu spielen beginnen, und der Zug wird sich in Bewegung setzen, du immer an der Spitze, er wird über die Brücke ziehen und an den Hochhäusern entlang, aus denen die Frauen mit weißen Tüchern winken wie bei der Waschmittelwerbung.»

Nach der Entlassung hat C. als Dachdecker gearbeitet, ich glaube bei einer Schwarzfirma. Die Arbeit machte ihm Spaß. «Das liegt ihm im Blut», sagte seine Mutter. Er war schlanker geworden und hatte sich ein Mofa gekauft. Einen Teil des Geldes gab er seiner Mutter ab.

Im Lauf der Rezession wurde er arbeitslos. Kürzlich war ich in der Gaststätte seiner Mutter. Er stand hinter dem Tresen und wusch Gläser ab. Als er mich sah, freute er sich. Er kam an den Tisch und fragte: «Na, was macht die Schule?» Dabei zog er Zigaretten aus der Tasche. «Wollen Sie eine?» Ich glaube, C. wird immer mehr in die Rolle des Wirtes hineinwachsen, er füllt sie heute schon beinahe aus. Wahrscheinlich beherrscht er jetzt auch die vier Grundrechenarten. Das Schreiben wird er nicht mehr gut lernen. Aber vielleicht heiratet er eine Frau, die ihm die schriftlichen Arbeiten abnimmt.

D. (Vier Geschwister, dreimal repetiert, nach der sechsten Klasse endgültig von der Schule abgegangen.)
D. ist eine Kuschinski. Was das bedeutet, ist einem Außenstehenden nicht leicht zu erklären. Es ist gewissermaßen ein Markenzeichen oder ein Adelsname mit umgekehrtem Vorzeichen. Wenn man sagt, man habe einen oder eine Kuschinski in der Klasse, so kann man mit einem verständnisvollen Lächeln der Kollegen rechnen. Auch sie haben schon einen oder eine Kuschinski gehabt. Das Lächeln besagt: Sie Ärmster! Es ist wie ein Orden für künftige schwere Belastungen, den man sich ans Revers steckt.

Wenn in einem Kollegium die Namen der Schüler und Schülerinnen aufgezählt werden, die für verhaltensgestört angesehen oder die sitzenbleiben werden, so wird zweifellos mehrmals der Name Kuschinski fallen, und es ist vorstellbar, sofern das Kollegium nicht sehr zivilisiert ist, daß es jedesmal in ein höhnisches Gelächter ausbricht wie Kannibalen angesichts ihrer erschlagenen Feinde.

Seit Generationen liegen die Lehrer mit den Kuschinskis in Fehde, ohne daß es ihnen gelingt, einen durchgreifenden zivilisatorischen Erfolg zu erzielen. Nur so ist es zu verstehen, daß ein Kollege, der sonst ein sehr liebenswerter Kollege ist, einmal sagte: «Man sollte sie alle kastrieren.» Als ich bei einer Schulfeier den Eingang neben der Aula gegen die Kuschinskis und ihren Anhang verteidigen mußte, rief mir ein anderer Kollege zu: «Passen Sie auf, das sind alles Asoziale und Unterprivilegierte!»

D. war ein stilles Mädchen. Wenn sie auf hohen Stöckelschuhen an die Tafel ging, herrschte in der Klasse gespannte Stille. Ähnlich wird sich vielleicht eine Kinderschar auf einem öffentlichen Spielplatz benehmen, falls eine Mutter sich plötzlich zwischen sie setzen und ganz ernsthaft zu sandeln beginnen würde.

Auch D.s Mutter war der Ansicht, daß sie der Schulbank, die sie drückte, längst entwachsen war und arbeiten sollte. Ich weiß aber nicht, ob sie Arbeit gefunden hat.

D.s Familie hat den Sprung aus der Siedlung über die Straße in festere Häuser geschafft. Jetzt schaut sie vielleicht zu den Hochhäusern hinauf. Es soll Familien geben, die es bis dorthin geschafft haben und dann, von der erreichten Höhe, weil sie die Miete nicht zahlen können, wieder in die Siedlung hinabstürzen, um von neuem zu beginnen in einem lebenslänglichen, unentrinnbaren Kreislauf.

E. (Türke, nach der siebten Klasse von der Schule abgegangen.)
Zu Hause habe ich eine Photographie. Im Hintergrund sieht man den Ararat und davor einen Jungen, der ein kleines Schaf in den Armen hält. Wie dieser Junge sieht E. aus, dunkel, mit kurz geschnittenen Haaren und breitem Gesicht. Nur war E. gut angezogen. Er war gekleidet, als sei jeder Tag Sonntag: Hose mit Bügelfalten und blütenweißes Hemd.

E. war erst kürzlich aus der Türkei nach Deutschland gekommen, deshalb sprach er kaum Deutsch. Offenbar glaubt man, an unseren Schulen geschehe täglich das Pfingstwunder. Jedenfalls habe ich schon häufig in meinen Klassen Kinder gehabt, die kaum Deutsch konnten.

E. war sogleich umringt von vielen Schülern. Bald begann er, hinter den Mädchen herzulaufen. Sie kreischten vor Vergnügen und kamen dann zu mir und sagten: «Der läßt uns nicht in Ruh.» Im Werkunterricht fiel mir auf, daß E. sehr geschickt ist. Ein anderer Türke aus meiner Klasse, der schon seit fünf Jahren in Deutschland lebt, klärte mich auf. E. ist in der Türkei bei einem Schreiner in die Lehre gegangen, hat sie dann aber abgebrochen, um mit seinen Eltern nach Deutschland zu kommen. Wahrscheinlich ist eine türkische Lehre nicht zu vergleichen mit einer deutschen, aber man sah, daß er bei einem Schreiner gearbeitet hatte.

In der Turnstunde benahm sich E. sehr unbeholfen. Es war schwer, ihm die Regeln zu erklären. So kam es vor, daß er auf das eigene Tor schoß. Häufig stand er in der Fluglinie des Balls. Jedesmal, wenn er vom Ball getroffen wurde, schütteten sich einige vor Lachen aus. Nach der Turnstunde war E.s Oberkörper manchmal rot von Prellungen.

Eines Tages saß er auf der Treppenstufe. Aus Nase und Mund floß Blut und vermischte sich mit den Tränen. O. hatte ihn geschlagen. E. soll ihn angespuckt haben. Ich glaube das. Hätte er Deutsch gekonnt, so hätte er vielleicht O. nur beschimpft, und dann hätte dieser vielleicht nicht geschlagen. Ich brachte ihn in die Zahnklinik, aber es war nicht so schlimm.

Bald darauf wurde E. aus der Klasse genommen. Er kam in die internationale Klasse. Lange ist er dort nicht geblieben, aber er hat doch etwas Deutsch gelernt. Als ich ihn in der Stadt traf, sagte er: «Keine Arbeit.»

F. (Vier Geschwister, zweimal repetiert, nach der siebten Klasse endgültig von der Schule abgegangen.)

F. ist erst nach dem sechsten Schuljahr in die Klasse gekommen. Sie schrieb sauber und sorgfältig, doch sonst waren ihre Leistungen schwach. Ich glaube, sie war die einzige, die den Hauptschulabschluß auch bei optimalen Bedingungen nicht hätte schaffen können. Wahrscheinlich gehörte sie in die Sonderschule. Aber sie war auf dem Land zur Schule gegangen, und ich kann mir vorstellen, daß sich ihre Eltern gegen eine Überweisung wegen der damit verbundenen «Schande» mit Händen und Füßen gewehrt haben.

Nach Ablauf des Schuljahres kam die Mutter und wollte F. aus der Schule nehmen, doch war das nicht einfach, da damals die Regelung galt und auch einigermaßen strikt gehandhabt wurde, daß jedes Kind mindestens 5 Hauptschuljahre absolvieren müsse, egal, wie oft es vorher sitzengeblieben war. F. war zweimal sitzengeblieben, einmal in der Grund- und einmal in der Hauptschule und hatte noch ein Hauptschuljahr vor sich.

Die Mutter konnte nicht verstehen, wozu die Regelung gut sein solle, sie selbst sei nur 7 oder 8 Jahre zur Schule gegangen und habe dann arbeiten müssen, und zwar hart. Außerdem würde F., die das Lesen, Rechnen und Schreiben in 9 Schuljahren nur unvollkommen habe lernen können, es auch in einem 10. nicht lernen. Ich mußte ihr recht geben, doch wies ich darauf hin, daß dem Mädchen, welches noch recht unfertig wirkte, ein Jahr relativer Sicherheit zu gönnen sei, ehe es endgültig dem Berufsleben ausgeliefert werde. Die Mutter erklärte mir, daß sie für F. eine Stelle in einem Haushalt bei einer ihr bekannten Familie habe, wo sie gut aufgehoben sei und überdies etwas Nützliches tun und lernen könne. Daraufhin stellte ich beim Schulamt einen Antrag auf vorzeitige Entlassung, der auch angenommen wurde.

Nach den Ferien erzählten mir die Schüler, F. würde in einer Würstchenbude arbeiten, und bald darauf kam sie selbst in die Schule, sie trug eine Augenbinde, das Fett aus der Bratpfanne war ihr während der Arbeit ins Auge gespritzt. Ich bekam ein schlechtes Gewissen und suchte ihre Eltern auf, die in einem der Hochhäuser wohnen.

Die Familie saß beim Abendessen, und ich hatte das Gefühl, daß mich der Vater, der ein großer, starker Mann war, nicht gerne sah und lieber hinausgeworfen hätte, weil er meinen Besuch als Schnüffelei empfand. Er wagte es aber nicht, da man mich ja gewissermaßen hinters Licht geführt und mir damit einen Grund gegeben hatte, bei ihnen vorzusprechen. «Wir sind arme Leute», sagte er. Er habe sich zwar nach einer Stelle in einem Haushalt für seine Tochter umgesehen, er nannte mir sogar die Adresse, doch wäre sie dort nur ausgebeutet worden, und seine Tochter sei zu schade, anderer Leute Kinder die Rotznasen zu putzen. Allerdings sei auch die Würstchenbude auf die Dauer nicht das richtige und stelle nur eine Übergangslösung dar. Er wolle sich jetzt ernsthaft um eine Haushaltsstelle bemühen, doch müsse es eine sein, bei der er wirklich einwilligen könne. Ich bestärkte ihn in diesem Vorhaben.

G. (Fünf Geschwister, zweimal repetiert, nach der siebten Klasse endgültig von der Schule abgegangen.)
Mit ungeübter Hand zeichnete G. einen Akrobaten, der hoch über der Menge auf einem Seil turnte. G. zeichnete seine Träume auf das Papier. G. ist Zigeuner. Einige seiner Verwandten sind Artisten. Sein Onkel war gerade mit seiner Truppe unterwegs. Später wollte G. unbedingt mit seinem Onkel fahren.

Ich hatte mit G. stillschweigend ein Abkommen geschlossen: Läßt du mich in Ruhe, so lasse ich dich auch in Ruhe. G. durfte die Schule nicht als Pflicht empfinden, er mußte freiwillig kommen, anders würde er gar nicht kommen. Keine Macht der Erde hätte ihn zwingen können. Natürlich merkten die anderen, daß ich ihm gewisse Zugeständnisse machte, und das fanden sie ungerecht.

Man mußte G. wie ein rohes Ei behandeln. Die Bemerkung, er solle doch ruhig sitzen, konnte ihn zum Aufbrausen bringen, und dann verließ er das Klassenzimmer.

In der Klasse war er angesehen. Er verbreitete etwas Furcht. Verhältnismäßig spät habe ich bemerkt, daß er, wenn er an seinen Platz ging, Mitschüler kniff oder ihnen den Knöchel des Zeigefingers in den Nacken stieß. Einige hatten blaue Flecken, aber sie hatten mir nichts gesagt. Vielleicht hatten sie weniger Angst vor G. als vor dessen Freunden. Bei bestimmten Auseinandersetzungen sind die Schüler kaum zum Reden zu bringen. Sie fürchten sich vor dem Heimweg. Als eine Lehrerin auf diese Mauer des Schweigens stieß, sagte sie mit Nachdruck: «Noch leben wir in einem Rechtsstaat.»

G. erklärte mir, daß er nie acht Stunden in der Fabrik arbeiten würde. Er sei doch nicht verrückt. Gegen Ende des siebten Schuljahrs kam er immer unregelmäßiger zur Schule. Er wohnte in der Siedlung, und ich besuchte seine Eltern. Es war ein Frühlingstag. Auf dem freien Platz vor dem Haus stand ein Sofa, auf dem ein kleines Mädchen lag, und darunter spielte eine Katze. Zwei Männer beizten einen alten Schrank ab. Die Familie saß am Mittagstisch bei einer dampfenden Suppe, die Brüder saßen mit nacktem Oberkörper da, obwohl es noch empfindlich kühl war. Ich machte die Angehörigen auf meine Beamtenpflicht aufmerksam und auf die Schulpflicht von G. und daß es sie 50 Mark kosten könne, wenn er nicht kommen würde. Die Brüder waren fast bereit, sich auf G. zu stürzen. «Verdien du erst mal 50 Mark», sagten sie. Auch der Vater kam herein, fuchtelte wild mit den Armen und schrie, es werde alles anders werden, ab heute, und lief davon. Die ganze Zeit über hatte ich das Gefühl, daß er mich gar nicht wahrgenommen hatte. G.s Mutter meinte: «Heute muß doch jeder einen Beruf haben.» Seine Großmutter war Artistin gewesen und erzählte mir die Geschichte von einem ihrer Söhne, der, ich glaube es war an der bayrischen Grenze, bei einem Trapezkunststück tödlich verunglückt war. G. beharrte darauf, mit dem Onkel zu fahren, aber es war nicht sicher, ob der ihn nehmen würde. Alle waren gegen G. und doch weiß ich, daß sie zuletzt zusammenhalten würden wie Pech und Schwefel. Auch er würde nie etwas über seine Familie kommen lassen.

Zu Beginn des nächsten Schuljahres kam er nicht mehr. Sein Onkel soll ihn tatsächlich genommen haben. Später besuchte mich G. Er erzählte, daß er jetzt auf dem Seil arbeiten würde. Ich konnte mir das kaum vorstellen, weil ich dachte, Artisten müßten von klein auf üben, und das hatte G. nicht getan. Er erklärte, daß er viel mutiger sei als sein Cousin.

Kürzlich haben Schüler G. auf dem Jahrmarkt gesehen, aber es war nicht klar, ob er sich dort bloß vergnügte oder ob er dort arbeitete.

H. (Zwei Geschwister, zweimal repetiert, nach der achten Klasse endgültig von der Schule abgegangen.)
Eines Tages erhielt ich vom Kaufhaus W. einen sehr höflich gehaltenen Brief, in dem mir mitgeteilt wurde, der Schüler H., der in meine Klasse gehe, habe mit zwei Freunden während der Unterrichtszeit sechs Transistorradios entwendet. Es war nicht H.s erster Diebstahl. Ich ging zu ihm nach Hause. Seine Mutter sagte: «So eine Schande», und schlug die Hände über dem Kopf zusammen. Offenbar war H. nicht auf frischer Tat ertappt worden. Er hatte die Geräte teils verscherbelt, teils beschädigt, und seine Eltern mußten für den Schaden aufkommen. Seine Mutter genierte sich, im Kaufhaus vorzusprechen. Sie erzählte, H. habe früher kleinen Mädchen das Geld aus der Milchkanne gestohlen. «Ich verstehe

das nicht. Wir tun doch alles für ihn. Seine Schwester ist ganz anders. Die ist grad das Gegenteil, bestimmt, wenn ich's ihnen sag.»

Seine Schwester ging in die Lehre, die Mutter war nicht mehr berufstätig. Es waren geordnete Verhältnisse. Das konnte man auch der Wohnungseinrichtung ansehen. Aber wahrscheinlich fühlte sich H. hier wie in einem Käfig. Vielleicht bekam er auch Erstickungsanfälle.

In der Schule war er zurückhaltend. Seine Leistungen waren durchschnittlich. Er spielte gut Fußball, konnte aber nicht verlieren. Wenn das Spiel nicht lief, wie er wollte, bekam er Wut, schrie seine Mitspieler an und machte schließlich nicht mehr mit. Eine Zeitlang ging er in einen Jugendhort und war Mitglied eines Fußballvereins. In der Schule fehlte er selten. Nur im Frühjahr begann er zu schwänzen.

Eines Tages klaute er seinem Banknachbarn die Schlüssel, simulierte, daß ihm schlecht sei, und ließ sich von mir nach Hause schicken. Er ging aber nicht nach Hause, sondern in die Wohnung seines Banknachbarn und stahl die Münzsammlung des Vaters. Die Münzen verkaufte er einzeln. Die Eltern beider Schüler konnten sich einigen, aber bald darauf stand H. wegen weiterer Einbruchsdiebstähle vor dem Jugendgericht. Er bekam einige Auflagen und mußte ein paar Wochenenden im Jugendgefängnis absitzen. Die meiste Zeit hätte er dort geschlafen, sagte er. Auch wenn er von der Schule nach Hause kam, legte er sich oft sofort ins Bett.

In den Weihnachtsferien, erzählte er mir, habe ihn sein Vater täglich mit dem Fahrrad auf die Straße geschickt, er sollte nach B. radeln, etwa 60 km hin und zurück, nur so. Er sei aber nur im Viertel umhergefahren.

Der Jugendpfleger meinte, H. sei unfähig, eine Bindung aufzunehmen, er brauche eine Lehrstelle, doch gebe es nur wenige und noch weniger Lehrherren, die bereit seien, H. eine Chance zu geben.

Nach einem Jahr

H. arbeitete nach der Schulzeit zuerst in einer Lackiererei. Da er für ein Auto eine falsche Farbe verwendete, flog er. Er fand Unterschlupf in einem Parkhaus. Er soll 100 Mark gestohlen haben und daraufhin gefeuert worden sein. Die 100 Mark sollen unter einem Teppich gelegen haben. Vielleicht hat der Chef sie dort versteckt, um ihn auf die Probe zu stellen. Das alles haben mir Schüler erzählt.

Im Winter saß H. manchmal auf der Bank in der Pausenhalle. Ich fragte ihn, wie es ihm ginge. «Prima», sagte er und begann, von der Kameradschaft in der Lackiererei zu schwärmen. Ich meinte, daß alles doch gar nicht stimme, und erzählte, was mir die Schüler gesagt hatten. H. war sehr entrüstet. Da spielte ich die Komödie mit.

Zuletzt habe ich ihn mit seiner Clique bei einem Schulfest vor der Aula gesehen. Da sie nicht eingelassen wurden, zogen sie ins Schulhaus. Ich ging ihnen nach. Im Flur in einem der Schaukästen hing ein Schild mit der Aufschrift: «Das fünfte Gebot. Du sollst nicht töten.» Offenbar hatte ein Kind es geschrieben und sich dabei große Mühe gegeben. H. zeigte auf das Schild, las laut den Satz vor und bog sich vor Lachen. Damit wollte er seinen Freunden wohl zeigen, daß er über solche Kindereien wie Schilderschreiben längst hinaus sei. Ich war wütend und schrie, daß man darüber nicht zu lachen brauche.

H. ist nach einem Jahr im «Berufsleben» arbeitslos.

I. (Vier Geschwister, dreimal repetiert, nach der achten Klasse endgültig von der Schule abgegangen.)
I. konnte vernünftig sein. Sie war dreimal sitzengeblieben und hatte eine schöne Handschrift, die aber sofort entgleiste, wenn sie in schlechter Verfassung war. Das war häufig der Fall. Sie erinnerte mich an ein Musikinstrument, das sehr verstimmt ist und aus dem kein klarer Ton mehr herauskommt.

Sie behauptete, Schwesternhelferin werden zu wollen, aber ihre Mutter sagte mir, sie müsse zuvor ein Jahr im Krankenhaus putzen, und bat mich, ihr die Chance nicht durch schlechte Zensuren zu verderben.

Die Familienverhältnisse sind schwierig gewesen, der Vater Fernfahrer, dann viele Kinder, von denen einige bereits wieder Kinder hatten. Am letzten Tag brachte I. den kleinen Sohn ihrer Schwester mit, da wirkte sie selbst wie eine Mutter. Sie träumt von der großen Liebe, die alle Probleme lösen wird. Ich glaube, sie wird bald heiraten, und dann werden, fürchte ich, die alten Probleme neu beginnen.

J. (Sieben Geschwister, zweimal repetiert, nach der achten Klasse endgültig von der Schule abgegangen.)
In einer Konferenz las ein Kollege voller Entrüstung eine Liebeserklärung des Schülers J. an eine Mitschülerin vor, die dieser ihr während des Unterrichts zugespielt hatte. Sie gipfelte in dem Satz: «Ich möchte dich so gerne ficken.» Für den Kollegen bedeutete dieser Satz nicht bloß den Gipfel der Unverschämtheit, sondern auch der Verderbtheit und Schamlosigkeit. Da der Schüler J. überdies ein schlechter Schüler war, blieb er zum zweitenmal sitzen.

J. ist ein freundlicher und aufgeschlossener Junge. Manchmal geht er einem wegen seiner Unruhe auf die Nerven. Wenn man ihn ermahnt, blickt er einen verlegen an. In unserem Theaterstück hat er eine der Hauptrollen gespielt. Es dauerte lange, bis er den Text auswendig konnte. Immer wieder stolperte er über das Wort «Privatinitiative». Aber schließlich wirkte er ganz glaubwürdig, wenn er Dialekt sprach. Wie ein Arbeiter vor einer Versammlung.

J. kommt häufig eine Stunde später. Er hat epileptische Anfälle. Deshalb wird er auch solche Berufe nicht ausüben können, bei denen er auf der Leiter stehen oder klettern muß. Seine Mutter sagte: «Die Nachbarn haben ihn im Park gefunden, wie er hin- und hertorkelte. Sie haben mich gefragt, ob J. betrunken sei. Stellen Sie sich das einmal vor! Aber J. ist ein anständiger Junge.»

J. gehört zu den Schülern, die nachmittags arbeiten. Mindestens viermal in der Woche sammelt er in einem Einkaufszentrum die Wägelchen ein. Anfangs erhielt er dafür 2,50 DM in der Stunde, aber jetzt 3 DM. Er wurde erwischt, als er während der Arbeit eine Pause machte, und deshalb zur Rede gestellt. «Für 2,50 DM kann man ruhig eine Pause machen», entgegnete er.

Ich war mit J. auf dem Arbeitsamt, und wir erhielten die Adresse eines Bäckers, der einen Lehrling einstellen wollte, aber J.s Vater meinte, das sei nichts für ihn, da müsse er so früh aufstehen. Wahrscheinlich dachte er an seine Anfälle. Jetzt will er ihm eine andere Stelle besorgen, aber wahrscheinlich wird es nur gelingen, wenn er Beziehungen hat.

Nach einem Jahr

Im Winter traf ich J. öfters in der Pausenhalle. Er saß oft dort. Ich glaube, er kam nicht aus Anhänglichkeit an die Schule oder an einen Lehrer. Er saß einfach dort, weil ihm die Umgebung vertraut war. Er fühlte sich geborgen. Außerdem war es warm, während es draußen manchmal schneite oder regnete. Bei diesem Wetter konnte er nicht durch die Straßen gehen, aber zu Hause wollte er auch nicht immer sitzen.

Er war etwas dicker geworden. Daran sieht man, daß bei uns niemand zu hungern braucht. Es kam mir wie Ironie vor, daß er in unserem Theaterstück den Herrn Fugger gespielt hatte.

Ich fragte ihn, wie es ihm ginge, und er sagte: «Gut.» «Ganz ehrlich?» fragte ich, und da sagte er: «Nicht besonders.» Er hatte keine Arbeit gefunden. Trotzdem hatte er noch Rosinen im Kopf. Er wollte schauen, ob sich im Kaufmännischen etwas für ihn fände. Ein Kollege von mir sagte einmal, daß die Selbstmordrate ansteigen würde, wenn die Jugendlichen ihre Situation klar sehen würden.

Ich überlegte mir, was geschehen könnte, wenn J. ein Mädchen einladen will. Er wird in die Tasche greifen und feststellen, daß sie leer ist. Wäre es da nicht beinahe wahrscheinlich, daß er in eine andere Tasche greift?

Nach einem Jahr hatte T. immer noch keine Arbeit, aber einen Bewährungshelfer.

K. (Zwei Geschwister, zweimal repetiert, nach der achten Klasse endgültig von der Schule abgegangen.)

K. kam von einer Sonderschule für Verhaltensgestörte. Aber er stört nicht. In letzter Zeit schwatzt er allerdings häufig mit seinem Banknachbarn.

Er ist äußerst verschlossen und antwortet nur einsilbig. Es ist kaum möglich, mit ihm in ein Gespräch zu kommen. Nur wenn von technischen Dingen die Rede ist, erwacht sein Interesse. In Mathematik ist er gut. Textaufgaben löst er meistens als erster, dabei kommt er auf unkonventionellen Wegen zum Ergebnis. Er ist äußerst geschickt und hat im Werken eine Eins. In allen anderen Fächern sind seine Leistungen schwach.

Ein halbes Jahr vor Schuljahrsende kam seine Mutter zu mir. Sie ist eine kleine, freundliche Frau und sagte, sie würde einen Kraftfahrzeugmeister kennen, der bereit sei, K. als Lehrling zu nehmen, doch müsse er das Abschlußzeugnis der Hauptschule vorweisen. Das sei eine große Chance, die im nächsten Jahr vielleicht nicht wiederkomme. Ich bat deshalb die Lehrerin der Abschlußklasse, es mit K. zu versuchen. Sie war bereit, allerdings mit Einschränkungen. Wir forderten K. auf, sich tüchtig ins Zeug zu legen. Aber er veränderte seine Haltung nicht oder konnte sie nicht verändern. Er gehörte in der 9. Klasse zu den Schülern, die die Hausaufgaben nicht machten und sich kaum beteiligten. Auf diese Weise konnte K. den Vorsprung der anderen niemals aufholen. Er konnte kein Abschlußzeugnis, höchstens ein Abgangszeugnis erhalten, was ihm auch nicht nützen würde. Er wurde deshalb wieder in meine Klasse zurückversetzt.

Als mir L. erzählte, daß er in die Nervenklinik überwiesen werde, er müsse nur warten, bis ein Bett frei sei, stand K. dabei. Er sagte, daß er auch in der Nervenklinik gewesen sei, vor etwa 4 Jahren, für 8 Monate. Warum er dort eingewiesen worden war, konnte er nicht sagen, auch nicht, ob es ihm geholfen hatte. Aber jetzt fühle er sich besser, meinte er.

Nach einem Jahr
K. hat damals doch noch die Lehrstelle erhalten. Sein Meister hat damit einen guten Griff getan. K. denkt daran, später einmal selber den Meister zu machen. Ich glaube jetzt, daß er es schaffen wird.

Er ist noch immer sehr verschlossen. Aber mir fiel sein prüfender, kluger Blick auf. Wenn mein Fahrzeug nicht funktioniert, bringe ich es zu ihm. Ich bin bei ihm so gut bedient wie in jeder anderen ordentlichen Werkstatt.

L. (Vater gestorben, vier Geschwister, zweimal repetiert, nach der achten Klasse von der Schule abgegangen.)
L. kam erst in diesem Jahr in meine Klasse. Vorher ist er bei Herrn T. gewesen, aber das ist nicht ganz richtig. Er erschien nur selten zum Unterricht. Das ganze Jahr hatte er frühmorgens Zeitungen ausgetragen.

Deshalb konnte Herr T. ihm auch keine Noten geben, und so ist L. sitzengeblieben.

Herr T. erzählte etwas von schwierigen häuslichen Verhältnissen. L. habe seine Mutter zu Boden geworfen und sie in den Bauch getreten. Einmal ist sein Vater in der Schule gewesen. Er ist Frühinvalide und soll erzählt haben, daß er Krebs habe und daß ihm dieser Tagedieb, womit er L. meinte, die letzten Tage zur Hölle mache.

Ich war vorgewarnt und sehr erstaunt, als sich L. als aufgeweckter, höflicher Junge erwies. Es gab überhaupt keine Schwierigkeiten. Er lernte leicht und erzählte mir , daß er bei einem Test sehr gut abgeschnitten habe. Seiner Intelligenz nach hätte er auf das Gymnasium gehen können, aber das sei ja nun zu spät.

Ich berichtete Herrn T. von L.s erfreulicher Wandlung, und wir freuten uns, daß er es nun gepackt und endlich begriffen habe, worum es geht. L. will Chemiefacharbeiter werden.

Eines Morgens im Winter saß er mit einem geschwollenen Auge in der Bank. Das Auge war blau und blutunterlaufen, als seien alle Äderchen geplatzt. Ich schickte ihn zum Augenarzt, er wollte aber zuerst nicht und versuchte, mir klarzumachen, daß es sich um eine Bagatelle handle, er sei am Abend in eine Schlägerei verwickelt worden, eine Sache unter Männern.

Am nächsten Tag erschien L. mit einem riesigen Verband vor dem Auge. Er fehlte nun häufig, weil er in der Augenklinik behandelt wurde. Später erzählte er mir, es sei höchste Zeit gewesen, er wäre sonst möglicherweise auf dem einen Auge erblindet.

Eines Tages lag L. schmerzgekrümmt auf der Fensterbank. T., ein großer, kräftiger Schüler, der seine Kraft nicht richtig einzuschätzen weiß, hatte ihm einen freundschaftlichen Schlag auf die Schulter versetzt. Ich brachte L. zu seiner Hausärztin. Offenbar war er ein alter Bekannter, aber sie kannte seinen Vornamen nicht, sondern sagte nur: «Das Gesicht kenne ich doch. Das ist doch ein Zander.» Ich erfuhr, daß die Zanders mit einer anderen Familie in Fehde liegen. In regelmäßigen Abständen kommt ein Angehöriger der beiden Familien zur Hausärztin. Sie schickte uns vorsorglich in die Chirurgische Klinik. Wir nahmen in dem großen Warteraum Platz, den ich bereits kannte. Hier schienen überlastete Ärzte ihrer Pflicht nicht nachkommen zu können, ähnlich wie wir in der Schule. Nach drei Stunden verließen wir das Krankenhaus. L. hatte seinen Arm in einer Schlinge, aber er war nicht gebrochen.

Im Frühjahr erzählte mir L. beim Fußballspielen zwischen zwei Paraden – er ist ein glänzender Torwart, der sich furchtlos in das Getümmel stürzt –, sein Vater sei ins Krankenhaus eingeliefert worden. Am nächsten Tag war er tot.

Kürzlich fehlte L., und ich schickte zwei Schüler zu ihm. Er habe eine Grippe, sagten sie. Ich wäre gern selber hingegangen, genierte mich aber.

Auch der Kollege T. hatte mir davon abgeraten. Es könnte so wirken, als wolle man herumschnüffeln.

Nach einer Woche kam L. und zeigte mir ein Attest, das noch nicht abgelaufen war, und da er stark hustete, schickte ich ihn wieder nach Hause. Als er nicht kam, obwohl das Attest abgelaufen war, ließ ich wieder nach ihm fragen. Er habe einen Nervenzusammenbruch bekommen, hieß es jetzt. Nach vierzehn Tagen kam er wieder zur Schule und war wie immer aufgeräumt.

Er sagte, seine kleine Schwester habe ihn, als er krank im Bett lag, geärgert. Da habe er nach der Hustenflasche neben dem Bett gegriffen und sie nach ihr geworfen. Er habe sie am Bein verletzt, aber nicht sehr. Als sein Bruder, der es bemerkt hatte, ihn zur Rede stellte, muß es zu einer schlimmen Auseinandersetzung gekommen sein. Aber davon wußte L. nichts. Er fühle, sagte er, manchmal eine furchtbare Wut in sich aufsteigen, die ihn blind macht. Irgendwann laufe das Faß über. Er wisse dann nicht mehr, was geschieht, er hätte eine totale Erinnerungslücke, einen Filmriß.

L. schien diesen Zustand interessant zu finden, aber auch bedrohlich. Das merkte man an der Art, wie er darüber berichtete.

Der Arzt hat L. in die Nervenklinik überwiesen. Er soll dort beobachtet werden. Er wartet nur noch, bis ein Bett frei wird. Er sagte mir noch, daß er als einjähriges Kind einen doppelten Schädelbasisbruch gehabt habe. Vielleicht liegt es daran. Sein Bruder hatte ihn fallenlassen, aber ohne Absicht.

Nach einem Jahr

Manchmal traf ich L. auf der Straße. Ich sagte dann: «Na, wie geht's?» Nach seiner Entlassung aus der Schule hatte er drei Selbstmordversuche unternommen. Einmal war er mit einer schweren Tablettenvergiftung in das Krankenhaus eingeliefert worden, ein anderes Mal hatte er sich die Pulsader aufgeschnitten. Da er aber quer- und nicht längsgeschnitten hatte, war der Blutverlust nicht so groß gewesen. Ich war erleichtert, wenn ich ihn sah. Zugleich stellte ich eine wachsende Gleichgültigkeit bei mir fest. Ich sagte mir: «Na, wenn schon. Es ist nicht der einzige Fall.» Ich stand am Ufer und sah, wie er wegschwamm. Ich sah resigniert und ängstlich zu. Ich war müde geworden.

Nach Weihnachten kam L. überraschend wieder in die Schule. Er habe erkannt, wie wichtig es für ihn sei. Zwei Monate kam er regelmäßig, dann blieb er endgültig fort. Der Anlaß war ein Umzug, der unter merkwürdigen Umständen stattfand. Er vollzog sich in aller Öffentlichkeit, ohne von dieser wahrgenommen zu werden. Man konnte ihn jeden Tag sehen, wie er mit einem vollbepackten Handwagen, manchmal auch einem Fahrrad, den Weg zwischen der alten und der neuen Wohnung, etwa drei Kilometer, zurücklegte. Da er es mehrmals am Tag tat und über viele Tage hinweg, legte er viele Kilometer zurück. Ich konnte ihn nicht mehr überreden, in die Schule zu kommen.

Nach einem neuen Wutausbruch wurde er von der Polizei in die Psychiatrische Klinik eingeliefert und dort in die Abteilung für Alkoholiker eingewiesen. Als ich ihn besuchen wollte, war er nicht mehr da. Er hatte für einen Tag Urlaub auf Ehrenwort erhalten, war aber nicht mehr zurückgekehrt.

M. (Drei Geschwister, zweimal repetiert, nach der achten Klasse von der Schule abgegangen.)
M. soll der Anweisung des aufsichtsführenden Schülers, den Hof während der Pause nicht zu verlassen, nicht nachgekommen sein, er soll sich sogar tätlich widersetzt haben, als dieser ihn zu hindern suchte. Er ist daraufhin auf die Straße gelaufen, wo er ganz zufällig, wie er sagte, auf Z. getroffen sei, der sofort in die Schule kam und den aufsichtsführenden Schüler, der sich bereits bei dem Streit mit M. eine Schramme geholt hatte, aber immer noch auf seinem Platz ausharrte, endgültig zusammenschlug.

Z. hat dabei das Hausverbot gebrochen, welches ihm vom Rektor auferlegt worden war, weil er einmal einen Schüler verprügelt hatte und zwar in Gangstermanier, und ein anderes Mal vom Hausmeister frühmorgens schlafend im Schulhaus angetroffen wurde. Er ist aus der Sonderschule nebenan entlassen worden. Vielleicht genügte er auch seiner Schulpflicht nicht mehr. Jedenfalls befindet er sich seit langem auf der schiefen Bahn, und niemand würde sich wundern, wenn er am Morgen beim Kaffee in der Zeitung lesen würde, daß Z. ein Verbrechen begangen hätte.

Bei der Gegenüberstellung von M. und dem aufsichtsführenden Schüler zeigte sich deutlich, daß dieser um einen Kopf größer als M. war und fast doppelt so breit. Allen erschien es unwahrscheinlich, daß M. ihn tätlich angegriffen haben sollte, aber es stand fest, daß er Z. zu Hilfe gerufen hatte.

Der Lehrer O. sagte ihm auf den Kopf zu, daß er einem Ring angehöre. Dieser Ring habe Fäden bis nach Braunschweig und bis in unsere Schule, aus der er hin und wieder Mädchen zur Prostitution abzöge. M. sei zwar keine Haupt-, sondern nur eine Randfigur, gewissermaßen eine Marionette. Aber er säße mittendrin, wenn der Ring auffliegen würde, was offenbar kurz bevorstand. «Ich warne dich», sagte der Lehrer! Ich wunderte mich über so viele interne Kenntnisse, als mir einfiel, daß einer seiner Verwandten bei der Polizei war. «Hoffentlich gibt er jetzt nicht polizeiliche Geheimnisse preis», dachte ich.

Der Schüler M. bestritt entschieden, ein Verbrecher zu sein, wenn auch nur ein kleiner. «Ich kann keiner Fliege etwas zuleide tun», sagte er.

Er habe zwar von der Existenz eines Ringes gehört, aber das allein sei ja kein Verbrechen.

Ich selbst halte M. für harmlos. Er stammt aus Sizilien, vielleicht deshalb die Verdächtigungen. Er bat mich, seinem Vater nichts von dem Vorfall zu erzählen. Sein Vater sei arbeitslos und überdies herzkrank, es würde ihn zu sehr aufregen. M. kommt häufig zu spät, meistens hat er eine Entschuldigung. Oft ist er auf Ämtern, seine Eltern sprechen schlecht Deutsch. Seine Mutter ist eine hübsche, zierliche Frau. Sie legt großen Wert auf die Erziehung. So hat M. sich kürzlich zur Firmung angemeldet, was mich sehr überrascht hat. Seine Schwester, die zwei Klassen unter ihm war, ist eine Musterschülerin.

Beim Fußballspiel glänzte M. durch ausgezeichnete Technik und hervorragende Einfälle. Diese Leistungen brachte er im Unterricht nicht. Er will Installateur werden. Sein Bruder arbeitet in einer Installationsfirma. Auf dem Arbeitsamt hat man ihn getestet, ob er für diesen Beruf tauglich ist. Der Test ist positiv ausgefallen. M. glaubt, daß er eine Stelle erhalten wird. Sollte es nicht der Fall sein, dann könnte Kollege O. vielleicht doch noch recht bekommen.

Nach einem Jahr

M. hat keine Arbeit bekommen, aber der Kollege O. wird nicht recht behalten. M. traf sich weiterhin mit Jungen und Mädchen aus der Klasse in einem Gasthaus. Er wurde ein glänzender Flipperspieler und gewann viele Freispiele. Einmal soll er 70 Mark aus einem Apparat geholt haben. Der Wirt soll gesagt haben, er wolle den Apparat stillegen, da sich das Geschäft nicht mehr lohne. Nach dem Gewinn ist M. sofort in die Stadt gefahren und hat sich eine Hose nach der neuesten Mode gekauft, die wie angegossen saß.

Nach Weihnachten kam er zu mir und bat mich, wieder in die Schule aufgenommen zu werden. Seine Freundin, eine gute Schülerin aus der Klasse, hatte ihn mitgelotst. Von nun an saßen sie zusammen, und er profitierte von ihr. Seine Leistungen wurden viel besser, er kam jetzt auch pünktlich und regelmäßig.

Manchmal saßen sie getrennt und machten verzweifelte Gesichter. Einmal sagte M. zu mir: «Es ist endgültig aus.» Aber am nächsten Tag saßen sie wieder zusammen.

Bei der Abschlußfeier bedankte ich mich bei ihr, da sie etwas geschafft hatte, was ich nicht fertiggebracht hätte, und beglückwünschte ihn zu seiner Freundin. Sie sagten, sie wollten zusammenbleiben. Ich meinte, daß ich mich darüber freuen würde. Wenn sie aber nicht zusammenblieben, sollten sie sich in Freundschaft trennen.

N. (Pflegekind, in ein Erziehungsheim gekommen.)
An N. erinnere ich mich kaum noch. Zuerst habe ich sie für einen Jungen gehalten. Sie hatte kurzgeschnittene Haare, und wenn ich in die Klasse kam, rollte sie mit C. über den Boden, die beiden waren wie Hund und Katze. N. war ungeheuer anhänglich. Sie wollte mir die Tasche tragen, und wenn sie den Finger streckte, merkte man, daß sie es für mich tat. Sie hätte für sich allein einen Lehrer gebraucht. Aber weil sie sich ungerecht behandelt fühlte, raste sie plötzlich wütend aus dem Klassenzimmer und kam am Vormittag nicht wieder. Einmal, als ich ihr nachlief und auf der Treppe stehenblieb, kam mir der Rektor entgegen und beruhigte mich, vielleicht war er solche Situationen gewohnt.

N. war im Waisenhaus aufgewachsen, ihre Eltern kannte sie nicht, soviel ich weiß. Sie ist dann von zwei Frauen aufgenommen worden, die gemeinsam einen Haushalt führten und noch zwei weitere Pflegekinder hatten. «In diesem Fall haben sie sich übernommen», meinte die Jugendpflegerin zu mir. Bald soll es in N.s Straße keinen Kaufmann gegeben haben, den sie nicht bestohlen hat. Außerdem soll sie sich auf einer nahe gelegenen Baustelle herumgetrieben haben, und vielleicht trieb sie es auch mit den Bauarbeitern. N. kam ins Erziehungsheim.

O. (Eltern geschieden, ein Bruder, in ein Erziehungsheim gekommen.)
Als O. zu mir kam, war er bereits durch verschiedene Erziehungsheime gegangen. Im Rektorzimmer sagte seine Mutter zu ihm: «Nimm dich zusammen. Das ist deine letzte Chance.»

O. war größer, stärker und schneller als alle anderen. Beim Fußballspiel ging er geradewegs durch die Mitte. Allmählich bildete sich eine Gasse, durch die er einfach spazieren konnte. Der Sozialfürsorger meinte, O. sei für Mannschaftsspiele nicht geeignet.

Bald war er der Mittelpunkt einer größeren Gruppe. Sprach er mit einem Lehrer, so bekam sein Gesicht manchmal einen dreisten Ausdruck, als wollte er sagen: «Was willst denn du?»

Einmal mußte ich ihn aus der Toilette holen. Er war dort mit einem Mädchen. Während das Mädchen rot wurde, schien O.s Miene auszudrücken: Du bist wohl neidisch, Alter.

E., einen türkischen Jungen aus meiner Klasse, der ihn angespuckt haben soll, hat er blutig geschlagen. «Ich lasse mich doch nicht anspukken», sagte er. Wegen dieses Vorfalls bin ich zu ihm nach Hause gegangen. Seine Mutter, die geschieden war, schrie ihn an, und dieser große Junge, der vor nichts Furcht zu haben schien, wäre beinahe zusammengebrochen. «Ich mache es nie wieder, Mutti», sagte er. Wahrscheinlich wäre er auch auf dem Teppich herumgekrochen, wenn sie es gewollt hätte. «Zu Hause ist er ein vernünftiger und anständiger Junge», meinte sie. Außer Haus war er ständig in Schlägereien verwickelt. «Er hat

Mädchengeschichten. Dazu ist er noch viel zu jung.»

Von allen Seiten kamen Beschwerden, und seine Mutter sagte, sie sei mit den Nerven fertig. O. zerstöre das Familienleben. So ist er wieder in ein Heim gekommen.

Vor einiger Zeit hat mich O. mit zwei Kumpels aus dem Erziehungsheim besucht. Dort soll es sehr freizügig zugehen. «Es bleibt ja den Erziehern nichts anderes übrig,» sagte er. Sie kamen gerade von einer Aufnahmeprüfung bei Mercedes, und nur einer von den dreien sollte angenommen werden. «Was die andern machen werden, weiß ich nicht», meinte O.

Kürzlich habe ich ihn wiedergesehen. Es goß in Strömen, und er fuhr verbissen mit dem Fahrrad gegen den Regen und gegen den Wind an über eine fast menschenleere Straße. Dann habe ich ihn noch einmal getroffen, er stand winkend an der Ausfallstraße, die zu seinem Heim führt.

P. (Drei Geschwister, in ein Erziehungsheim gekommen.)
Die Mutter von P. kam regelmäßig zu den Elternabenden. Sie war eine stattliche Frau und zeigte Verständnis. «Aber Strenge muß sein», sagte sie. P. ähnelte ihr, eine ausgesprochene Familienähnlichkeit, einmal davon abgesehen, daß sie klein und zierlich war.

Sie war ungeheuer lebendig und konnte ununterbrochen schwätzen. In den Pausen rannte sie wie ein Irrwisch durch das Klassenzimmer. Sie ging mir manchmal auf die Nerven, aber alles schien gut zu laufen.

Im letzten Schuljahr fehlte sie einige Tage, und als ich zu Hause anrief, erfuhr ich von der Mutter, daß sie ausgerissen sei, seit drei Tagen, die Polizei würde sie suchen. Schließlich wurde sie aufgegriffen und nach Hause gebracht, sie war in der Siedlung gewesen, dort hatte sie einen Freund. Das wiederholte sich mehrmals und in immer kürzeren Abständen, so daß P. schließlich häufiger ausgerissen als zu Hause war.

Jugendtreffs und Feste hatten auf P. eine magnetische Anziehungskraft, sie muß sie empfunden haben wie eine wärmende Decke, unter die sie schlüpfen konnte. Einmal, bei einem Schulfest, kam ihre Mutter, um sie zu holen, und als P. davon erfuhr, versteckte sie sich unter einem Tisch, und ich hatte große Mühe, sie zu bewegen, hervorzukommen und zu ihr zu gehen. Sie fürchtete aber mehr ihren Vater, von dem sie sagte, daß er sie schlagen würde.

Die ständigen Ausreißversuche von P. setzten der Mutter so zu, daß ihr schließlich nichts anderes übrigblieb, wie sie sagte, als sie in ein Heim zu überweisen, zunächst in eines in der Nähe, da sie aber von dort sofort wieder ausriß, um ihren Freund zu besuchen, in ein weiter entferntes.

P. hat mir erzählt, daß ihr Vater tagsüber arbeite und sich nach der Arbeit bald schlafen legen würde. P.s Mutter arbeitet nachts, und P. muß häufig auf die kleineren Geschwister aufpassen.

Q. (Ein Bruder, zweimal repetiert.)
Den Schüler Q. umgibt ein großes Dunkel. Bisher bin ich nur bis vor seine Haustür gekommen. Von drinnen erklang laute Musik. Offenbar war der Lautsprecher voll aufgedreht. Q. ist so arm dran, daß er sogar die Bewegung der Zuneigung mißversteht. Er fühlt sich sofort angegriffen. Normalerweise würde man seinen Ton als ausfallend bezeichnen. «Würden Sie vielleicht in die Schule gehen, wenn es Ihnen so schlecht geht wie mir?» sagt er. Dabei zeigt er auf seinen Blinddarm und krümmt sich etwas.

Wenn er nicht zur Schule kommt, rufe ich bei ihm an. Ich merke, wie am anderen Ende der Leitung der Hörer abgenommen wird, nenne meinen Namen, und nun tritt eine Pause ein, als ob sich einer ertappt fühlt. Dann murmelt er eine Entschuldigung, morgen werde er bestimmt kommen. Im Hintergrund hört man Musik.

Es ist mir nicht gelungen, mit Q. ein längeres Gespräch zu führen. Kürzlich kam er während des Unterrichts zu mir und sagte, er müsse nach Hause gehen. Dabei öffnete er kaum den Mund, aber ich bemerkte, daß ihm die obere Zahnreihe fehlte. Seine Prothese war kaputt gegangen. Er zitterte am ganzen Körper.

Im Sportunterricht ließ ich die Jungen ringen. Q. wollte unbedingt mitmachen, ich hatte ihn nicht dazu aufgefordert. Er wollte zeigen, daß er auch wer ist. Er suchte sich den Schwächsten aus, aber gleich zu Anfang stolperte er auf der Matte und fiel so unglücklich, daß er von selbst auf den Rücken rollte. Alle lachten, und einer sagte: «Der legt sich von selbst auf den Rücken.»

Beim Spielen schnappen die anderen ihm die Bälle weg. Sein Gesichtsausdruck ist dann schwer zu beschreiben. Er legt sein ganzes Inneres offen und drückt den Satz aus: «Wie hätte es auch anders sein können?» Wieder einmal hat sich eine Erfahrung bestätigt, die er schon tausendmal gemacht hat. Erhascht er den Ball tatsächlich, so freut er sich wie ein Kind, dem es zum erstenmal in seinem Leben gelungen ist, einen Ball zu fangen.

Q. schließt sich gern den Stärkeren an. Vielleicht trägt er ihnen auf dem Heimweg die Schultaschen. «Laß mal! Das mach ich schon», würde er sagen. Von den Stärkeren ist er geduldet. Beim Fußballspiel schreit er: «Benni, Benni!» Das ist der Rufname eines angesehenen Mitschülers. Ich kann mir vorstellen, wie er in einem Chor mitbrüllt, aber ich kann ihn mir nur schwer an einem Arbeitsplatz vorstellen. Der Gedanke, er würde in einer Fabrik arbeiten müssen, tut mir weh, weil ich mir vorstelle, wie er in eine Maschine greift und sich verletzt oder wie ihn seine Kollegen hänseln. An einem ruhigen Platz in einem Büro kann ich ihn mir vorstellen. Aber wird er so einen Platz erhalten?

Seit drei Wochen wohnt Q. allein in der Wohnung. Seine Eltern sind nach Spanien gefahren. Sie werden erst in 14 Tagen wiederkommen. Q.

sagt, daß sie ihn vielleicht im nächsten Jahr mitnehmen werden. Sie haben ihm 200 Mark dagelassen. Jetzt hat er nur noch 30 Mark. Er meint, das würde nie reichen, aber es würde schon irgendwie weitergehen. Pro Tag bleiben ihm 2 Mark. Ich frage ihn, ob er unnötig Geld ausgegeben habe. Er sagt, daß er mit Freunden in der Florida-Bar gewesen sei. Da habe er auch schon mal eine Runde geschmissen.

Seit einigen Tagen kommt Q. nicht in die Schule. Ich habe ihn angerufen, und er hat mir erzählt, er sei beim Baden in eine Glasscherbe getreten. In der Klinik habe man ihn verbunden, aber jetzt könne er das Haus nicht verlassen. Ich habe zwei Schüler für ihn zum Einkaufen geschickt. Sie erzählen, die Verletzung sei ausgeheilt, aber Q. kommt noch immer nicht.

R. (Eltern geschieden, ein Bruder, zweimal repetiert.)
R. Hat zuerst die Sonderschule besucht. Er muß sehr schwierig gewesen sein und hat Kinder verprügelt und sogar Lehrer angegriffen. Eine Sonderschullehrerin hat sich sehr um ihn gekümmert und ihn gefördert. So ist er an unsere Schule gekommen in die Klasse von Herrn P. Er war dort ein guter Schüler und hatte auf die anderen sogar einen wohltuenden Einfluß. Da R. überaltert war, er war zweimal sitzengeblieben, haben wir ihn eine Klasse überspringen lassen. Jetzt ist er bei mir. Er hat den Stoff einigermaßen nachholen können, aber ist kein guter Schüler mehr. Der Kollege P. und ich sind der Meinung, daß R. nur die Rolle des guten und angepaßten Schülers gespielt hat, und R. kann sehr schnell aus der Rolle fallen. Hinzukommt, daß die Jugendlichen jetzt in einem Alter sind, in dem sie sich von ihren Bezugspersonen lösen.

R. kann sehr vernünftig sein, aber, wie gesagt, man wird das Gefühl nicht los, daß er nur die Rolle des Vernünftigen spielt und sehr schnell etwas Unvernünftiges tun kann. Er beklagt sich manchmal über die Klasse. Hier sei jeder gegen jeden, es gebe keine Kameradschaft. R. hält viel von Kameradschaft. «Wenn ich in ein Erziehungsheim komme, werde ich ausrücken», sagte er. «Ich habe Kumpel, bei denen ich mich verstecken kann. Die Polizei findet mich nicht.» R. würde auch einen Kumpel verstecken.

Einmal sprachen wir über Selbstmord, und er sagte unvermittelt: «Ich werde mich sowieso bald umbringen.» Er hat eine sehr pessimistische Ansicht von der Welt und den Menschen. Die Menschen sind Wölfe, man muß sich wehren oder man geht unter.

Ein anderes Mal sprachen wir über den zukünftigen Beruf, und R. meinte: «Ich gehe zu den Dieben und Mördern.»

Im Sommer stand R. vor dem Jugendrichter. Er stellte die Sache so dar: «Ich war mit Freunden am Baggersee. Wir haben ein Lagerfeuer gemacht. Plötzlich sehe ich, wie zwei Große einen Kleinen so tauchen, daß er keine Luft mehr bekommt. Ich bekam eine furchtbare Wut, nahm einen Knüppel, lief zum Wasser und schlug ihn den beiden über den Kopf. Der eine ist nur noch aus dem Wasser gekrochen. Sein Freund hat ihn weggebracht. An den Blutspuren konnte man sehen, wo sie gegangen sind.»

Während H., als er vor dem Jugendrichter stand, das Herz beinahe in die Hose gerutscht ist, war sich R. seiner Lage offenbar nicht bewußt. Er mußte lachen, weil der Richter, der gerade vom Zahnarzt gekommen war, beim Sprechen seine Backen aufblies. R. hat Bewährung bekommen.

Er kann, wie gesagt, sehr vernünftig sein. Wenn einer durchdreht, sagt er: «Lassen Sie den Spinner sich nur ruhig austoben. Der wird schon wieder zu sich kommen.»

R. ist sehr verschlossen. Einmal stürzte er mit dem Moped und verletzte sich. Er legte sich mit dem blutenden Bein und der blutverschmierten Hose ins Bett, ohne seiner Mutter etwas zu sagen.

Kürzlich kam ein Lehrer ins Lehrerzimmer, er hielt R. am Genick fest und sagte zu mir: «Hier bringe ich Ihnen einen Schläger.» R. sagte bloß: «Nehmen Sie ihre Hand weg», und machte ein Gesicht, als würde er den Satz des Kollegen gleich wahr machen.

Ich werde ihn keinen Schläger nennen, sondern einen Kämpfer. Seine große Zeit brach an, wenn abends das Jugendzentrum schloß. Er freute sich auf einen bevorstehenden Kampf wie andere auf ein gutes Mittagessen. Seine Freundin soll er aus einer Meute fremder Jugendlicher herausgehauen haben. Aber insgesamt war es unklar, ob er mehr Dresche austeilte oder einsteckte.

Manchmal gelang ihm der Rollenwechsel nicht. Er verwechselt die Schule mit einem Kampffeld, besonders dann, wenn Studenten unterrichteten. Er musterte sie mit mißtrauischen, verachtungsvollen Blicken. Seine Augen wurden schmal. «Komm her, Otto, wenn du was willst!» sagte er einmal zu einem Studenten. Der war davon sehr irritiert. Aber hin und wieder nahm er sehr interessiert am Unterricht teil.

R. ist sehr scharfsichtig. Auf seiner Netzhaut bildete sich eine harte Welt ab mit unveränderlichem Oben und Unten. Durch diese Welt mußte man sich durchboxen. Da er nur wenig Distanz zu sich hatte, bekam er sich selbst kaum zu Gesicht. Er befand sich im blinden Fleck seines Auges.

Manchmal ermahnte ich ihn in scharfem Ton. Dann bekam er ein bitterböses Gesicht und sagte: «So schon gar nicht.» Am anderen Tag konnte er geradezu zutraulich sein. «Sie haben ja recht.»

Viele würden ihn einen Halbstarken nennen. Von seiner Haltung konnte einen gewisse Drohung ausgehen. Aber eine geringe Veränderung genügte, und sein Gesicht bekam einen schmerzhaften, mitleidsheischenden Ausdruck, als müßte er auf seinem eigenen Zahnfleisch laufen und als würde er die Schläge, die er sonst anderen austeilt, tief in sich selbst spüren.

S. (Vier Geschwister, zweimal repetiert.)
Unsere Schüler kann man in der Regel von Gymnasiasten unterscheiden, spätestens dann, wenn sie den Mund aufmachen. S. könnte man für einen Gymnasiasten halten, auch wenn er den Mund aufgemacht hat.

Ich habe mich oft gefragt, wie sich dieser offenbar intelligente Junge so schwerfällig und begriffsstutzig anstellen kann. Schließlich habe ich ihn zu einer psychologischen Untersuchung geschickt. Anamnese und Gutachten sind hier abgedruckt.

Bericht und Gutachtenansatz über die Untersuchung des Jungen S. Z.
Familiendaten:
S. ist das dritte von 5 Kindern. Der älteste Sohn ist 19 Jahre alt und besucht das Gymnasium. Die 18jährige Tochter hat gerade eine Lehre auf dem Vermessungsamt abgeschlossen. S. selbst ist gerade 16 Jahre alt geworden und besucht die 8. Klasse der V.-Schule II. Der dritte Sohn ist ein Jahr jünger als S., und der vierte besucht augenblicklich die fünfte Klasse.
Die ersten drei Schulklassen besuchte S. in I., wo die Familie damals wohnte. S. besuchte ab Herbst 1965 die dortige Grundschule. Er erreichte das Klassenziel nicht und mußte das 1. Schuljahr wiederholen. Im Sommer 1968 wurde S. in I. zum ersten Mal getestet, weil der Verdacht bestand, daß er Legastheniker sei. (Die Ergebnisse der damaligen Untersuchung wurden der Familie jedoch nicht mitgeteilt, zumindest hat Frau Z. keine Unterlagen über die Ergebnisse.)
Im Frühjahr 1969 zog die Familie um nach Freiburg, und S. wurde an der V.-Schule eingeschult. Auch hier erreichte er das Klassenziel nicht und mußte im Jahr 69/70 die 3. Klasse wiederholen, vor allem wegen der sehr schlechten Leistungen in Deutsch. Nach der 4. Klasse wurde S. auf Anraten der Schule auf eine Tagesheimschule geschickt. Der dortige Lehrer beurteilte jedoch seine Leistungen im Vergleich zu den anderen Schülern als zu gut und riet von dem Sonderschulbesuch ab, weshalb S. am Ende der 5. Klasse wieder auf die V.-Schule zurückkam.
Die Mutter bezeichnete S. als Spätentwickler. In seiner Kindheit vor der Einschulung war er ein aufgeweckter Junge. Er habe schon früh sprechen können, und die Nachbarn hätten öfters gesagt, mit dem Jungen könne man reden wie mit einem Erwachsenen.
Seither hat sich S. sehr verändert. Mit dem Schuleintritt begannen seine Hemmungen. Die Lehrerin, die er im 1. Schuljahr gehabt habe, sei von der Schule weggegangen, und die neue Lehrerin, die er beim Repetieren der 1. Klasse gehabt habe, hätte wegen einer Schwangerschaft keinen geregelten Unterricht erteilen können. Nicht selten dauerte der Schulbesuch nur eine Stunde am Tag, und mehr als 3 Stunden sei S. in jener Zeit nicht zur Schule gegangen.

Als er nach dem ersten Schuljahr sein Zeugnis erhielt, kam S. nicht nach Hause. Die Mutter fand ihn eine Wegstunde entfernt mit Tränen im Gesicht an der Autobahn stehen, sein Zeugnisheft in der Hand. Nachbarn und Bekannte konnten die Schulschwierigkeiten des Jungen nicht begreifen. Nach einem Gespräch mit dem evangelischen Pfarrer ließen ihn die Eltern im Sommer 1968 zum erstenmal testen. Das Ergebnis sei gewesen, daß die Psychologin den Eltern den Befund Legasthenie mitteilte und mit der Schule Kontakt aufnehmen wollte. Die Psychologin habe S. damals als sehr intelligent bezeichnet und hervorgehoben, daß man ihn keinem Druck aussetzen dürfe. Kurze Zeit später erfolgte dann der Umzug nach Freiburg: Da die Untersuchungsergebnisse nicht offiziell vermerkt worden waren, hatten sie keinen Einfluß auf die Benotung in der Schule.
Der Lehrer, den S. in Freiburg erhielt, habe ihn schon bald für dumm erklärt und gemeint, er gehöre in eine Anstalt. Er bezeichnete S. als faul. (. . .)
Die Mutter hat sehr viel Zeit damit verbracht, S. bei den Aufgaben zu helfen. Sie ließ ihn nachmittags oft eine halbe Stunde spielen, holte ihn dann für zwei Stunden zum Lernen, ließ ihn wieder eine halbe Stunde spielen usw. Sie hat Diktate «dreißigmal» mit S. geübt, obwohl die Belastung für sie wegen der anderen Kinder ziemlich groß gewesen sei. Ihr Mann habe auch kein Verständnis gehabt, weshalb es oft zu Auseinandersetzungen zwischen ihnen gekommen sei.
Frau Z. suchte im Frühjahr 1970 den Nervenarzt Dr. W. S. in Freiburg auf, der sie an die Psychiatrische Universitätsklinik zur erneuten Begutachtung überwies. Auch dabei sei die Diagnose Legasthenie bestätigt worden, und als der Arzt vom verständnislosen Verhalten des Lehrers erfahren habe, sei er sehr erzürnt gewesen. Zwei Tage nach dieser Testdurchführung sei die V.-Schule selbstständig zu der Auffassung gekommen, daß S. auf die Sonderschule überwechseln müsse. Durch den Einsatz von Dr. S. sei er dann in die Tagesheimschule gekommen. Der dortige Lehrer hat sich mit S. aber gut verstanden und ihn als für diese Schule zu gut bezeichnet, so daß S. am Ende der 5. Klasse wieder in die Hauptschule zurückkam. Seither wird er von Herrn Wimmer unterrichtet, der sich sehr für den Jungen einsetzt.
Die Mutter bezeichnet S. als einen sehr sensiblen Jungen, der seine tatsächliche Verfassung nicht nach außen hin zeige. So habe er berichtet, daß er beim Test (unserer Untersuchung) sehr aufgeregt gewesen sei und befürchte, nicht gut abgeschnitten zu haben. Er weine wegen Nichtigkeiten, und seine diesbezügliche Reizschwelle sei sehr niedrig. Schwächen gibt er selten zu. Die Schulsituation hat sich, seit der Unterricht bei Herrn Wimmer stattfinde, gebessert, und er komme heute nicht mehr wie früher deprimiert nach Hause. Früher fühlte er sich in der Schule benachteiligt. Briefe schreibt er nur äußerst ungern, wie er überhaupt Hemmungen hat, etwas schriftlich zu Papier zu bringen, aus Angst vor den Fehlern, die er macht. In Gesprächen und im Unterricht hat er jedoch keine Hemmungen, sich zu äußern, und er bemüht sich um korrekte Ausdrucksweise, was auch vom Lehrer hervorgehoben wurde.
Auf handwerklichem Gebiet ist S. sehr geschickt. Seit er die Schreinerlehre in Aussicht hat, sieht er beruhigter in die Zukunft.
Am 29. 5. 75 führten wir mit S. ein längeres Gespräch. Anschließend untersuchten wir ihn mit dem Hamburg-Wechsler-Intelligenztest.

Wir führten dann am 15. 5. 75 noch den Rechtschreibetest 8 und die Progressiven Matrizen von Raven durch.
Zu den Testergebnissen:

HAWIE IQ = 96

UT	RP	WP
1. AW	6	5
2. AV	16	12
3. ZN	10	10
4. RD	2	2
5. GF	9	7
Verbalpunkte 36		
WT	51	10
6. ZST	12	3
7. BO	8	7
8. BE	15	12
9. MT	19	8
10. FL	18	10
Handlungspunkte 40		

RST 8 Langform Fehlerzahl 104 = PR 99 0,5
Raven Matrizen: PR = 90 entspr. IQ von 120

Die Testunterlagen fügen wir zur Einsicht dem Original bei.

Gutachten über die Leistungsfähigkeit von S. Z.

S. beendet 1975 den Besuch der Hauptschule und möchte eine handwerkliche Lehre beginnen. Sein bisheriger Lehrer an der V.-Schule, Herr Wimmer, hat einen positiven Eindruck von dem Jungen: Er erscheint ihm mit einer guten Denkfähigkeit ausgestattet und leistungswillig zu sein. Im krassen Gegensatz dazu stehen seine schulischen Leistungen im Schriftlichen, insbesondere im Fach Deutsch. Sein bisheriger Lehrer sieht sich daher veranlaßt, vor dem Übergang von der allgemeinbildenden in die berufsbildende Ausbildungsphase den Jungen hinsichtlich seiner Leistungsmöglichkeiten und -grenzen einer psychologischen Untersuchung zuzuführen.
Es wurden im hiesigen Institut drei Tests durchgeführt, ein sprachfreier Intelligenztest, ein Intelligenztest, der eine Vielzahl intellektueller Funktionen, u. a. auch schulische Lernerfahrungen, überprüft, und ein Rechtschreibtest für 8. und höhere Schuljahre. Die Testergebnisse zeigen eindeutig, daß S. ein überdurchschnittliches Intelligenzpotential besitzt, das aber durch spezielle Funktionsschwächen in seiner Effizienz eingeschränkt ist.
Der Junge verfügt über ein gutentwickeltes abstrakt-logisches Denkvermögen, er zeigt Verständnis und einsichtiges Handeln in sozialen Situationen, er hat gesundes Urteilsvermögen, eine sichere Beobachtungsgabe und einen durchschnittlich guten Umfang an sprachlichen Begriffen. Das rein schulische Wissen ist dagegen relativ schwach ausgebildet. Hier fällt eine Schwäche im Umgang mit schriftlichen Symbolen, insbesondere im Gebrauch der Rechtschreibung, auf.

Die Diskrepanz in der Ausprägung der allgemeinen Denkfähigkeit – hier sind nur 10 % seiner Altersgruppe besser als er – und seinen Rechtschreibleistungen, die von 99 % seiner Altersgruppe übertroffen werden, ist sehr groß. Diese Diskrepanz besagt, daß bei S. eine Legasthenie, d. h. eine spezielle Lese-Rechtschreib-Schwäche, vorliegt. Die Lese-Rechtschreib-Schwäche wurde nach Angaben der Mutter von S. in der Grundschule diagnostiziert. Es wurde aber offensichtlich von der Schule versäumt, den Jungen rechtzeitig einem Sondertraining zuzuführen. Die spezielle Schwäche im Erlernen des Lesens und der Rechtschreibung hat sich daher verfestigt und beeinflußte in der Folgezeit das schulische Schicksal des Jungen außerordentlich ungünstig. Es hat sich bei S. das typische Legastheniker-Syndrom entwickelt mit Anpassungsschwierigkeiten und Verhaltensauffälligkeiten in der Schule und dem Übergreifen der Leistungsstörungen auch auf andere Schulfächer. Als Folge zeigt sich bei dem an sich intelligenten Jungen eine gewisse Überempfindlichkeit im persönlichen Bereich und die Neigung zum angstvollen Rückzug, wenn es um das Erbringen von schriftlichen Leistungen geht. Bei angemessener Berücksichtigung der speziellen Leistungsschwäche in der schriftlichen Darstellung hat S. gute Chancen, in einem praktischen Beruf erfolgreich zu sein. Die Legasthenie wird sich negativ nur auf schulische Leistungen auswirken und die praktische Berufsleistung nicht mindern, wenn der Fehler vermieden wird, daß von seiner schulischen Leistungsfähigkeit auf seine berufliche Tüchtigkeit geschlossen wird.

T. (Vater gestorben, neun Geschwister.)
Eines Tages erhielt ich vom Jugendamt ein Schreiben. Die Mutter des Schülers T. werde mit diesem nicht mehr fertig und sei daher nicht länger bereit, ihn bei sich zu behalten. Ich wurde gebeten, eine Beurteilung zu schreiben.

An das
Sozial- und Jugendamt
78 Freiburg/Brg.

Ihr Zeichen: EH/III — Ihre Nachricht vom 10. Nov. 1975
Betr.: Schüler T.
9. Klasse

T. besucht seit eineinhalb Jahren meine Klasse. Seine Leistungen sind befriedigend. Er geht in den B-Kursus, doch ist das meiner Ansicht nach darauf zurückzuführen, daß er bei Eintritt in unsere Schule keine Englisch-Kenntnisse hatte. Bei größerer Unterstützung könnte er ein guter Schüler sein.
Über sein Verhalten kann ich nur Gutes sagen. Ich halte ihn für zuverlässig, aufrichtig und kameradschaftlich. Auf seine Mitschüler hat er einen positiven Einfluß. Er geht Streitereien aus dem Weg, und ich nehme an, daß er seine körperliche Kraft nur dann einsetzt, wenn er provoziert wird.

Natürlich kann ich nichts über sein Verhalten zu Hause aussagen. Ich glaube, daß seine Schwierigkeiten ihren Grund in der Beengtheit und Eintönigkeit seiner Umgebung haben. So hat er mir erzählt, daß er in der Küche schläft. Offenbar leidet er auch unter der Anregungslosigkeit in seiner Familie, da er selbst allgemein interessiert und gesprächsbereit ist.
Eine Einweisung in ein Erziehungsheim würde ich nicht für richtig halten. Andererseits wäre aber auch sein Verbleiben zu Hause nicht richtig, wenn gerade daher seine Schwierigkeiten rühren.
Das Beste für ihn schiene mir eine von einem Sozialarbeiter oder von einem Erzieher geleitete Wohngemeinschaft, in der er Verantwortung tragen, aber auch selbständig sein könnte. Unter diesen Umständen und falls er eine Lehrstelle bekommt, möchte ich für ihn eine günstige Prognose stellen. Doch weiß ich nicht, ob es eine solche Einrichtung in Freiburg gibt.
Mit freundlichen Grüßen

W. Wimmer

Da sich nichts Passendes für T. fand, boten wir, meine Frau und ich, uns an, ihn einstweilen bei uns aufzunehmen. Ich holte ihn ab. Im Zimmer lief das Fernsehen. Seine gelähmte Schwester saß im Rollstuhl. Bei einem Ausreißversuch aus dem Waisenhaus war sie vom Fenstersims gestürzt. Es waren noch andere Geschwister da. Wir nahmen sein Köfferchen und das grüne Federbett. Alles ging ohne Bewegung vor sich, als würde er jetzt nicht aus dem Haus, sondern nur zum Einkaufen gehen. Aber unter der Tür sagte seine Mutter zu mir, wir sollten ihn nicht wie einen Fremden behandeln, und das war gewiß ernst gemeint.

Die Freunde, die oft zu uns kamen, und wir erschienen ihm wohl wie Menschen aus einer anderen Welt. Ich glaube nicht, daß wir hochmütig sind, aber er wurde wohl nie das Gefühl los, daß wir auf ihn herabsahen. Vielleicht taten wir es durch Regungen, die uns selbst unbewußt blieben.

Unsere Wohnung ist nicht außergewöhnlich, aber sie muß ihn befremdet haben. Er bewegte sich darin unsicher. Ähnlich würde ich mich wohl bewegen, müßte ich plötzlich im Hilton erscheinen, vielleicht im Turnzeug.

Er hatte große Schwierigkeiten, mit uns zu sprechen. Wahrscheinlich kam ihm die Art, wie wir sprachen, geschwollen vor. Seine Schüchternheit verbarg er hinter der Hand, die er sich beim Sprechen vor den Mund hielt, und lange Zeit konnte er uns nicht anschauen. Er blickte an uns vorbei oder saß da mit niedergeschlagenen Augen. Die Situation war für alle peinlich. Die Zeit war plötzlich ein Loch, in das er stürzte und das er nicht auszufüllen wußte. Ich suchte Bücher heraus, von denen ich dachte, daß sie ihn interessieren könnten, und war enttäuscht, als er nicht anfing, zu lesen. Von der Langeweile befreite ihn der Druck auf die Taste des Fernsehapparates. Er legte sich auf den Rücken, die Beine unter dem Gerät, die Hände hinter dem Kopf verschränkt, den er leicht anhob. So konnte er lange auf das Bild starren. Wenn wir müde von der Arbeit nach

Hause kamen, ärgerte uns das.

Allmählich lernte ich seine Geschichte kennen. Sein Vater hatte getrunken und war früh gestorben. Er war in ein Waisenhaus gekommen, an das er bessere Erinnerungen hatte als an seine Familie. Weihnachten gingen Spenden ein, auch von reichen Amerikanern. Der Heimleiter habe sie verteilt und dabei erklärt, daß sie ja die letzten seien und der Geschenke gar nicht würdig. Trotzdem hing er am Heim. In der Kindergruppe habe er sich zu Hause gefühlt. Im letzten Jahr war er wieder zu seiner Mutter gekommen.

Zu seiner Herkunft und zu seiner Familie hatte er ein sehr ambivalentes Verhältnis. Er schien sie einerseits zu verachten, und doch verteidigte er sie. Seine älteste Schwester hatte bereits wieder drei Kinder, die ohne Vater aufwachsen. Er sprach abschätzig über sie. Das älteste Kind sei im Grunde aufgeweckt, doch würde es gerade in der Sonderschule eingeschult. Seine Schwester habe nie mit ihm gesprochen, sondern nur geschimpft. An diesem Beispiel begriff er, daß Sonderschüler oft gemacht werden. Er fand gut, wie wir mit unserer Tochter umgingen, wenn wir ihr auch nach seiner Meinung zuviel durchließen.

Wir sprachen oft von der Schwierigkeit, sich selbst zu bestimmen, und von seiner zukünftigen Arbeit. Da er gewohnt war, daß alles für ihn besorgt wurde, schien er sich kaum Sorgen zu machen. Wenn er keine Arbeit bekomme, sei es nicht so schlimm. Früher, als alle Arbeit hatten, wäre es schlimm gewesen. Aber nun wäre es nicht seine Schuld. Man sei, im Gegenteil, ihm schuldig, daß man ihn unterstütze, und von der Arbeitslosenunterstützung könne man ganz ordentlich leben. Den Leuten in seiner Straße ginge es gar nicht so schlecht. Seine Schwester, die mit den drei Kindern, hätte eine sehr schöne Wohnungseinrichtung. Seine Familie würde jeden Tag Fleisch essen. Er wolle schon arbeiten, doch könne er sich gut vorstellen, ohne Arbeit zu leben. Wenn man ihm aber kein Geld gäbe, bliebe ihm ja nichts anderes übrig, als sich welches zu nehmen.

Er hatte gesehen, daß man ohne Arbeit leben kann. Aber manchmal bekam er wohl Befürchtungen. Sein älterer Bruder war gerade nach Hause zurückgekommen. Er hatte in einer fremden Stadt gearbeitet und war arbeitslos geworden. Er hätte wahrscheinlich Unterstützung beantragen können, fand aber den Weg zum Arbeitsamt nicht. Daher war er auf seine Mutter angewiesen, die ihn dafür schikanierte.

Der Steuerzahler regte sich in mir, und ich begann, vorsichtig auf diese asoziale Einstellung zu schimpfen. Die Asozialen seien die ganz oben und die ganz unten. Es gäbe die größten Unterschiede zwischen ihnen, aber beiden Gruppen sei gemeinsam, daß sie nicht zu arbeiten brauchten. Die einen würden immerfort im blauen Himmel herumjeten, während die anderen kaum aus ihrer Straße herauskämen. Aber alle lebten sie auf Kosten anderer. Allerdings seien die unten zu entschuldigen, wenn man ihnen keine Arbeit gebe. Sonst aber sollten sie arbeiten, wenn sie körperlich und seelisch dazu imstande seien. Andernfalls sei die Unterstützung nur eine Form der Entmündigung, weshalb auch die Leute, die davon lebten, nicht fähig würden, ihr Leben selber zu meistern, sondern ganz schicksalsergeben seien.

Wir sprachen auch über Politik. Noch mehr als den Weißen Hai fürchtete er die Kommunisten. Er war für die Demokratie und gegen die Diktaturen. Er dachte dabei vorwiegend an die DDR und an die Sowjetunion. Er könnte dort nicht leben wegen der Einschränkung der Freiheit. Bei uns könne man wenigstens sagen, was man denke, und tun und lassen, was man wolle, zum Beispiel reisen. Er selbst sei ja in Oberbayern gewesen mit dem Heim. Ich sagte ihm, daß er russische Verhältnisse mehr zu fürchten hätte, weil er dort arbeiten müsse und weniger wegen der Einschränkung der Freiheit, da er ja von dieser auch hier nicht Gebrauch mache, indem er seine Meinung öffentlich vertreten würde. Er sagte, daß es ihm genüge, daß er es tun könne, während es ihm fehlen würde, wenn er es nicht tun könnte. An einer Demonstration wollte er allerdings nie teilnehmen aus Angst vor den Grünen und ihren Gummiknüppeln.

Ich begriff seinen Haß auf Diktaturen. Er war selbst stets das Objekt staatlicher Eingriffe gewesen, es war über ihn bestimmt worden, ohne daß er etwas zu bestimmen hatte, und die Diktatur war nichts anderes als sein Schicksal, auf alle ausgeweitet.

T. war für die Deutschen und gegen alle, die irgendwann einmal gegen die Deutschen waren. Redete er von ihnen, so war seine Sprache mit Schimpfwörtern durchsetzt. Von den Polen sagte er: «Sie haben uns das Land weggenommen, die Schweine.» Diesen Satz hatte er von einem Lehrer übernommen, der Oberschlesier war.

Einmal waren wir in München. Die Stadt gefiel ihm, aber er wollte dort nicht leben. Man käme sich unter den vielen Menschen ganz klein vor und, wenn man sich mit einem Reichen vergleiche, etwa einem Ölscheich, geradezu wie ein Wurm. Er träumte oft davon, selbst ein Reicher zu sein. Er würde einen Park von Sportwagen haben und jeden Tag mit einem anderen durch die Stadt fahren. Jeder würde sehen, daß da der große T. kommt. Ich sagte, daß ich davon nicht träume, aber das stimmt nicht ganz. Manchmal wünsche ich mir, mit dem Flugzeug zu fliegen, wohin ich will.

Auf der Rückfahrt nahmen wir einen Tramper mit. Er meinte, er würde sich die Leute genauer ansehen, ehe er sie mitnähme. So würde er niemals einen mitnehmen mit abgekauten Fingernägeln. Ich sagte ihm, daß er doch selber abgekaute Fingernägel habe, und zeigte ihm meine Hände. Ich habe die Angewohnheit, mir mit den Nägeln der Zeigefinger die Nagelhaut abzureißen. Das hätte gewiß eine Ursache. So sei U. ein Bettnässer, und auch das habe einen Grund. T. sagte, er hätte es gerochen, als er neben U. in der Bank saß.

Ich fragte ihn, ob es L., der gerade in die Klasse zurückgekehrt war, dort wohl aushalten würde. Er meinte, das sei ihm egal, schließlich sei es sein Leben, und wenn er so dumm wäre, sei ihm nicht zu helfen.

Zweifellos stand T. unter großen Spannungen. Er wälzte sich im Schlaf und sprach dabei vor sich hin. Aber es gab viele Schwellen, die er nicht überschritt, und er machte einen friedfertigen Eindruck.

Jemand sagte: «Er geht wie ein Geist durch die Welt», und einem anderen erschien er wie eine Ruine, die ein Haus hätte werden können.

Ich weiß wenig über T. Ich weiß nicht einmal, ob wir ihm einen Gefallen getan haben, als wir ihn aufnahmen. Wieso sollte er sich plötzlich derart ändern, daß er das pünktliche Aufstehen, die geregelte Arbeit, die Entbehrungen, die Anordnungen und Maßregelungen durch Vorgesetzte dem Leben durch die Sozialfürsorge vorziehen sollte?

Außerdem wohnten wir seit einiger Zeit etwas außerhalb, fast auf dem Land. Am Nachmittag vermißte er seine Freunde. Andere wollte er sich nicht suchen. An Fasching gingen wir mit ihm in ein Dorf zum Tanzen. Mitten im Trubel blieb er stumm sitzen. Da faßten wir ihn an der Hand und zogen ihn auf die Tanzfläche. Aber er sagte bloß: «Das bringt's doch nicht, wenn man nicht tanzen kann.»

Wahrscheinlich waren wir auch nicht die richtige Familie für ihn. Es gab kaum feste Regeln, an die er sich hätte halten müssen und die ihm einen Halt hätten geben können.

Manchmal glaubte ich, er habe sich gar nicht bei uns geändert. Aber dann tat er wieder Dinge, die mich erstaunten. Wir suchten Lehrstellen und teilten in der Stadt Flugblätter aus. Er mischte sich unter die Leute und stand ihnen Rede und Antwort. «Die Fabriken denen, die sie gebaut haben und darin arbeiten», sagte er. Das hatte er nicht von mir gelernt. Ihm war einfach nicht einsichtig, weshalb sie anderen gehören sollten.

Unsere Geschichte ist schließlich nicht sehr glücklich ausgegangen. Eines Tages hatte er über unsere Annonce – ich berichte noch davon – eine Lehrstelle erhalten. Darüber schien er sich zu freuen. Am Nachmittag sollte ein Veranstaltung mit Politikern stattfinden. Ich bat ihn, eine halbe Stunde früher zu kommen wie ich selbst, um die Stühle aufzustellen. Er sagte, er habe keine Zeit, er müsse bei seiner Mutter essen. Ich hatte schon bemerkt, daß Enttäuschungen, die mir manchmal Jugendliche bereiteten, ihn freuten. Auch jetzt schien seine Miene zu sagen: «Sehen Sie, Sie wollten es ja besser wissen, dabei habe ich es Ihnen gleich gesagt.» Ich meinte, er solle doch gleich wieder bei ihr bleiben, da er ja sowieso ständig bei ihr hocke. Tatsächlich benutzte er sein Zimmer mehr und mehr nur noch als Schlafstelle. Das Verhältnis zu seiner Mutter hatte sich aber nicht gebessert. Er hielt sich in seiner alten Gegend auf, weil er die Kameraden, die Bäume, das Flipperspiel vermißte, so wie jemand seine Stammkneipe vermißt. Er kam jedoch rechtzeitig, um uns zu helfen.

Aber am Abend fand meine Frau zum wiederholten Mal einen Teelöffel in der Schublade, an dessen Stiel Joghurt klebte. Sie sagte, er solle gebrauchtes Geschirr doch besser abwaschen oder in der Spüle liegenlassen. Vielleicht hatte sie auch gesagt: «Gefälligst.»

In der Nacht packte er seine Sachen und verschwand. Am Morgen erschien er auf dem Jugendamt. Er wollte nicht zu uns zurück, aber zu seiner Mutter auch nicht. Er hatte die Nacht auf einem zugigen Bahnhof verbracht und nicht geschlafen. Die Nacht muß ungemütlich gewesen sein, denn damals war es empfindlich kühl. Der Sozialhelfer fand schließlich eine Lösung, die vielleicht besser für ihn ist.

Ich weiß nicht, was aus ihm wird. Vielleicht fängt ihn das Milieu wieder ein, aus dem er kommt. Er selbst sagte oft, es sei kaum möglich, ihm zu entkommen. Aber vielleicht wird er auch ein tüchtiger Facharbeiter und Gewerkschaftler, der sich für die Interessen seiner Kollegen einsetzt. Ich halte beides für möglich.

U. (Eltern geschieden, vier Geschwister.)
U. kommt aus der Obdachlosensiedlung. Manchmal läuft er völlig vernachlässigt herum. Einmal habe ich ihm ein Paar Schuhe gekauft. Früher wurde ihm in bestimmten Zeitabständen der Kopf geschoren. Er trug dann eine Mütze und war kaum zu bewegen, sie abzunehmen. Seine Stachelhaare verführten, darüber zu streichen. Der kahle Kopf gab ihm ein merkwürdiges Aussehen, so daß ihn ein Praktikant einmal für debil hielt. Aber U. ist nicht debil.

Er fehlt sehr häufig. Meistens weiß ich nicht, ob er schwänzt. Er lebt bei seinem Vater, der geschieden ist, und seiner Stiefmutter. Er hat vier Geschwister. Seine Stiefmutter hat fünf Kinder. U. hat mir erzählt, daß er seiner Mutter bei einer Röntgenreihenuntersuchung zufällig begegnet ist. «Die Alte kann mir gestohlen bleiben», sagte er. Dabei kämpfte er mit den Tränen. Die Schüler erzählten mir, daß die Stiefmutter ihre eigenen Kinder bevorzugt und daß er oft geschlagen wird. Er kommt häufig zu spät und sagt, daß er verschlafen habe.

Die Schüler sind eigentlich nett zu U. An Weihnachten haben sie ihm sogar ein kleines Geschenk gemacht. Aber U. ist sehr empfindlich. Einmal lief er aus dem Unterricht fort und blieb einige Tage weg. Schließlich wurde er auf dem Spielplatz hinter der Schule gesehen. Ich konnte ihn kaum bewegen, mit mir zu kommen. «Sie nennen mich immer Klette», sagte er. Er heißt Klett.

Ein paarmal habe ich U. bei mir zu Hause gehabt. Ich würde ihn auch zu mir nehmen, aber sein Vater meinte, das wäre ungerecht gegenüber seinen Geschwistern.

U. spricht nur, wenn er gefragt wird. Aber als er den Fernsehapparat sah, fragte er, ob er schwarzweiß sei. Als ich bejahte, sagte er: «Wir haben einen Farbfernseher.»

Zu mir hat U. ein gewisses Vertrauen. Im Unterricht stört er kaum. Er sitzt hinten allein in einer Bank. Da er häufig gefehlt hat, kann er dem Unterricht in Mathematik nicht folgen. Er malt oder sitzt einfach da. Eigentlich dürfte ich ihn nicht versetzen, aber kann ich ihn sitzenlassen? Hin und wieder macht er wie wild mit. Dann merkt man, daß etwas mit ihm los ist, aber sein Eifer erlahmt sehr schnell.

Vor einer Woche haben ihn Freunde von mir getestet. Seine Leistungen waren durchschnittlich. Berücksichtigt man die Umstände, unter denen er aufwächst, ist es ein ordentliches Ergebnis.

Drei Nachmittage hatten sich Erwachsene intensiv mit ihm beschäftigt. In der Schule war er plötzlich wie umgewandelt. «Was ist denn mit U. los?», fragte ein Kollege, «er macht plötzlich mit.» Aber jetzt ist er wieder der Alte.

Wenn sich niemand findet, der sich ständig um ihn kümmert, wird U. keinen Beruf erlernen, obwohl er die Fähigkeit dazu hat. Er wird in der Obdachlosensiedlung bleiben.

Nach einem Jahr

U. ist zu seiner Großmutter gezogen. Er bewohnt bei ihr ein eigenes Zimmer. Er ist sauber gekleidet und kommt jetzt auch regelmäßig und pünktlich, obwohl sein Schulweg viel weiter geworden ist. Aber er klagt über Herzbeschwerden. Der Hausarzt hat ihn an die Klinik überwiesen, aber dort hat man nichts feststellen können. So kam er in Behandlung zu einem Nervenarzt. U. erzählte mir, er habe kein körperliches, sondern ein seelisches Leiden. Er müsse die zurückliegenden Jahre erst verdauen. Dabei wirkt er in sich gekehrt und ernsthaft. Die erste Frühlingssonne schien, und er sah aus wie ein Rekonvaleszent.

Trotzdem hat er die Kraft gehabt, sich eine Arbeit zu suchen. Er hat die Tankstellen, die an seinem Schulweg liegen, abgeklappert und schließlich Glück gehabt. Er soll eine Lehrstelle als Tankwart erhalten.

Der Arzt hat ihm einen Erholungsurlaub in einem Kinderheim verschrieben. Von dort erhielt ich eine Karte:

Sehr geehrter Herr Wimmer,
wie geht es Ihnen? Ich hoffe gut. Mir geht es auch gut. Wir haben hier auch Schule, und ich habe mich gut eingelebt. Ich wünsche Ihnen ein frohes Osterfest und daß sie mir gesund bleiben. Hochachtungsvoll U.

Kürzlich ist U.s Großmutter gestorben, und seine Zukunft ist wieder ungewisser geworden.

Die Zurückgestuften

V. war auf dem Gymnasium sitzengeblieben, und zuerst drückte ihre Haltung die Angst und Bedrückung aus, die sie dort erfahren hatte. Sie hat ein klares Gesicht, das auffällt. Aber da sie sich zu schminken beginnt, bekommt es eine gewisse maskenhafte Starre. Ihre Bewegungen werden allmählich freier, während sie anfangs fast übererzogen wirkte. Jetzt steht sie sogar auf und geht während des Unterrichts in der Klasse umher. V. kann es sich leisten, denn sie ist plötzlich die Beste in der Klasse.

Einmal erzählte V., daß sie versucht habe, sich das Leben zu nehmen, als sie dem Druck auf dem Gymnasium nicht gewachsen war. «Immer arbeiten und arbeiten und Angst haben.» Sie hatte das Messer bereits an der Pulsader, aber dann ist es nicht gegangen.

Überhaupt haben viele Jugendliche mit dem Gedanken nicht bloß gespielt. So erzählte W., daß sie auf der Brüstung des Balkons gesessen habe, der Vater drinnen im Zimmer habe geschrien wie ein Schwein und schließlich das Fenster eingeschlagen.

Die Schüler, die vom Gymnasium kommen, sind bei uns in der Regel Zweier-Schüler, die von der Realschule Dreier-Schüler. Ich habe nicht den Eindruck, daß sie nicht genügend begabt sind. Es scheint, daß man sie manchmal wegen ihres auffälligen Verhaltens abschiebt. An der Hauptschule sollen wir dann unter ungünstigeren Bedingungen mit ihnen zurechtkommen.

Über den Schüler X.:
«Dem Schüler X. wird wegen permanenten Störens des Unterrichts und ungehobelten Verhaltens eine *Verwarnung* ausgesprochen. Es wird darauf hingewiesen, daß diese Verwarnung bei einer erneuten Ordnungswidrigkeit einen Ausschluß aus der Schule zur Folge haben kann.»

«Ich beantrage für X. den befristeten Schulausschluß von zwei Wochen. X. erhielt nach Androhung des befristeten Schulausschlusses drei Klassenbucheinträge wegen seines schlechten Verhaltens.»

«X. wird wegen dauernder Störung des Unterrichtsbetriebes und ungehobelten Verhaltens vom Unterricht für eine Woche ausgeschlossen. Dieser Ausschluß ist mit Hausverbot verbunden.»

«X. sitzt während der Hofpause auf der Dachterrasse und raucht Zigaretten.»

«Ich beantrage für X. den befristeten Schulausschluß von vier Wochen. X. erhielt nach seinem befristeten Ausschluß von einer Woche wiederum vier Klassenbucheinträge wegen seines Verhaltens.»

«Telefonat mit dem Vater. Der Vater ist sich des Verhaltens seines Sohnes bewußt, weiß aber auch um die Situation, daß sein Sohn jetzt gleichsam die Rolle des Auffallenden spielen muß, nachdem er in diesem Sinne ein Unglückswurm ist.

Er möchte seinen Sohn zum Schuljahresende umschulen und bittet, eine andere Disziplinarstrafe als Schulausschluß zu ergreifen.

In Erwartung der schriftlichen Abmeldung möchte ich die Bitte des Vaters unterstützen und plädiere für zwei Nachmittage Rektoratsarrest mit Sozialaufgaben im Hause.»

«Die Gesamtlehrerkonferenz ist im Falle einer Abmeldung X.s bereit, den Schulausschluß bis Ende des Schuljahres hinauszuschieben und dem Rektor die Verhängung einer vorläufigen Schulstrafe in anderer Weise zu überlassen. Damit möchte sie X. den Übergang in eine andere Schule nicht unnötig erschweren.»

So kam X. in meine Klasse. Zunächst trat er großspurig auf. Aber an einem der ersten Tage hockte er in seiner Bank mit rotem Kopf. Die Schüler hatten das Lied «La Paloma» auf ihn umgedichtet. Sie sangen laut «La Paloma Fischkopf». So nannten sie ihn, wahrscheinlich weil er einen Mittelscheitel hatte und seine Haare nach beiden Seiten herabhingen als sei er gerade durchs Wasser geschwommen. Er wurde geduckt, man ließ ihn nicht hochkommen, doch nach einiger Zeit wurde er «Fisch» genannt und etwas später geradezu liebevoll «Fischi!»

Eines Tages erschien Fischi nicht zum Unterricht, der Vater rief an und sagte, daß er in der Nacht nicht zu Hause gewesen sei, und ich begab mich auf die Suche. Über sechs Ecken fand ich ihn schließlich im Jugendzentrum, er hatte mit 5 Kameraden in einem Keller übernachtet, sie hatten sich von 50 Pfannkuchen ernährt, und auch von einem Geldbriefträger war die Rede gewesen.

Wir gingen zu ihm nach Hause, es war eine schöne Wohnung, die Nachbarn im Haus hatten alle Eigentumswohnungen und legten großen Wert darauf, wer im Hause ein und aus ging. Deshalb sollte X. keine Freunde mitbringen, doch tat er es trotzdem. Er lebte mit seiner Mutter, es war seine Stiefmutter, in Feindschaft, sie warfen einander vor, daß sie sich gegenseitig nach dem Leben trachteten.

Sein Vater war verständig. Er arbeitete in einer anderen Stadt, weshalb er nur am Wochenende nach Hause kam. Er nahm dort eine gute Position ein, hatte 10 Mann unter sich und war im Begriff, eine noch bessere zu erringen, doch mußte er dazu alle Kräfte mobilisieren, was ihm nicht möglich war, wenn ihn häusliche Dinge belasteten. Daher verlangte er von seinem Sohn striktes Wohlverhalten und räumte ihm dafür Vorteile ein, von denen einige seiner Freunde nur träumen konnten, ein eigenes Zimmer, eine Stereo-Anlage und ein Moped.

Zwei Monate vor den Ferien kam seine Mutter zu mir und bat mich, für ihn ein Gutachten zu schreiben, damit er in eine Berufsfachschule in einem anderen Bundesland ohne Prüfung aufgenommen würde. Er sollte nach Schulabschluß zu seiner Großmutter ziehen, wo auch seine Schwester wohnte.

Ich schrieb, daß X. gute intellektuelle Fähigkeiten besitze und daß, nach anfänglichen Schwierigkeiten, über sein Verhalten nichts Negatives zu sagen sei. Er bedankte sich herzlich und tat eine Zeitlang keinen Strich mehr. Aber sonst kam ich gut mit ihm aus.

Die Halbwaisen

Von den Jugendlichen, die ich nicht beschrieben habe, leben sieben allein mit ihrer Mutter, ihrem Vater oder ihrer Großmutter. Insgesamt ist es im Abschlußjahr ein Drittel der Klasse. In den meisten Fällen sind die Eltern geschieden. Bei aller Verschiedenheit weisen fast alle übereinstimmende Merkmale auf, so daß es gerechtfertigt erscheint, sie zu einer Gruppe zusammenzufassen.

Sie kommen häufig zu spät. Zehn oder fünfzehn Minuten nach Unterrichtsbeginn trifft Y. ein und erklärt zum x-tenmal, daß er verschlafen habe. Etwas später kommt Z., noch schlaftrunken, als wäre er gerade aus dem Bett ins Klassenzimmer gerollt. Der Wecker hat nicht geklingelt. W. und Sp. treffen stets gemeinsam ein, und nun erklärt entweder W., daß Sp. oder Sp., daß W. noch nicht fertig gewesen sei. Wenn W. bzw. Sp. sehr spät fertig werden, kann es vorkommen, daß sie beschließen, zu Hause zu bleiben. Ich nehme an, daß sie sich dann Kaffee kochen und ein paar gemütliche Stunden machen. Wenn Y. auf den Wecker blickt und merkt, daß er zu spät dran ist, rollt er sich auf die andere Seite und schläft noch einmal ein. Benachrichtige ich nicht sofort den Vater bzw. die Mutter oder die Großmutter, so werden sie auch morgen und in den nächsten Tagen nicht erscheinen.

Die Erklärung ist leicht. Die Erwachsenen müssen früh raus, so sind die Schüler auf sich selbst angewiesen, und das schaffen sie nicht.

Mindestens zweimal habe ich beobachtet, wie Jugendliche von einem Tag zum andern schlagartig ihre Verhaltensweise änderten. Entweder glitten sie in tiefe Resignation ab oder waren voll lauter Empörung. Jedesmal hatten sich gerade die Eltern getrennt.

Die Übrigen

Bisher habe ich über die eine Hälfte meiner Schüler berichtet. Unter den bestehenden Schulverhältnissen konnte ich ihnen kaum gerecht werden. Wie steht es um die anderen, die ich bisher nicht erwähnte? Denn der Leser erhielte einen falschen Eindruck, würde er glauben, es gäbe in der Klasse nur Auffällige. Allerdings ist es kein Zufall, daß ich von ihnen zuerst sprach. Sie ziehen die Aufmerksamkeit auf sich. Man vergißt darüber leicht die anderen. Es kann lange dauern, bis man ihre stillen Gesichter entdeckt. Vielleicht haben sie seit Tagen darauf gewartet, daß man sie anschaut. Es sind brave, manchmal zu brave Kinder und Jugendliche, die im Hintergrund bleiben, weil sich die lärmende, schreiende Schar der anderen in den Vordergrund drängt, auch jetzt, da ich an meine Klasse denke. Dort im Hintergrund bleiben sie, ohne weiter aufzufallen, und ich weiß, daß ich ihnen sowenig gerecht werden konnte wie den anderen. Mit ihnen allein, ja mit der doppelten Anzahl, wären wir eine andere Klasse geworden, fleißiger, disziplinierter, aber auch fröhlicher. Viele von ihnen sind einfach gelungen, zum Beispiel St.

Er gehörte weder zu den Auffälligen noch zu den Unauffälligen. Als S. die Schule verließ, fragte ich ihn, was er machen wolle. Er sagte, daß er erst mal Ferien machen würde, und dabei atmete er tief durch, als würden zehn Jahre der anstrengendsten Arbeit hinter ihm liegen. St. lachte und meinte, daß es lange Ferien würden. Er muß es wissen, denn sein Bruder sucht seit einem Jahr Arbeit. St. ist kein Musterschüler, aber er ist verläßlich wie das Wetter im Süden. Wenn jemand wie aus nichts plötzlich einen Wutanfall bekommt, schaue ich manchmal zu St. hin. Er sieht mich und sieht vielleicht, wie ich resigniert mit den Schultern zucke, während ich sehe, wie er leicht den Kopf schüttelt. In diesem Moment verstehen wir uns. In seiner Bewegung liegt nichts von Altklugheit, sondern Nachsichtigkeit und eine gewisse Traurigkeit. Hier schüttelt ein Vernünftiger über die Unvernunft den Kopf.

St. ist klein und schmächtig. Man hat ihn zum Klassensprecher gewählt. Er ist interessiert, ausgeglichen und freundlich. Nur wenn die Regeln bei einem Spiel nicht eingehalten werden, bekommt seine Stimme einen klagenden und mißgelaunten Ton. Er ist nicht selbstgerecht.

Wie St. sind viele, doch gelang es ihnen erst spät, mehr und mehr das Klima in der Klasse zu bestimmen. Sie waren aber robust und selbstbewußt genug, um nicht zu leiden.

Natürlich wäre auch ich, allein mit ihnen, anders gewesen. Es gelang mir manchmal nicht, so zu sein, wie ich gerne gewesen wäre. Ich war dann erregt anstatt ruhig, wütend anstatt freundlich, schreiend anstatt höflich und resigniert, wo ich hoffnungsvoll sein sollte. Ich war mir selbst fremd. In einem Gedicht von Brecht «Die Maske des Bösen», heißt es:

Mitfühlend sehe ich
Die geschwollenen Stirnadern, andeutend
Wie anstrengend es ist, böse zu sein.

Wirklich unwohl gefühlt haben sich die Stillen und Unauffälligen. Ich habe mich mit ihnen zuwenig beschäftigt. Da sie keine Schwierigkeiten machten, glaubte ich lange, daß sie keine hätten. Ihre Schwierigkeit lag gerade darin, daß sie keine machten. Sie waren zu schwach, um sich gegen die anderen aufzulehnen und durchzusetzen. Sie schlossen sich von ihnen ab und wurden von ihnen ausgeschlossen. Sie waren isoliert wie eine Insel. Ich glaube, einige von ihnen haben wirklich gelitten, zum Beispiel Sch.

Sie kam zu Beginn des neunten Schuljahres in die Klasse. Von ihrem ehemaligen Lehrer war sie nicht versetzt worden, da sie 200 Tage gefehlt hatte. Die Mutter ging zum Schulamt und erwirkte eine Sondergenehmigung, damit sie weiterkam. Sch. erzählte mir, daß sie Kreislaufbeschwerden gehabt hätte. Eine Schülerin deutete an, sie hätte es mit den Nerven.

Sie war ruhig, fleißig und eine gute Schülerin. Aber im Februar blieb sie plötzlich weg. Ich ging der Sache kaum nach, war auch zu müde geworden. Von Zeit zu Zeit rief mich die Mutter an und berichtete mir über den Stand der verschiedenen Krankheiten ihrer Tochter. Nacheinander hatte sie Kreislaufbeschwerden, eine Sehnenscheiden- und eine Magenschleimhautentzündung. Zuletzt erfuhr ich, daß sie auch in nervenärztlicher Behandlung sei.

Ich rief den Arzt an, und er sagte mir, daß sie auch zu ihm nicht regelmäßig käme. Sie sollte wöchentlich kommen, erschien aber nur unregelmäßig einmal im Monat. Ich wollte von ihm wissen, wie krank sie sei. Er bestätigte, daß sie in einer schweren Krise stecke.

Sie machte verschiedene Anläufe, zur Schule zu kommen, kam aber nie über die Hälfte des Wegs hinaus, dann kehrte sie um. Ich versuchte den Schülern zu erklären, daß für sie vielleicht tatsächlich ein Bannkreis um die Schule lag, den sie aus eigener Kraft nicht durchbrechen konnte. «Aber fahrradfahren kann sie», sagte einer. Andere bestritten das, die Eltern würden es verbieten. Zweifellos war sie überbehütet.

Diesmal gab sie nicht dem Lehrer die Schuld, sondern einigen Mädchen, mit denen sie sich nicht verstünde. Sie hätten ihr sogar Klassenkeile angedroht. Es waren Mädchen, mit denen man meiner Ansicht nach gut auskommen konnte. «Ich nehme alles so schwer», sagte sie. Ich versäumte es, ein Gespräch zwischen ihnen zu arrangieren.

Der Arzt hatte gemeint, man würde ihr nicht helfen, wenn man ihr das Zeugnis nachwerfen würde, nachdem sie schon einmal versetzt worden war, obwohl sie so viele Tage gefehlt hatte. Sie müßte jetzt die Kraft finden, sich einer Prüfung zu stellen. Wir verabredeten einen Termin, doch kam sie nicht. Sie kam erst zwei Tage vor Schulabschluß mit ihrer Mutter, da war niemand im Kollegium mehr bereit, die Prüfung abzuhalten.

Sie schrieb einen Brief an die Klasse voll bitterer Anklagen. Der Brief enthielt den Satz: «Vor mir steht ein großes Fragezeichen», der mich sehr beunruhigte, bis ich ihn nach und nach verdrängte.

Ein Schülerbericht: Wie man sich durchschlägt

Über L. habe ich auf den Seiten 35 ff. berichtet. Er war nach der achten Klasse abgegangen, kam nach Weihnachten wieder in die Schule und blieb nach zwei Monaten endgültig fort.

Nachdem er zurückgekehrt war, forderte ich ihn auf, über seine Erlebnisse in den vergangenen Monaten zu schreiben. Er habe auch schon daran gedacht, sagte er, da sie fast einem Roman glichen. Am nächsten Tag brachte er mir den Bericht, der hier abgedruckt ist.

Ich bat ihn, zu mir nach Hause zu kommen, um seine Erlebnisse und Überlegungen auf Tonband zu sprechen. Er war gern dazu bereit. Wir trafen keine weiteren Vorbereitungen. Zunächst war er befangen und orientierte sich beim Sprechen am Schriftdeutsch. Doch sprach er sich bald davon frei, und sein Bericht wurde anschaulich. Er ergibt in seiner Gänze das Bild eines Lebens, wie ich es so nicht hätte einfangen können, und bildet den Hintergrund zu meinem Bericht. Er ist viel mehr als eine Ergänzung.

Gegen Ende der Aufnahme kam T. hinzu, der damals bei uns wohnte, und nahm an dem Gespräch teil.

Kürzlich rief mich L. an. Sein Onkel, der im Rheinland wohnt, könnte ihm eine Lehrstelle besorgen, aber er hätte kein Geld, um hinzufahren. Außerdem brauchte er ein paar Kleidungsstücke. Es war ihm peinlich, mich um Geld zu bitten. Ich sagte ihm, daß er sich nicht als Bittsteller zu fühlen brauche. Wir hatten ausgemacht, daß er einen Anteil am Honorar bekäme, falls ich ein Buch veröffentlichen würde, in dem sein Bericht abgedruckt ist.

Er kam mit seiner Mutter, seiner Schwester und seinem Bruder zu uns, und wir unterhielten uns angeregt. Am nächsten Morgen ist er dann ins Rheinland gefahren.

Schriftlicher Bericht

Durch den Tod meines Vaters sind wir in eine finanzielle Notlage geraten, und ich habe mich immer gefragt: «Ob ich nicht doch vor meinem Haubtschulabschluss die Schule verlassen sollte!» Dann könnte ich meiner Mutter auch des Geldes wegen, eine Sorge abnehmen. So ging ich dann eines Tages bei einer Werbeagentur arbeiten. Ich dachte das wär leicht verdientes Geld, Prospekte verteilen, daß ist so als ob ich einen langen Spaziergang machte, der mir mit einem Stdlohn von 5,50 DM bezahlt wurde.

Doch bald verließ mich die Lust, dieser Arbeit weiter nachzugehn. Ich sagte also meinem Chef bescheid, das ich wieder in die Schule gehn will, weil ich doch noch nicht die richtige Reife für eine Arbeitsstelle hätte. Das war gelogen, mir hing die Arbeit zum Hals hinaus, tagtäglich bei Wind und Wetter wurde ausgetragen.

Ich ging also wieder in die Schule.

Einige Tage später kam mein früherer Chef, und fragte: «Ob wir nicht alle bei ihm anfangen wollen!»

Wir, das heißt ich und meine zwei Brüder sagten nicht nein.

Sie waren sowieso Arbeitslos, und 150–200 DM sind in der Woche nicht zu verachten.

So also vergingen Wochen und Monate, bis uns eines Tages die Lohnzahlung verweigert wurde. Er gab uns als Grund an, daß wir 10000 Prospekte Unterschlagen hätten, und er dieses Geld als eine Bezahlung der Prospekte einbehält.

Wir wussten nicht mehr was wir machen sollten, wir waren auf dieses Geld angewiesen.

Aber wir waren Unschuldig.

Dann wollte wir mit der Firma nichts mehr zu tun haben. Mein Bruder stellte dann einen Antrag auf Arbeitslosengeld, ich konnte es nicht tun denn ich arbeitete ja Unversichert.

Ich ging dann immer öfter in das naheliegende Jugendzentrum, in dem ich oft meine Klassenkameraden traf, ich redete mit ihnen wie es so in der Schule voran geht.

In der Zwischenzeit wurde ich dann auch kriminell, mein Bruder und ich gingen eines Nachts um 3 Uhr von daheim los. Wir hatten uns vorgenommen einige Autos aufzubrechen, um Sie dann auszuplündern. Es gelang uns einige Sachen mitlaufenzulassen, aber Sie hatten weniger Wert als wir dachten.

Zum Glück wurden wir nicht erwischt, denn wir machten mehr schaden als Diebesbeute. Ich streifte nachts durch die Strassen, und suchte im Alkohol mein Glück. In einer Woche sah ich so versoffen aus das mich keiner meiner Mitschüler erkannt hätte.

Eines Morgens las ich in der Zeitung das Prospektverteiler gesucht wurden. Ich ging also hin weil ich nichts anderes in der Zwischenzeit, gemacht hatte. Ich wurde bei einem Stundenlohn von DM 6 eingestellt, der sich allerdings als eine Art von Akordlohn erwies.

Ich wurde in ein Gebiet eingeteilt den ich in einer bestimmten Zeit fertig haben sollte. Ich gab diesen Job einen Tag spähter wieder auf.

Nach einiger Zeit des Faulenzens, wollte ich wieder in die Schule gehn.

Nach einem kurzen Gespräch mit meinem Klassenlehrer und dem Rektor, konnte ich wieder in die Schule gehn.

Tonbandprotokoll

Arbeit

W. W.: Warum hast du neben der Schule gearbeitet?

L.: Ich ging nicht allein wegen meiner Mutter arbeiten, sondern auch um meiner Freundin was zu leisten. Die Arbeit war sehr anstrengend. Im Winter, wenn es geschneit hatte und Schneestürme über uns hinwegtobten, froren wir als an den Fingern, daß uns die ganzen Finger blau wurden. Die Arbeit, das Arbeitsverhältnis zwischen mir und meinem Chef, war auch nicht gerade das Günstigste, denn zwischen uns gab es immer Streitereien, die meistens in Wutausfällen von mir oder meinem Chef ausarteten. Der um 14 Jahre ältere Chef hat mir immer angedroht, mich zu entlassen, wenn ich meine Arbeit nicht korrekt und sauber halte, aber da es bei mir nie etwas zu bemängeln gab, konnte er nur bei mir rumnörgeln, weil ihm sonst nichts anderes einfiel, wie zum Beispiel in Kirchzarten. Als wir dort austrugen, gingen Prospekte abhanden mit einer Gesamtstückzahl von 10000, die, wie er behauptete, von uns beziehungsweise unserem Truppenführer wegtransportiert worden sein sollten, auf die Müllkippe. Über diese Verleumdung konnten wir damals nur lachen, aber er hatte uns in der Hand. Denn unser Lohn wurde uns nicht ausgezahlt. Wir gingen darauf auf das Arbeitsgericht. Der Termin für diese Verhandlung wurde bis jetzt dreimal verschoben. Die nächste Verhandlung wird im April dieses Jahres stattfinden, und wir hoffen, daß wir zu unserem Recht und unserem Geld kommen werden.

Krumme Touren

L.: An so'nem komischen Hochhaus, da hab ich mein erstes Auto aufgebrochen, das ging aber ganz ruckzuck, ein Mercedes. Der hat so komische Seitenfenster gehabt. Die habe ich grad eingedrückt, die Seitenfenster. Haben wir Verbandskästen und Handschuhe und Karten und Decken, Sitzfelle und alles, was so unmöglich ist, mitgenommen, was man normalerweise liegenläßt, denn den Kofferraum haben wir nie aufgekriegt. Kofferraum lohnt sich ja meistens mehr wie alles andere. Aber zum Kofferraumaufmachen muß man halt so 'n Trick beherrschen, und den kann kein Aas von uns.

W. W.: Wieviel habt ihr aufgebrochen?

L.: Es waren ungefähr 6, 7 Stück. An einmal. Wir waren ja nur einmal richtig da zum Aufbrechen. Das erste Mal hat's nicht geklappt, da war's um zehn, da ist alle fünf Minuten noch ein Wagen in die Tiefgarage neigekommen. Wenn man einmal richtig den Draht drinnen gehabt hat, hat man ihn wieder rausziehen müssen, hat schnell verschwinden müssen ums Eck. Da ist man nervös geworden mit der Zeit. Und wo wir um eins drinnen waren in der Tiefgarage, da haben wir noch einmal Schwein gehabt, da sind grad durch die Tiefgarage Polizeistreifen gelaufen. Haben wir uns grad unter ein Auto runtergelegt. Da haben wir Glück gehabt. Die hän unter ein paar Autos sogar unten drunter geleuchtet. Wenn die uns da zum Beispiel erwischt hätten, wo wir das Werkzeug, Schraubenzieher gehabt haben! Um drei war's dann schön still. Da haben wir schön geknackt.

W. W.: Und was habt ihr mit den Sachen gemacht?

L.: Die hän wir daheim. Den Verbandskasten haben wir aufgehoben, den haben wir gebrauchen können. Die Decken haben wir unterm Bett liegen, und den Rest haben wir fortgeworfen, so alles, was so unwichtig war.

W. W.: Habt ihr nicht wenigstens einen Moment mal Skrupel gehabt, weil ihr den Leuten Schaden zufügt?

L.: Phh, ich mein, das ist Gewohnheitssache. Wir waren früher als in die Kaufhäuser. Wie alt war ich, da war ich zwölf, mein Freund war elf, und einer, der Lumpen, der war dreizehn, nee, vierzehn war der. Sind wir als in die Kaufhäuser neigegangen, Kofferradios rausgeholt, so Kofferradios, fünf Stück, untern Arm geklemmt, bei Woolworth, da waren halt draußen Kofferradios, 17 Mark und noch was hän se gekostet, einer nach dem andern neigegangen, Kofferradio untern Arm geklemmt. Für fünf Mark hän wir sie verscheppert, warn froh um jeden Pfennig Geld, den wir gekriegt hän.

W. W.: Was habt ihr noch gestohlen?

L.: Da warn noch Schokolade, Eisenbahnen. Wir haben uns 'ne ganze Eisenbahnanlage zusammengeklaut. Mein Freund, der hat daheim so 'ne Minitrixanlage, der hat se verkauft für 800 Mark. Das war 'ne Anlage, die hat einen Wert von 1700 bis 3000 Mark gehabt. Hat er sich alles zusammengeklaut, alles zusammengeklaut. Zum Beispiel, ich will nicht so groß reden, die Schwester von meinem Freund zum Beispiel, wenn ich die, also wir sind in Kaufhäuser neigegangen, vor drei, vier Monaten, es war noch vor Weihnachten, sind wir in die Kaufhäuser neigegangen. Also, die macht das mit einer Routine.

W. W.: Wer?

L.: Sie, das ist die Schwester von meinem Freund, mit einer Routine, die Nerven hätt ich nicht dazu, ehrlich gesagt. Die hat 'n Ding, die war schwanger oder irgendwas, so 'ne Umstandsbluse, 80 Mark, hat se den Kinderwagen mitgenommen, die Umstandsbluse so probiert, rein in den Wagen gestopft, und nachher ist dann einer von der Kripo nachgegangen, die hän se überführt gehabt schon und hän das Zeug nicht gefunden, wo sie versteckt hätt, die hätt's im Kinderwagen versteckt gehabt das Zeug. Kripo ist die ganze Zeit nachgegangen, hän 'se nicht gefunden. Hän 'se Glück gehabt an dem Tag. Dann sind sie noch in die WÜBA. Da hätt'se so 'n Poncho an, Gürtel drum, und dann kommt se raus, da 'ne Stange Zigaretten, da 'ne Stange Zigaretten, da zwei Flaschen Wein, Cognac, also mit der Routine, wo die hat, das war unmöglich. Die hän Sachen zusammengeklaut. Die hän geklaut, geklaut kann man schon gar nicht mehr sagen. Die hän als, zu zweit sind sie in die Kaufhäuser neigegangen, den Kinderwagen gestopft voll mit Zeug gehabt. Zu Weihnachten hän 'se Weihnachtsbäume, so kleine Weihnachtsbäume als, kosten zwanzig oder dreißig Mark, untern Arm geklemmt und rausgegangen. Mit einer Routine, das gibt's gar nicht. Aber ich hab halt immer den Skrupel dazu gehabt, ich hab das nicht mehr können irgendwie, hab irgendwie Schiß gehabt, und früher wär das für mich kein Problem gewesen. Aber mir haben irgendwie die Hände so gezittert, hab gedenkt: Ne, komm, 15 bist jetzt, läßt's bleiben. Bei so 'nem Warenhausdiebstahl kann man nämlich leicht einen erwischen. Da kann man nicht mehr, da nützt dir nicht mehr, wenn du wegrennst, da rennst du gleich am Arsch. Aber wenn du so 'n Auto aufbrichst oder irgendwas, da kann man noch schnell 'nen Satz nach X machen.

Und dann hab ich noch, also wo ich das letzte Mal was angestellt hab, das war in einer Schule, da hän wir die Turnhalle so, wenn Feuerwehrleute oder irgendwer, wenn die Leute da drinnen waren oder Schüler, sind wir neingegangen, hän die Taschen gefilzt, als Bargeld, ich hab 64 Mark gehabt, Bargeld, und davon hab ich mir dann ein Mikroskop gekauft, wo ich daheim hab, das Mikroskop. Und mein Freund, der hat 35 Mark gehabt, und wir hän Uhren gehabt, eine Uhr hat den Wert von 900 Mark gehabt, das war Gold, echt Gold, 900 Mark, zum Stoppen, und die echten Diamanten und weiß der Teufel, was da noch dran ist. Weiß der Teufel was, auf jeden Fall hat sie 900 Mark Wert gehabt, und die hän wir verscheppert für 20 Mark.

Sauftouren

L.: Es war im November, im November war es, um neun Uhr früh bin ich in die Wirtschaft neigegangen, um drei bin ich rausgegangen, bin schnell nach Haus gegangen, hab mir Kleingeld geholt, noch ein bißchen Geld geholt daheim, weil daheim hab ich das ganze Geld gehabt und wieder die nächsten fünfzig Mark geholt, und da war ich gesessen bis um zwölf und Mordsfichte im Genick gehabt. Und bin heimgelaufen, was heim gelaufen, halb gekrochen, und plötzlich bin ich irgendwie eingeschlafen und hab nur gesehen, wie mich einer, um achte morgens war das, da hat mich einer aufgewacht, war in den Gärten drin gelegen, auf 'ner Wiese, hab geschlafen schön und friedlich. Ein Feldhüter war es, der wollt mich erst zur Polizei bringen. 's war im November. Da war's mordsmäßig kalt, hab nichts gespürt irgendwie. Weiß nicht, wegen Alkohol oder irgendwas. Da gab's so 'n Zeug, das heißt Champlär spezial, das ist so 'n Zeug aus Underberg, Whisky und Jägermeister und alles drin, das kost sechs Mark fünfzig. Da hab ich den Rekord brechen wollen, da hab ich gesagt, also die Wirtschafterin, die heißt Anna im Waldstüble, und da hab ich gesagt: «Was ist der Rekord bis jetzt, wer hat bis jetzt das meiste gesoffen davon?» Da hat sie gesagt: «Einer hat zwölf Stück davon geschafft.» Und wenn ich mal fünf geschafft hät, war ich froh gewesen. Da war ich auf neun oder zehn, war ich dann gelegen, auf einmal hat's mich, pätsch, direkt umgeworfen. Und da wollten die mich in die Klinik fahren zum Magenauspumpen, da hab ich irgendwie gesagt: «Komm, könnt ihr doch nicht machen, ich bin noch lange nicht besoffen.» Bin rumgelegen auf dem Boden. Ich bin heimgegangen, hab zu meiner Mutter gesagt, war noch halb angesoffen: «Ich war, war fort.» Sagt sie: «Ja, wo warst du denn?» Sag ich: «Weiß nicht mehr, wo ich war.» Jedenfalls war mein ganzer Anzug dreckig, noch schön mit meinem

Samtanzug, meinem Konfirmationsanzug bin ich zum Saufen gegangen. Und der war total matschig dann und weiß der Teufel was.

Da hab ich mir gesagt, das passiert mir nicht mehr, da nehm ich lieber einen mit, bin zu einem von meiner Clique neigegangen, die sind sowieso alle knapp bei Kasse, hab gesagt: «Komm Vollmond» – ist der Spitzname für einen –, «komm, wir gehn einen saufen.» Hat er gesagt: «Wo?» «Komm, wir gehen zu Otto ins Waldstüble.» «Okay!» Sind wir neigegangen, hän wir auch wieder gesoffen, 's ging halt so ganz weiter, und ich sah aus, schon so Augen, Tränensäcke bis runter zu der Nase, so richtig versoffen sah ich aus, als ob ich irgendwie nierenkrank wär oder was, als ob ich den ganzen Tag heulen würde. Und da sind wir mit einem, der heißt Hannes, fortgegangen, und der kann so vom Reinhard Mey Lieder, und da hän wir so Lieder auswendig gelernt wie: «Ich bin Klempner von Beruf» und so, und da sind wir in die Wirtschaft neigesessen, hat jeder sein Bier getrunken und ist einer mal aufgestanden und hat gesagt: «Ich bin Klempner von Beruf.» Und hat so die Strophen gesungen, und jeder hat seine Strophe gesungen halt und hat sich dann angehört so als: er wär Klempner, und er wär Klempner, und er wär Klempner, und jeder wollt seine Story so erzählen, und 's Volk, also die Leute, hän immer so geklatscht wie die Sau, da hän wir noch gesungen vom Ulrich Roski so 'n Lied, war eine Mordsstimmung in dem Laden, und um zwölf fängt die Anna an beziehungsweise der Otto, der Otto fängt an: «Komm, jetzt müßt ihr gehen.» Hab gesagt: «Otto, kennst uns doch, Menschenskind, wir bringen doch dein Geschäft so gut nein, war fast voll das Lokal, war nie so voll, weiß nicht irgendwie, weil alle mal mitgesungen hän, war Mordstrubel im Laden, da hab ich mal 'ne Runde geschmissen, oder mal ein anderer hat 'ne Runde geschmissen, auf jeden Fall, am Ende hab ich gar nicht mehr gezahlt, hab nur das Bier gezahlt gekriegt für's Singen, ich war nachher so richtig abgefüllt. Um drei Uhr morgens sind wir aus der Wirtschaft rausgegangen, da hat die Anna gesagt: «Jetzt langt's mir aber, oben drüber beschwern sich schon die Leute.» «Okay, gehn wir jetzt wieder heim.» Und ich bin kaum an die Luft gekommen, da hat's mir grad 'nen Datsch nach unten gemacht, hab mir noch den Kopf aufgeschlagen. Hän sie mich heimgetragen, zwei Kerle hän mich heimgetragen, hän mich ins Nest neigelegt, und so ging's halt weiter.

Wir sind aber nicht immer in die gleichen Wirtschaften neigegangen, da sind wir mal in selle Wirtschaft neigegangen, und wenn wir keine Sau loslassen konnten, hän wir unser Bier gezahlt und sind wieder gegangen in die nächste Wirtschaft, so hän wir mal an einem Abend 21 Wirtschaften durchgemacht. Wenn man überlegt, in jeder Wirtschaft mal ein Halbes trinken. Nein, ein Kleines hab ich glaub getrunken. Und dann in 21 Wirtschaften rumtanzen. Wir sind vom Binzengrün, ganz unten hän wir angefangen, beim Lindenwäldle-Stüble oder wie das heißt und hän uns raufgearbeitet bis Johanniskirche, bis zum Walfisch, glaube ich, hän wir uns vorgearbeitet, aber immer gelaufen, zuletzt bin ich so im Tran mitgelaufen, na, das war schon das Grab dann.

Auf jeden Fall, an die Zeit erinnere ich mich gern, wenn was los ist in den Wirtschaften, wenn man so richtig die Sau loslassen kann. Und dann hän wir uns mal 'ne Wirtschaft gemietet, da hän wir 'ne Party gegeben, und der Wirt, der war schwer in Ordnung, der Wirt. Es war um elf, und wir hän eine Stereoanlage aufstellen dürfen und alles, und der Wirt, der war nachher auch noch besoffen, den hän wir unter den Tisch gesoffen, den Wirt. Um eins bin ich aus der Wirtschaft rausgekommen, total besoffen, ich weiß gar nicht mehr, wie ich heimgefunden hab, ich bin in die Gärten rumgerannt irgendwo, weiß der Teufel wo. Hab ich gesagt: «Wo lauf ich denn na? Du mußt doch so langlaufen.» Bin durch die Gärten gelaufen, 'ne kleine Runde, um zwei war ich glücklich mal daheim, hab mich ins Nest neigelegt und am Morgen 'nen Brummschädel gehabt, wie sich's gehört, erst mal ein paar Pfund Eiswürfel auf den Kopf gelegt und ein paar Tabletten gegessen, und dann ging's wieder. Hab noch ein paar Stunden geschlafen, und dann ging's wieder los. Am besten ist es ja, wenn man am Abend besoffen, also betrunken war, daß man dann gleich am Morgen weitersäuft.

Naja, an einem Samstag war's, um neun bin ich gleich wieder zum Frühschoppen neingegangen in den Schönbergblick, gings da weiter jetzt, und ein Bekannter von mir, der trinkt, wenn der sagt «Kaffee», in der Wirtschaft, der kriegt 'nen Kaffee, da ist ungefähr soviel Kaffee drin und der Rest ist nur alles Cognac. Das heißt für den «Kaffee». Also, wenn man den sieht, hat der nur Fichte. Nur Fichte. Aber der ist, wie soll ich sagen, nicht direkt abhängig von dem Zeug, der kann saufen, daß er nicht mehr grade stehen kann, der kann noch so besoffen sein, grade laufen kann der immer. Und dann hän wir einen, der ist jetzt arbeitslos, der Reiner in der Clique, wenn der mal richtig zu sein will, dann müßte man für den allein einen Kasten hinstellen. Den säuft der alleine leer, den Kasten Bier.

Also, wenn der 'nen guten Tag hat . . . der hat mal 'nen guten Tag gehabt, da hän wir 'ne Wette mit dem gemacht. Da hän wir gesagt: «Mal gucken, wer am weitesten saufen kann.» Und der hat einen unwahrscheinlichen Tag gehabt, der hat es auf 30 Halbe geschafft fast. Was mir praktisch unmöglich schien. Dann hän sie ausgemacht: Wer zuerst besoffen ist, der muß dann die Zeche zahlen von dem, der bis jetzt noch am nüchternsten ist. Und ich war zum Glück nicht als erster besoffen. Zuerst war besoffen der Manni, der, wo mir nachher die Freundin ausgespannt hat, der war zuerst unterm Tisch. Und da hän wir nachgeholfen, da hän wir gesagt: «Na, Anna, gib mal 'nen Champlär spezial.» Hab zu dem gesagt: «Ich zahl.» Hab's auf meinen Deckel geschrieben, da war er nachher besoffen, die Drecksau! Hab gesagt: «Anna, bring noch einen!» War mir egal, hab 13 Mark investiert. Bätsch, war er nachher gelegen.

Wir waren zwölf Mann, wir haben gerade so vier Tische aneinandergereiht, und wir hän ihn nachher heimgetragen, der war nachher so voll, daß er einem über den Pullover geseicht hat, einen anderen hat er angekotzt und über die Hose geseicht, auf jeden Fall war der so voll wie die Sau. Und dann hän sie den hochgebracht, dann ist er noch mit einem die Treppe runtergeflogen, zu zweit hän sie den nicht ins Bett nein gebracht, die sind grad mit dem die Treppe runtergeflogen, und wir hän uns am Morgen kribblig gelacht. War schon irgendwie lustig, wenn man's bedenkt, wenn man so besoffen ist, es ist schon irgendwie lustig, wenn man das so sieht, und ich war auch schon einigermaßen angeheitert. Und wenn man angeheitert ist, ich weiß nicht, bei mir, wenn ich angeheitert bin, es kommt ganz auf die Situation an, entweder ich werde lustig, oder ich werd aggressiv, je nachdem, wie die Situation gerade ist. Und ich war an dem Tag mordsmäßig lustig, und wir hän Scheiße, wir hän echt Fürz gemacht in der Wirtschaft. Musikbox angemacht, und dann hän wir vom Rocco Granada die Marina hän wir drauf rumgetanzt, so 'ne Art Polka getanzt, so Chippibongotanz, gefühlt wie die Sau. Und der Otto fängt mit mir an: «Hör mal auf jetzt, Menschenskinder, komm, ich zahl dir 'nen Cognac, bleib sitzen.» Auf einmal sind alle aufgestanden und hän Marina getanzt, da hätt er allen Cognac zahlen müssen.

Den Otto kennen wir. Wo wir früher Kegeln gegangen sind, hat der 'ne Kegelbahn gehabt. Aber die hat er nachher zugemacht, weil's sich nicht mehr gelohnt hat oder irgendwie, ich weiß nicht. Da hab ich gesagt: «Otto, kennst uns doch, Menschenskinder, wir sind doch immer anständig gewesen. Wir haben nur ein paar Kegel kaputtgeschlagen.» Wir haben einen gehabt, der hat einen Mordsbumser gehabt, der hat einmal zwei Kegel an einem Abend kaputtgemacht, und so 'n Kegel kostet 70 Mark. In dem Stundenpreis ist Versicherung inbegriffen gewesen. Das war unser Glück. Sonst hätten wir die 140 Mark für zwei Kegel blechen können. Und Otto, der hat sich geärgert, na ja, ist logisch, daß er sich ärgert, wenn so ein Kegel am Arsch geht, der hat aber einen Mordsbumser losgelassen. Der Otto hat immer hinter rennen müssen, um die verwickelten Kegel auseinanderzubringen, weil die Anlage, die ging viermal hoch, und dann ging sie wieder runter. Aber weil sich's nachher verklemmt hat, hat er hinter rennen müssen, hats ihm halt gestunken. Wir haben immer gerufen nach jedem vierten oder fünften Wurf: «Otto, guck mal da vorne», und der hat sich immer grün und blau geärgert. Wir sind immer bei dem gewesen, sind jeden Samstag gekommen, haben vier bis fünf Stunden gekegelt, hat uns unwahrscheinlich Spaß gemacht. Und in der letzten Zeit hat er angefangen zu bescheißen, ums Bier oder weiß der Teufel was. Es war nicht so, daß wir bei dem neingegangen sind und ein Bier bestellt. Da war ein Kasten Bier gestanden, da hat sich jeder sein Bier rausgenommen. Am Anfang war's mordsmäßig Vertrauenssache. Wenn einer schlau gewesen wäre, hät er die leere Flasche wieder zurückgepackt und hät das Bier umsonst gekriegt. Da hän wir gesagt: Komm, wir kriegen die Bahn manchmal billiger, statt sechs Mark haben wir bloß fünf Mark gezahlt für die Stunde und so. Dafür haben wir mehr gesoffen wie die anderen. Wir waren beim Kegeln 24 Mann. Da sind wir gehockt von der zwölfe bis neune abends, hän wir drinnen gehockt und hän gekegelt. Aber am Morgen haben wir einen Muskelkater gehabt, o je! Dann hän wir's so gemacht: Da warn wir in zwei Gruppen aufgeteilt, und der Verlierer, also die Verlierergruppe, mußte die Kegelstunden zahlen, beziehungsweise die Gewinnergruppe mußte die Kegelstunden bezahlen, und die Verlierer hän's Saufen zahlen müssen für die ganzen Leute von der anderen Gruppe. Und die hän sich mordsmäßig drangehalten. Wenn man besoffen war, da war es sowieso so schwierig, dann zu kegeln. Wir haben als auf der Nebenbahn weitergekegelt, o das war das Grab.

W. W.: Was machen die meisten, mit denen du immer zusammenbist, wenn ihr in den Gaststätten seid?

L.: Wie? Die hängen meistens alle am Bierglas rum, und äh, wenn man mal Spaß machen will . . .

W. W.: Wovon leben sie?

L.: Der eine ist jetzt arbeitslos, den hän sie grad, der hat grad seine Lehre beendet als Kfz-Mechaniker, gleich geflogen, also irgendwie, weiß nicht, und der eine, der schafft in einer Versicherung, dem haben sie jetzt auch schon gekündigt nach seiner Lehrzeit, und einer ist Heizungsmonteur, einer ist Maschinenschlosser, mein Bruder ist Ding, der war Lagerarbeiter und ich als Schüler und so halt, und da hän wir noch ein paar gehabt, mit denen sind wir nach Tiengen gegangen, aber die hab ich nicht groß gekannt, Peter und die, wenn wir mit denen fortgegangen sind, hat's immer geklöpft auf der Party, und der eine, also der, wo meine Freundin ausgespannt hat, der hat ja nachher auf so 'ner Party ein Bierglas, eine Bierflasche ins Gesicht nei gekriegt. Von dem Eckzahn bis zu dem Eckzahn fehlen ihm alle Zähne hier oben, es sieht lustig aus, wenn der als am Bierglas hängt und die Rille dann da drinnen. Ich hab mich gewundert, wir sind an einem Abend mal weggegangen, und da war er laufend dagehockt, so die Lippen eng zusammengepreßt, hab ich gesagt: «Was ist los?» «Hm, hm» hat er gemacht. Hab ich gesagt: «Komm jetzt.» Da hat einer gesagt: «Dem fehlen alle Zähne.» «Ja, wie hast das angestellt?» «Mir hän 'se . . .», und ich hab lachen müssen. Da war er bös drauf, weil ich gelacht hab. Hab ich gesagt: «Komm, war ja nur Spaß.» Und dem sein Bruder, der Muffi, der schafft bei Fortschritt, aber den könn sie nicht entlassen, der ist eingestellt worden, weil, der ist so geisteskrank, also nicht direkt geisteskrank, der hat irgendwas im Kopf, der hat einen Unfall gehabt, der ist jetzt 24, aber bei dem gehts immer zurück, je älter der wird, um so kindischer wird er. Vorletztes Jahr war er auf dem Spielplatz gehockt und hat gebuddelt mit 'nem Buddeleimer nach dem Schaffen. Aber eins muß man lassen, aufs Geld gibt er acht wie die Sau. Den hän wir versucht schon zu bescheißen. Hän wir gesagt: «Muffi, du hast doch gesagt, du zahlst vier Bier.» «Was hab ich gesagt?» «Ja, Muffi.» Guckt er in seinen Geldbeutel nein und sagt: «Vier Bier, können wir uns das noch leisten?» Der ist halt mordsmäßig sparsam immer. «Komm jetzt, reicht doch.» Sagt er: «Ja, warum, immer hast du kein Geld?» «Ich bin doch Schüler, Muffi, als Schüler hat man kein Geld.» «Ich kenn dich schon, ich kenn dich schon, auf meine Kosten besaufen.» Hab ich gesagt: «Muffi, seit wann besauf ich mich auf deine Kosten?» Den kriegt man halt immer rum, wenn man überzeugend wirkt, mit der Zeit verläßt's den irgendwie. «Muffi, kennst mich doch, bin doch ein armes Schwein, hab kein Geld.» Hat er als gesagt: «Komm, gehn wir halt in die Wirtschaft.» Und der hat einen Fimmel für Billard. «Muffi, gehn wir Billard spielen?» «Ja, gehn wir Billard spielen.» Sind wir halt Billard spielen gegangen, haben wir 20, 30 Mark liegenlassen.

W. W.: Sind in den Cliquen auch Mädchen?

L.: Nein, sind keine Mädchen dabei, weil wir, was können wir mit Mädchen groß anfangen? Mit denen kann man ja gar nichts richtig unternehmen. Das einzige, was ich mal richtig gut gefunden hab, wo wir was gemacht haben, da sind wir nach Tiengen gegangen an den Baggersee, und da hän wir gezeltet, 'ne Woche lang über Pfingsten drüber weg, das hat mir gefallen, da war echt mal Unternehmungsgeist, wo der sonst in den Wirtschaften fehlt, immer die gleichen Wirtschaften, immer die gleichen Tische, immer die gleichen Leute, immer die gleichen besoffenen Gesichter sehen. Oben auf dem Schönberg haben wir auch schon übernachtet, Kasten Bier mit hochgenommen, hochnommen freiwillig, haben wir uns zwei Kasten Bier geholt, gesoffen erst, Schlafsäcke haben wir auch mit hochgenommen, und am Morgen haben wir eine Rockmesse veranstaltet, oben ist ein Denkmal, ein richtig schöner Steinklotz, und am Morgen sind alle leeren Flaschen an dem Ding verhauen worden, nennen wir Rockmesse, und gesoffen. Also Muffi ist dumm, also direkt dumm ist er nicht, und der nimmt 'ne Flasche und will sie so nach hinten schmeißen, und da fliegt die Flasche nach hinten raus und beinahe einem von der Clique an Kopf, und wir hän gelacht, aber der andere hat's gar nicht lustig gefunden, der hat sich gerade noch bücken können und zersplittert ist sie. Glasscherben fahren da oben rum wie die Sau.

In Tiengen, da war's lustig, da war einer, der heißt Reiner, wenn der besoffen ist, über den haben wir uns krüpplig gelacht, krüpplig kann man schon gar nicht mehr sagen, in die Hose geseicht förmlich vor Lachen, der war besoffen, und da hat er 'ne Axt geschnappt, wir hän so 'ne kleine Axt dabei gehabt, so 'n Beilchen, und da hat er gesagt: «Ich geh jetzt in den Wald und jag die Russen», und da ist er in den Wald und hat Bäume gehackt und hat gesagt: «Dreckschweine, ihr Russen, ihr Hunde.» Na ja, die Bäume hat er klein gehackt. Da haben wir noch einen gehabt, der war, 12 oder 13 war der, und der war so voll, der war echt voll, der hat kaum noch schwätzen können. Wir, ich und der Hannes, nachts um drei, da warn noch Studenten, mit denen haben wir auch noch Scheiß gemacht, die hän gesungen, und wir hän mitgesungen am Lagerfeuer mit Gitarre, war spitzenmäßig, hat mir richtig gefallen, wir beide haben gesungen von Ulrich Roski «Des Pudels Kern», das hab ich viermal singen müssen, an dem Abend, weil's so lustig ist. Da kommt der Kleine auf einmal raus, besoffen, wie er war, und hat gesagt: «Du bist schuld», er hat kaum noch schwätzen können, «daß ich ins Bad geflogen bin», den hat man kaum verstanden, «du bist schuld», und richtig gelispelt so noch halber. Und der Reiner, der war nachher besoffen, so besoffen war er nicht direkt, angesoffen, der sagt: «Wer fährt mit mir noch 'ne Runde Motorrad?» Eine 250er Horex ist der gefahren. Hab ich gesagt: «Okay, ich fahr mit.» Sturzhelm aufgepflanzt wie sich's gehört, 'nee, wir sind sogar ohne Sturzhelm gefahren, obwohl er angetrunken war, war halber besoffen, von Tiengen bis nach Munzingen runter, alles voll cross, was die Maschine hergegeben hat, die hat ungefähr noch 90 hergegeben, ich mein, das ist nicht viel für eine 250er Maschine, und mit dem normalen Gang sind wir rumgerotzt wie die Sau, anständig sind wir rumgerotzt, sind wir heimgekommen, da sind die anderen gehockt. Da hän wir halt noch Bier geholt, wir hän vier Kästen Bier geholt, und die hän wir vermacht, davon haben wir drei Kästen vermacht für fünf Leute, war richtig schön gepflegt, hän wir sie vermacht. Und da war noch ein Kasten Bier, den haben wir in den Bach hineingestellt. Die anderen haben noch Durst gekriegt, und der eine war angesoffen wie die Sau, und der ist neingetappt mit seinen Füßen und bleibt so dick in dem Schlamm drin stecken, also im Wasser hat er nachher drin gestanden an der tiefsten Stelle, und dem hat's nachher gestunken wie die Sau, und der hat gesagt: «Ihr seid doch Dubbel, so tief ins Wasser neinzustellen.»

Und nachts um drei ist ein Besoffner aufgestanden: «Wer geht mit baden?» Und einer mußte ja mitgehen von den Nüchternen. Wenn er versoffen wär, ich mein, versaufen kann man da gar nicht drinnen, die tiefste Stelle ist zwei Meter im ganzen See, ist so 'ne richtige Pfütze, wenn man's so nimmt. Zum Versaufen langt's. Hab ich gesagt: «Komm, ich geh mit.» Bin ins Wasser neingegangen, und der Dubbel geht mit den Füßen nein und sagt: «Ist mir zu kalt.» Da war ich dagehängt am Feuer, hab gebibbert, na ja. Sind halt Erlebnisse, wo man gern zurückdenkt.

W. W.: Wenn ich das Ganze höre, klingt es positiv, daß es ein fröhliches Leben ist.

L.: Ja, ich mein jetzt so, wenn man das so nimmt, ja, schon irgendwie lustig, aber das gab's ja selten, daß es so lustig war. Das gab's nur in Tiengen, auf dem Schönberg oben und dann zweimal im Paradies. Da war richtig die Sau los, aber normalerweise gehen sie ja nur in die Wirtschaft und bestellen ihr Bier, hängen vorm Bierglas rum und manchmal Musikbox. Wenn man sagt: «Macht mal, laßt mal die Sau los, jetzt haben wir schon vier Bier getrunken, es wird langsam langweilig, die haben ja schon ihr Geschäft gemacht, lassen wir die Sau los.» «Äh, laß doch deine Sau selber los.» Mit dem Hannes bin ich als in das Ding, in die Birke neingegangen, beim Kurt. Wir haben immer gesagt «Joghurt». «Joghurt», hab ich gesagt zu ihm, «Joghurt, wie steht's, dürfen wir heute unsere Stimme mitbringen und den guten Durst auch noch?» Da hat er gesagt, wir waren beide immer gern gesehen: «Ihr singt heut wieder?» «Nein, nein, heut haben wir den Stimmbruch, weißt doch, Joghurt, gestern zu stark angestrengt.» Und da hät er gesagt: «Komm, komm, eure Stimme kriegen wir gleich wieder auf Glanz.» Da hat er uns jeder zwei Flaschen Bier nagestellt. «Singt aber schön!» Haben wir gesungen: «Hoch auf dem gelben Wagen», und die Leute haben als mitgemacht wie die Sau. Das gefällt mir als immer. Aber so, wenn sie so rumhängen, nur am Bierglas, Musikbox und besaufen wie die Sau, äh, aufs Klo gehn und dann kotzen, das ist Scheiße. So halt.

W. W.: Und die unterhalten sich auch nicht viel?

L.: Ach, die machen so'n paar Witzle, und wenn einer besoffen ist und nimmt's dann schwer auf und sagt: «Leck mich doch am Arsch», und geht. Wie zum Beispiel vorgestern, wir haben mordsmäßig am Anfang Witze gerissen, hat jeder halt den anderen ausgelacht. Einer war besoffen wie die Sau, und dem hän nachher die Haare zu Berge gestanden. «Wipfel», haben wir zu ihm gesagt, «ja, Menschenskind, Vollmond, was machst denn da? Die Haare stehen dir ja schon langsam zu Berg.» «Laß mich in Ruhe, du Arschloch», und hat halt in der Wirtschaft angefangen rumzubrüllen und so. Hab gesagt: «Kommt, laßt ihn doch in Ruhe.» Herrje. So besoffen rumhängen, das bringt überhaupt keinen Furz. Wenn du so richtig auf die Sau hauen, auf die Pauke hauen kannst in der Wirtschaft, das bringt's.

Chancen von Hauptschülern

W. W.: Jetzt können wir noch über Chancen von Hauptschülern reden. Was meinst du dazu?

L.: Chancen von Hauptschülern? Ich mein, der Hauptschüler hat im Grunde genommen wenig Chancen. Also von meinen Erfahrungen her gesehen, von den bißchen Erfahrungen kann ich sagen, daß der Hauptschüler wenig, wenig, also minimale Chancen hat, weil die Gymnasiasten und Realschüler werden ziemlich vorgezogen. Ich mein, wenn man Beziehungen irgendwie hat, dann kann man schon unterkommen. Aber unter normalen Umständen hat ein Hauptschüler wenig Chancen, weil, wie soll ich sagen, die werden ja direkt für dumm nagestellt. Dabei kann man praktischermaßen gar nicht vergleichen, wer jetzt schlauer ist, ob der Gymnasiast schlauer ist, und wenn der Gymnasiast schlauer ist, kommt's nur, weil er eine bessere Schulausbildung hat. Im Moment sind weniger Chancen, weil die meisten, so gut wie die meisten, Gymnasiasten vorziehen, weil sie denken, die sind halt hellere Köpfchen und haben bessere Schulausbildung, mit denen kann ich mehr anfangen, die kann ich auch später irgendwie im Bürodienst einsetzen oder irgendwas. Während beim Hauptschüler, ich mein, die kann man auch im Bürodienst einsetzen, aber so im großen und ganzen wird ja jetzt nur mittlere Reife hauptsächlich für die Büroberufe verlangt. Ich mein, der Matthias, der hat zum Beispiel Versicherungskaufmann, das Beispiel, das ich vorhin gesagt hab, der hat mit dem Hauptschulabschluß Versicherungskaufmann gelernt, und jetzt ist die Lehrzeit zu Ende, jetzt hän sie ihn schon gekündigt, weil sie einfach keine Lust haben, für den irgendwie weiter aufzukommen. Und im großen und ganzen, ich mein halt so, wir können im großen und ganzen auch nichts dafür, daß wir Hauptschüler sind, weil, ist eine normale Schule wie fast jede andere, nur daß die Realschule und das Gymnasium, wie soll ich sagen, den Lehrstoff mehr ausprägen, ausweiten wie wir normale Hauptschüler. Die haben mehr Zeit, und vielleicht sind auch weniger Schüler in so 'ner Klasse im Gymnasium.

W. W.: Aber jetzt sagen doch viele Leute, wenn ihr euch angestrengt hättet, wärt ihr auf anderen Schulen?

L.: Ja, was da angestrengt. Anstrengen allein nützt ja auch nichts. Wir als normale Arbeiterkinder, ich mein, Chance besteht auch, aber uns kann keiner unserer . . ., wie zum Beispiel jetzt mein Vater, der ist ja Arbeiter beziehungsweise war Arbeiter, hat nur geschafft und war Frührentner danach und dann Magenkrebs, aber der konnte uns ja kaum helfen, weil, der kam ja kaum mit bei den Hauptschulaufgaben, da war ich schon auf mich allein angewiesen, ziemlich allein auf mich angewiesen. Ich wollt sagen, daß für uns normale Arbeiterkinder kaum die Chance besteht, daß uns geholfen wird, daß wir Hilfe erwarten können von unseren Eltern, weil sie selber kaum mit den Zahlen klarkommen. Ich hätt vielleicht auf das Gymnasium gehen können, aber lieber hab ich ein gutes oder mittelmäßiges Hauptschulzeugnis, als daß ich nachher nach den ersten zwei Jahren vom Gymnasium wegen schwacher Leistungen da runterflieg und nachher so dasteh, als ob ich überhaupt nichts leisten könnte beziehungsweise total dumm wär. Ich mein, das Verhältnis zwischen Gymnasium und Hauptschule ist genau dasselbe wie ungefähr Hilfsschule zu Hauptschule. Der Lernstoff von der Hilfsschule ist ungefähr 3 Jahre im Rückstand, also 2 Jahre im Rückstand, und so ungefähr stell ich mir den Rückstand vor zwischen Gymnasium und normaler Hauptschule. Deswegen werden, glaube ich, die Gymnasiasten besonders bevorzugt, weil sie irgendwie mehr Erfahrungen mit Rechenaufgaben und ich weiß nicht mit was noch mehr Erfahrungen haben. Die können das alles mehr durchklügeln.

Mozartbeatle

L.: Und ich bin stolz drauf, daß ich ein Arbeiterkind bin?

W. W.: Das ist meine Frage.

L.: Das kommt auf die Situation an, find ich. Ich mein jetzt so. Nebendran die Nachbarn, da wohnt ja die Mutter von der Mutter von den Kindern. Die wohnen alle da. Und der Alte von der ist ja weggerennt, die haben den vergrault. Und der Alte war Ingenieur oder was. Und die sind alle auf dem Gymnasium, auf der Gesamtschule. Der läuft halt immer so hochnäsig rum. Den hän wir schon manchmal gehänselt, weil er von uns überhaupt nichts wissen will sozusagen. Wir haben mal gesagt: «Komm, wir gehen Fußball spielen.» «Nein, so was mach ich nicht, so Kindereien.» Da hab ich gesagt: «Komm, wir spielen mal 'ne Runde Schach oder irgendwas.» Da hat er mitgemacht, Schach oder irgendwas, wo er irgendwie denken kann. Oder ich sag: «Komm, wir hören mal Platten.» «Aber nicht die Platten da.» Der hat seine Spezialplatten, der hat seine Haydnplatten oder Händel oder weiß der Teufel was. Und da haben wir ihn als beobachtet, da war er als vorm Wohnzimmer gesessen, Plattenspieler mordsmäßig aufgedreht, und da war er dagehängt, so dirigiert als seine Platten, und wir haben ihn immer gehänselt: «Tag, Mozartbeatle.» Und er hat sich dann halt beschwert bei seiner Oma, und die ist halt zu uns gekommen und hat gesagt, wie es steht, warum wir ihn «Mozartbeatle» rufen oder so. Da hab ich gesagt: «Da kann ich nichts dafür.» Aber irgendwie fühl ich mich halt, wenn man es so nimmt, lieber, ich mein, jeder hat seinen eigenen Geschmack in Musik, aber wenn man so etwas Affiges sieht, wenn einer an einem vorbeiläuft, so hochnäsig, von unten grüßt man ihn, und er sagt: «Ja, was bist du denn schon, du kleine Portion.» So läufts dann. Und immer so weiter. Und man fühlt sich dann nachher so wie ein kleines Kind, wie soll ich sagen, wie ein Abtrünniger. Und da haben wir gesagt «Mozartbeatle», so sind wir auf den Namen gekommen, weil der immer, wenn er einen gesehen hat, hochnäsig an einem vorbeigelaufen ist, als ob er sagen wollte: «Igitt, igitt, bleibt mir fern.» Er hat uns immer ignoriert.

T.: Aber er hat doch jetzt gefragt, ob du stolz drauf bist.

L.: Ja, auf solche Sachen bin ich stolz drauf. Wenn ich das so sehe, wie sie so vorbeilaufen, man kann sich irgendwie viel freier fühlen. Wenn man jetzt so eine hochgestellte Person als Vater hätt, fühlt man sich irgendwie verpflichtet, dann so ruhig zu sitzen am Tisch, hochgestellt so, gespachtelt fein säuberlich wird dann so, und als Arbeiterkind kann man sich irgendwie freier bewegen, finde ich. Deshalb bin ich stolz drauf, weil das ja gar keine Schande ist. Kann ja nicht jeder, wenn jeder Ingenieur wär oder irgendwas, 'ne hochgestellte Person, dann würd's halt ziemlich dreckig gehn. Eben darum bin ich stolz, ein Arbeiterkind zu sein.

T.: Ich wollt lieber so' n Kind vom Reichen sein. Lieber vom Ingenieur oder so. Ist doch viel besser.

L.: Ja, wenn man's so nimmt, mit dem Geld und so.

Wird mehr gearbeitet oder weniger?

W. W.: Was glaubt ihr, jetzt wo's schwieriger ist, eine Arbeit zu bekommen oder eine Lehrstelle, wird da von den Schülern mehr gearbeitet oder weniger?

T.: Genauso wie vorher strengen die sich an.

L.: Das wollt ich nicht direkt sagen.

T.: Ich zum Beispiel streng mich mehr an, würd mich mehr anstrengen, aber die anderen bestimmt nicht.

L.: In einer Beziehung, na ja, es gibt welche, wo sagen: «Komm, jetzt hau ich auf den Putz oder streng mich jetzt mehr an. «Aber im großen und ganzen werden sie sich nicht mehr anstrengen.

T.: Ja, das mein ich ja.

L.: Es sind nur einige, wo sagen werden: «O je, jetzt, jetzt wird's kritisch, jetzt haun wir mal richtig nein, jetzt wolln wir dem Lehrer mal richtig zeigen, was los ist.» Und andere sagen wieder: «O je, wieder mehr lernen.»

T.: Ja, sie sagen auch, sie sagen auch: «Ab morgen streng ich mich an, wie ich in der Sechsten gemacht habe oder so, und dann nachher wird dann doch nichts draus aus dem Anstrengen.

L.: Ja, das sagen viele, o je.

W. W.: Die Situation ist doch kritisch. Da müßte man doch annehmen, daß sich jetzt viele anstrengen.

L.: Die Situation ist kritisch, wenn man das so sagt beziehungsweise sagen kann. Aber für einige ist es doch wurscht, ob sie 'ne Lehrstelle kriegen oder nicht. Die denken sich: «Leck mich doch am Arsch, Scheißschule hab ich bald hinter mir, das Wichtigste erst mal, dann mach ich erst mal ein Jahr Verschnaufpause, mach ich Urlaub daheim im Bett, wie sich's gehört. Und dann kommt erst die Einsicht vom Schüler, wenn er, wenn er ungefähr ein halbes Jahr von der Schule wegbleibt, jetzt mal als Beispiel mich. Dann sieht er erst ein, was es wirklich bedeutet: Schule. Dann sieht man's ein. Aber sonst, wenn man normalerweise nur die ganze Zeit in der Schule war, dann denkt man sich: «O je, schon wieder den Kopf anstrengen, heut schon wieder, hab doch erst gestern anstrengen müssen.» Und so denken sich dann einige und sagen: «Und wenn die Situation kritisch ist, eines Tages wird es schon wieder besser sein, ich werd dann besser leben können. Hauptsache erst mal aus dem Schundstall draußen.» So denken viele.

T.: Dann denken sie sich, wenn sie jetzt dies Jahr rauskommen, dann machen sie ein Jahr Verschnaufpause, und dann denken sie, das wird sowieso schon werden.

L.: Na ja, das mein ich auch, die denken, das legt sich von allein, aber bis diese Krise sich endgültig gelegt hat, sind mindestens zwei Jahre rum. Mindestens.

W. W.: Wenn ihr eine Prognose stellt, also Zukunftsaussichten für einige in der Klasse, ihr sollt nicht Namen nennen, wie würdet ihr es einschätzen? Werden welche auf die schiefe Bahn kommen, oder werden es alle packen? Es sind nur Vermutungen.

L.: Man kann bloß vermuten. Ich würde so sagen: auf die schiefe Bahn, ich glaube werden minimal kommen, von 30 Schülern werden ungefähr 1 oder 2, in den Beruf richtig reinkommen schaffen ungefähr 15, 20, und der Rest ist halt Hilfsarbeiter oder was.

T.: Ich glaub, daß mehr auf die schiefe Bahn kommen, von 30 mindestens 20, wenn die Mädchen, wenn von 30 Jungen, wenn wir jetzt 30 hätten, kommen bestimmt 20 auf die schiefe Bahn, wenn sie da unten wohnen.

L.: Ja, wenn du es so nimmst, es kommt ganz aufs Milieu an, aufs Milieu muß man scharf achten.

T.: Wenn jetzt die 20 keine Arbeit kriegen da unten, die aus unserer Klasse, und die sind dann andauernd mit denen zusammen, die drehen irgendwann einmal ein Ding.

L.: Ja, ich mein, wenn man es so anpackt, wenn man es so angeht, wenn man zum Beispiel nur die Besten von der Klasse, wenn man nur für die Besten eine Prognose stellen würde, dann käm das so raus, daß vielleicht 1, 2 von den Jungen höchstens einen anständigen Beruf kriegen, von den Mädchen werdens ziemlich alle, weil, ich weiß nicht, wie ich festgestellt habe, sind die Mädchen irgendwie viel, viel, ich weiß nicht, lernbegieriger wie so Jungen. Ich hab selber festgestellt daß, weil, ich weiß nicht, die haben keine Streiche im Kopf.

T.: Was haben die?

L.: Keine Streiche so im Kopf, wie sie den Lehrern Schaden zufügen können und so. Ja, und die Mädchen, die denken halt an ihre hausfraulichen Tätigkeiten, die stellen sich halt schon ihre Zukunftspläne vor, wenn ich einen Mann hab und so, und die arbeiten dann halt fest mit, wenn man's so nimmt.

W. W.: Ist mir auch aufgefallen. Die Mädchen arbeiten mehr.

L.: Ja, weiß nicht, die haben scheint's weniger im Kopf wie die Kerle. Wir hän eben mehr, wie soll ich sagen, wir werden mehr abgelenkt, zum Beispiel durch die Fußballweltmeisterschaft, wir hän die Fußballweltmeisterschaft verfolgt und hän noch das verfolgt in der Schule, und so sind wir geistig abgelenkt, und die Mädchen haben sich sowieso kaum für die Fußballweltmeisterschaft interessiert, wie ich festgestellt hab, zum Beispiel die Fußballweltmeisterschaft, das interessiert sie sowieso kein Furz, wenig, minimal, die Mädchen. Und so hän die Jungen andere Sachen im Kopf, die denken sich zum Beispiel die nächste Missetat für die Lehrer aus, während die Mädchen wieder an was anderes denken.

Gelegenheitsarbeit

W. W.: Kannst du dir vorstellen, daß du von Gelegenheitsarbeit lebst?

L.: Ja, vorstellen könnt man sich das irgendwie, weil die Wirtschaftskrise, also die Krise, die jetzt überhaupt ist, bis die abgebaut ist, also richtig wieder abgebaut ist, vergehn ungefähr 2 Jahre mindestens, bis der normale Stand wieder angekommen ist, in der Krise. Wenn man jetzt überlegt, was sie mit den Lehrlingen machen zum Beispiel, die lernen aus, machen ihre Prüfung und fliegen raus, weils Geschäft hat einfach keine Lust mehr, für die weiter aufzukommen. Und bei Gelegenheitsarbeit kann ich sowieso nicht erwarten, daß ich versichert werde, wenn es Gelegenheitsarbeiten sind, weil die sagen: «Ja, Moment, ich hab ja die Arbeit nicht immer.» Als Gelegenheitsarbeiter arbeitet man ja unversichert. Ich mein, es ist für den Chef gut und für mich gut. Ich hab mehr Geld, und der Chef verdient mehr dran. Der muß zwar Steuern zahlen, aber nicht soviel Steuern.

W. W.: Könntest du dir das als ein gutes Leben vorstellen?

L.: Das schon gar nicht, denn wenn ich eine feste Arbeit habe, habe ich ein geregeltes Einkommen, und als Gelegenheitsarbeiter muß ich mit dem Geld mordsmäßig wirtschaften. Ich kann zum Beispiel sagen jetzt, ich verdien in einem Monat ungefähr 600 Mark, im anderen Monat bin ich wieder blank, und was nützen mir dann die 600 Mark? Lieber verdien ich 500 Mark im Monat, aber fest, als die 600 Mark im Monat und dann unregelmäßig, weil das überhaupt kein richtiges Einkommen ist, weil es immer unregelmäßiges Einkommen ist, und bei der geregelten Arbeit ist es halt regelmäßig.

Was ist Arbeitslosigkeit für ein Zustand?

W. W.: Angenommen, man ist arbeitslos und bekommt etwas Geld. Ist das ein guter Zustand?

L.: Was für ein guter Zustand? Ich mein, einige sagen: «Das ist gut, brauch ich nicht schaffen, krieg trotzdem mein Geld», und einige sagen: «Das ist doch Scheiße, Menschenskinder. Scheißladen, von dem bißchen Geld, was ich bekomme in der Woche beziehungsweise vierzehntägig, das langt doch vorn und hinten nicht.» Und einige sagen wieder: «Die Scheißarbeitslosen!» Zum Beispiel einer, der im letzten Jahr aus der Schule gekommen ist, der schafft ja jetzt und sagt: «Die Scheißarbeitslosen, wir unterstützen die von unserem eigenen Geld.» Und da haben wir ihn erst mal aufgeklärt, wie das entsteht mit den Arbeitslosen. Von seinem Geld werden zwar die Arbeitslosen bezahlt, aber mit seinem Geld sichert er sich selbst noch das Arbeitslosengeld. Sagt: «Du bist doch verrückt, du bist doch verrückt, ich zahl für die Arbeitslosen das Geld. Die sind doch besoffen, die sollen doch schaffen gehen, auf der Müllkippe schaffen gehn, buddeln.» «Ja, geh selbst auf die Müllkippe.» Mein Bruder zum Beispiel, der hat am Anfang einmal zuviel Arbeitslosengeld kassiert, haben sie's ihm halt vier Wochen gesperrt. Vom Sozialamt hat er kein Geld gekriegt. Da hän sie gesagt: «Moment, Herr X., machen wir das so, Sie schaffen.» Da hätt er 8 Mark am Tag gekriegt, halbtags, hat er vier Stunden geschafft, zwei Mark Stundenlohn glaub ich, von dem Geld sollt er leben, von 8 Mark am Tag sollt er leben. Das war für ihn eine Schachtel Zigaretten, waren 6 Mark, und 5 Mark hat meine Mutter gekriegt vom Geld. Und das war richtige Schwerstarbeit, die hän in dem Tierding da, im Mundenhof, da hän die Lehm, Lehmboden ausgraben müssen, also Lehmschicht wegmachen müssen. Und in der Klarastraße, in seller Obdachlosensiedlung Eis von den Treppen wegmachen müssen, also richtige Schwerstarbeit für 2 Mark in der Stunde. Da hat er gesagt: «Scheiß druff, leck mich doch am Arsch.» War viermal arbeiten und ist gegangen. Nach 4 Wochen kam's raus, da hat's geheißen, er bekommt überhaupt kein Arbeitslosengeld, da ist er halt zu dem Geschäft neingegangen, zum Arbeitsamt, und hat gefragt, wie's steht. Ja, er bekommt Arbeitslosengeld, aber einen Monat haben sie grad abgezogen von dem einen Monat, wo er zuviel genommen hat. Er kriegt jetzt Arbeitslosengeld und sagt so: «Arbeitslos auf eine Art ist nicht schlecht, auf der anderen Seite ist's wieder beschissen, man weiß als mit der Freizeit gar nichts anzufangen.» Zum Beispiel jetzt kann er nicht sagen, daß er mit der Freizeit nichts anfangen kann, mit dem Umzug jetzt, er ist genug beschäftigt als jetzt. Aber ich mein früher, wenn jetzt kein Umzug wär, da wüßt er nicht, was er mit seiner Freizeit anfangen könnte. Den ganzen Tag daheim hocken, wenn's regnet oder irgendwas, und fortgehen, den ganzen Tag saufen, kann er auch nicht.

Folgen der Jugendarbeitslosigkeit

L.: Ich finde, daß, wenn die Jugendlichen ziemlich lange ohne Arbeit sind, steigt die, sieht man ja an den Bilanzen, wenn man Einblick so in Akten hat irgendwie, unsereins hat keinen Einblick in so Akten, aber man kann ungefähr verfolgen, daß die Jugendkriminalität von Tag zu Tag rapide ansteigt, weil sie dadurch denken: «Arbeit hab ich keine mehr, das Leben mehr wie jetzt kann ich mir auch nicht versauen», und schon sind sie in den Fängen der Kriminalität drin. Und wenn man einmal richtig drin ist, kommt man schwer wieder raus. Ich mein, es gibt Fälle, da sagen sie: «Ein Ding mache ich noch und dann fertig.» Aber es gibt wieder Fälle, die sagen: «Ein Ding mache ich noch, und dann höre ich auf.» Und nach einem halben Jahr fängt genau die gleiche Scheiße wieder von vorne an. Ich mein, ich sag es jetzt so, aber wenn einer mal richtig im Knast drinnen gesessen ist ein halbes Jahr oder irgendwas, da besteht kaum die Möglichkeit, daß der das nicht wiedermacht. Der denkt sich halt:

«Ja, ja, ein halbes Jahr habe ich schon gesessen, und wenn ich jetzt ein Jahr krieg, das andere halbe Jahr sitze ich auf einer Arschbacke ab.»

T.: Ja, ja, der ist aber dann auch von dem ganzen Milieu eingefangen worden.

L.: Ja, ja.

T.: Von dem Verbrechermilieu da. Da kommt er dann nicht mehr raus.

W. W.: Ihr meint, das geht so ganz zwangsläufig? Da kann man sich kaum wehren?

T.: Wenn man von Anfang an will und wenn einer dabei hilft, aber wenn man allein ist und man ist auch noch mit ein paar so zusammen, mit so Verbrechern oder mit den Zigeunern oder so, dann ists zwangsläufig.

L.: Ja, zum Beispiel die Zellen, die Zellen, wenn man zum Beispiel so einen Zellengenossen hat, die schmieden, ja schon in der Zelle schmieden die Pläne fürs nächste Ding. Und da fragen sie: «Machste mit, machste mit?» Zuerst fragen sie: «Machste mit?» Und dann schmieden sie schon die Pläne für den nächsten Coup. Das ist meinem Bruder schon passiert, da haben sie schon Pläne, in Müllheim oben, da haben sie schon wieder Pläne geschmiedet für den nächsten Coup, was sie wieder das nächste Mal machen wollen. Ja, ich mein, die verdienen sich halt so das Geld vom Staatsbürger, das Geld verdienen sie sich dann, was ein normaler Bürger schafft, im Einkauf oder irgendwie. Und von denen holen sie dann das Geld. Ich mein, die Kriminalität wird sowieso rapide ansteigen, die ist ja schon am Steigen wie die Sau. Ich glaub, im Stern hab ich's gelesen oder wo, daß die Jugendkriminalität schon um soundso viel Prozent schon mehr ist wie vor vier Jahren, weil ja die Arbeitslosenkrise, die ist ja ziemlich beeinflussend auf die Jugend, weil, die denken ja, ich brauch ja auch Geld zum Leben, zum Beispiel die, wo dran sind, wo noch gar keine Arbeit hatten, von der Schule raus sind und keine Arbeit gekriegt hatten, die kriegen 'n bißchen Geld vom Wohlfahrtsamt, oder vom Sozialamt kriegen sie ihre paar Märker, ihre 50 Märker in der Woche oder was im Monat, und dann heißt es, es muß reichen, und das langt einfach nicht, wenn dann noch einer ein möbliertes Zimmer oder irgendwas hat, muß für das Zimmer 80 Mark nalegen, oder meistens ist es ja so, daß sie für ein möbliertes Zimmer 120 oder 150 Mark nalegen, und da ist gar kein Geld mehr da. Und dann fühlen sie sich irgendwie gezwungen, daß sie dann das Geld auf andere Weise beschaffen können, auf die unreelle Art und Weise.

T.: Und so gut wie die immer sagen, daß unser Staat ist, so gut ist er ja auch nicht. Das können wir ja sagen, bei uns in der Schule, bei den Jugendlichen und so, daß wir alle wohl, wohlständig sind, das stimmt ja zwar so mit dem Essen, daß wir genug Essen hän, aber mit dem Ding so, mit dem Verbrechen . . .

L.: Mit dem Ding so, wenn man's so nimmt, sind wir genauso dran wie die in Afrika. Aber wenn man das jetzt vergleicht, nehmen wir mal an mit einem ganz armen Staat, nehmen wir mal an, wie soll ich jetzt sagen, wo es viele Arbeitslose gibt, wo, wo, wie zum Beispiel Biafra, wir sind zwar nicht dran mit dem Essen, aber in der gleichen Situation befinden wir uns ungefähr, wenn ich das richtig sehe. Die hän keine Arbeit und nichts zu essen, wir hän zwar keine Arbeit, aber wir hän trotzdem was zu essen, aber die Situation ist ungefähr die gleiche, der Staat macht sich dadurch dann kaputt, beziehungsweise der Staat schädigt sich, beziehungsweise wir schädigen dadurch den Staat, nur halt, die schädigen nicht den Staat, sondern der Staat schädigt sie.

T.: Ha nein! Der Staat tut ja uns schädigen wegen der Arbeitslosigkeit, da können ja wir nichts dafür.

L.: Ja, aber der Staat kann direkt auch nichts dafür, wenn man's genau nimmt.

T.: Aber die Welt.

L.: Was?

T.: Die Welt.

L.: Jaja, die Welt kann schon was dafür, aber man kann für alles jemand verantwortlich machen. Meine Mutter zum Beispiel . . .

(Das Gespräch springt auf Gastarbeiter um.)

Gastarbeiter

L.: Meine Mutter sagt immer, wenn die Gastarbeiter draußen wären, würde die Sache ganz anders. Ich hab mich mit der schon eingelassen auf Diskussionen und gesagt: «Komm, grad anders rum. Kein Aas will mehr die Arbeiten machen. Was kriegt ein Ausländer heut für 'ne Arbeit? Er verdient meistens gut, im Gegensatz zu Italien verdient er viel mehr. Aber im großen und ganzen, für uns ist es doch wenig Geld. Ich hab schon gesehen, daß Italienerfrauen, die hän gearbeitet, für 2,50 DM Stundenlohn hän die geputzt. Meine Mutter wollte es auch machen für 5 Mark, da haben sie natürlich die für 2,50 genommen. Hauptsache, die haben etwas Geld. Die schaffen in Italien, ich weiß nicht, für wieviel Lire die arbeiten in der Stunde.

T.: Aber viele schicken ja das Geld rüber, da ist es viel mehr.

L.: Es gibt Leute, die hän hier in Deutschland gearbeitet, hän's Geld gespart und sind nach Italien und haben sich zwei Hotels gebaut. Wir hän gesehen, wir hän einen Mann gekannt, also einen Ausländer, der ist mit Paketen, also mit, wie soll ich sagen, mit Kartons ist er gekommen, und mit Lederkoffers ist er gegangen. Lederkoffers! Und mordsmäßig Geld noch im Sack. Der ist gekommen, ich weiß nicht, wie er hierher gekommen ist, der hat's Geld zusammengespart, und zurück ist er erster Klasse gefahren. Die arbeiten für Geld, ich glaube 700 oder 500 Mark bekommen die bezahlt. Hier bekommt ein Müllarbeiter ungefähr 1000 bis 1500 Mark. Dann kriegt er sein 13. Monatsgehalt und weiß der Teufel was. Der Staat behandelt sie nicht besonders, die werden praktischermaßen wie in Gettos gehalten, so die Italiener und Ausländer überhaupt. Zum Beispiel in der Siedlung. Ausländer werden direkt, wie soll ich sagen, wie die Juden behandelt. So richtig in Gettos eingezimmert.

T.: Ja, wie in Slums.

L.: Ja, wie die Slums in Amerika und so ähnlich. Nur daß die Neger beziehungsweise die Indianer, die sin nachher von den Amerikanern eingeschifft worden. Die Sklaven, die waren natürlich einer von den ersten, die da oben waren. Und die wurden nachher noch wie die Sklaven gehalten da oben. Als Abschaum von der Menschheit. Und so werden die Italiener nicht behandelt, die werden, wie soll ich sagen, mehr als Retter vom deutschen Volk werden die behandelt. Weil die gearbeitet haben, was mancher Deutsche nicht gearbeitet hätte. Und so hat der dann, der hat angefangen und dann die ganze Familie rübergebracht, kriegt sein Kindergeld heutzutage, schafft seine 5, 6 Jahre und dann haut er wieder ab.

Über Erziehung

W. W.: Wie würdet ihr eure Kinder erziehen?

L.: Das ist mal 'ne Frage, wie soll ich sagen? Man versucht's den Kindern immer besser zu machen, wie man selber erzogen ist, versucht man jedesmal. Meine Mutter hat mir erzählt, wie sie erzogen worden ist und wie sie uns dann erzogen hat. Und wir denken halt auch, so sind wir erzogen worden. Mein Kind soll's besser haben als ich in der Jugend, so ungefähr denken wir das. Und in Wirklichkeit kann's nur dadurch schlechter werden, weil so richtig von Erziehung verstehen wir sowieso nichts, ich mein, man kann eigene Ratschläge geben, so Erziehungsmethoden, weil ich nicht viel verstehe, aber doch ein bißchen und im großen und ganzen, das kommt ganz auf die Zeit an. Man kann die heutige Jugend nicht so erziehen wie damals. Ich mein, es ändert sich immer die Zeit. Es kann zum Beispiel in 20 Jahren so sein, daß Jugendliche irgendwie schon gar nicht mehr arbeiten müssen, sondern erst nach dem 18. Lebensjahr. Zum Beispiel das Jugendschutzgesetz, das gilt erst seit 56 oder wann. Und das hat sich nachher in 20 Jahren immer mehr verbessert, daß die Arbeitsbedingungen für die Jugendlichen viel leichter geworden sind. Und wenn man jetzt so annimmt, daß jetzt, daß man noch das 10. Schuljahr machen muß, steigt jetzt auch noch an, daß man das in 20 Jahren so einschätzen könnte, daß so ungefähr die Jugendlichen bis zum 18. Lebensjahr in der Schule sind, aber in der Schule noch gleichzeitig die Lehre machen. So stell ich mir das ungefähr vor. Und daß zum Beispiel die Lehrer beziehungsweise die Eltern kaum noch mit den Erziehungsmethoden vertraut gemacht werden, sondern daß sie gleich in der Schule erzogen werden und dort auch schlafen, kommen mit dem 6. Lebensjahr rein, kommen in den Sommerferien heim oder irgendwann, daß die Eltern gar nicht mehr mit den Kindern befaßt sind, daß sie sie mal besuchen können.

T.: Das dauert aber länger, bis es so ist.

L.: Das können sich jetzt bloß die Reichen leisten. Aber in 20 Jahren kann ich mir das vorstellen, daß es ungefähr dann so sein wird.

Liebe

L.: Meine Freundin war in der Sonderschule drin und ist in der 9. Klasse rausgegangen und paßt nur auf die Kinder auf. Jetzt wird sie 18 dann und hat bis jetzt nichts gemacht, nicht gearbeitet und nichts, sie will gern arbeiten, aber die Eltern lassen's nicht zu, weil sie auf die Kinder aufpassen soll und alles mögliche.

Ich hab mich in sie verliebt gehabt wie in keine andere bis jetzt, und am Anfang war es ja so, ich hab vorher, bevor ich mit ihr gegangen bin, ich hab Mädchen verarscht, kann man direkt sagen, förmlich verarscht, hab alle zwei Tage ein neues Mädchen gehabt, bin nagegangen zum Mädchen: «Willst du mit mir gehen?» Bin halt mit der gegangen, 1, 2 Tage, hab gesagt: «Leck mich am Arsch!» und bin dann gegangen. So ging das halt mit vier Mädchen, und die hat gemeint, ich will sie auch verarschen. Und da bin ich mit einem Freund nach Wolfenweiler gegangen immer, der hat da eine Freundin gehabt, und sie hat gemeint, ich hätt was mit 'nem Mädchen. Aber ich hab da oben nichts mit Mädchen gehabt, weil ich gesagt hab, wenn ich einmal sag, und das bleibt so, und das bleibt so, da hab ich zu ihr gesagt: «Ich bleib dir treu!», und sie hät gesagt: «Okay, ich bleib dir auch treu.» Und dann sind wir einen Abend mal fortgegangen, und da hat sie erst richtig angebändelt an den Kerl. Richtig angebändelt, da waren wir in Tiengen, halt die ganze Clique. Sind wir nachts um 12 heimgekommen, um 1 waren wir daheim, und da hat sie halt richtig angebändelt. Und am nächsten Tag kam mein Bruder nachher mit ihrer Schwester, und da hab ich halt anständig einen gesoffen erst noch, so schön Edelkirschlikör, und wo ich heimgekommen bin, hab ich die halt im Arm gesehen, und da ging's halt los mit der Rumbrüllerei, und da kam ein Brief von der Siedlungsgemeinschaft, da hat's geheißen, ich hätt meine Mutter bebrüllt mit Hure, so haben es die Nachbarn ausgelegt auf der Siedlungsgemeinschaft, die haben uns nachher noch einen vom Jugendamt vorbeigeschickt und all so ein Scheißdreck, haben halt gemeint, ich schrei meine Mutter an. Und den Jungen hab ich nachher verprügeln wollen, beziehungsweise hab ihm eins aufs Maul gehauen. Wollt ihn halt totschlagen. Aber ich wollt ihn halt reizen, aber sie hat ihn immer zurückgehoben. Da hab ich ihn noch mehr reizen wollen, hab gesagt: «Du Muttersöhnchen» und so, und sie hat ihn immer zurückgehoben. Hab ihn noch mehr reizen wollen: «Du Muttersöhnchen, komm bleib doch bei ihr auf dem Schoß sitzen!» Und da hab ich mit ihr reden wollen, ob sie es noch einmal mit mir versuchen will. Und da kam es halt zu keinem positiven Entschluß, sie wollte halt nicht mehr. Und daraufhin hab ich mir dann die Pulsader aufgeschnitten. Aber ich wurde rechtzeitig gefunden von meinem kleinen Schwesterchen, die hat meine Mutter geholt beim Nachbarn. Und da war ich noch unter Alkohol gestanden. Aber es war nicht weiter schlimm, die hän mir 'nen Verband drumgelegt. Es war halt nicht besonders tief. Beim zweiten Mal, da hab ich wieder mit ihr geredet, aber es kam halt nie zu einem positiven Entschluß. Und da hab ich mir halt Schlaftabletten beziehungsweise Herztabletten, ich wußte nicht, was für Tabletten das waren, meine Mutter hat so viele Tabletten, hab gemeint, das sind Morphiumtabletten. Und dann wurde ich am Abend halt mit schwerer Tablettenvergiftung eingeliefert in die Klinik, und dann mit dem Magenauspumpen, das ist ja 'ne unangenehme Sache.

Was wir von unserem Lehrer und dem Buch halten

Mir war beim Schreiben klar gewesen, daß ich das Buch den Schülern vorlesen würde. Sie hätten sich sonst übergangen fühlen können, wie Objekte behandelt. Mir war etwas bange.

Sie hörten mit gespannter Aufmerksamkeit zu, besonders an jenen Stellen, die sie unmittelbar betrafen. Niemand wollte, daß seine Geschichte hinausgenommen würde, was ich natürlich getan hätte. Danach forderte ich sie auf, sich zu dem Buch und zu dem Plan der Veröffentlichung zu äußern und über mich zu schreiben, was ihnen an mir gefiele und was sie überhaupt nicht leiden könnten.

Vielleicht beglaubigt ihre Kritik das Lob, das sie äußern, als echt. Doch ist ein Kalkül, mehr oder weniger bewußt, den Lehrer nicht zu verärgern, nicht gänzlich auszuschließen.

Die Kritik meiner Schüler läßt sich in drei Punkten zusammenfassen.

1. Sie warfen mir vor, daß ich nicht ordentlich genug sei. Der Vorwurf zeigt, daß sie auf bestimmte Erwartungen fixiert sind, doch ist er berechtigt. Ich habe manchmal Hefte vergessen, Hausaufgaben nicht nachgesehen, Arbeiten zu lange liegen lassen. Für Schüler, die nicht an Ordnung gewöhnt sind, ist dieses Verhalten sehr nachteilig. Ich werde also beim nächsten Mal ordentlich sein bis zur Peinlichkeit.
2. Die Schüler erwähnten, daß Sätze wie: «Ihr wollt doch keine Hilfsarbeiter werden», sie sehr verletzt hätten. Dieser Punkt hat mich geschmerzt. Natürlich kann ich einige Entschuldigungsgründe anführen. Ähnlich sprechen die Eltern auch. Sie wollen, daß es ihren Kindern besser geht, daß sie es leichter haben. Da ich mich für die Schüler verantwortlich fühle, will ich es auch. Ich möchte nicht, daß sie Hilfsarbeiter werden. Sie sollen etwas lernen, auch wenn sie später Hilfsarbeiten verrichten. Es kann also nicht an dem Wunsch gelegen haben, sondern an der Art, wie ich ihn aussprach. Wenn ich überlege, war es dann, wenn ich mich provoziert fühlte und aggressiv reagierte. Der Satz hieß dann soviel wie: «Ihr taugt ja nichts zu anderem.» Unbe-

wußt, aber gewiß nicht zufällig, stellte ich mich als etwas Besseres dar, und die Schüler reagierten darauf mit Bitterkeit. Ich zerstörte ein schon beschädigtes Selbstbewußtsein noch mehr, rief aber auch dessen Protest hervor: «Wir sind auch wer!»

3. Ich glaube, daß ich einigermaßen kontrolliert und besonnen bin. Dennoch muß sich ein bestimmtes Verhaltensmuster eingespielt haben, sonst hätten die Schüler nicht erwähnt, daß ich manchmal aggressiv sei. Nun sind diese Aggressionen Reaktionen auf ihr Verhalten, und daß sie davon nicht sprechen, schien mir einen Mangel an Kritikfähigkeit anzuzeigen, den ich ihnen schon manchmal vorgeworfen hatte. Allerdings ist ihr Verhalten auch oft die Reaktion auf meine Aggressionen gewesen, ohne daß ich es bemerkte.
   Der Vorwurf mangelnder Kritikfähigkeit ist schwerwiegend, und ich sah, daß ich damit zugleich mir die Fähigkeit absprach, sie ihnen beizubringen. Er fiel in anderer Form auf mich zurück. Ich werde trotzdem weder den Schülern noch mir Unfähigkeit bescheinigen, sondern will versuchen, einige Ursachen zu nennen, warum es für beide Teile so schwer ist, selbstkritische Einsicht zu gewinnen. Darunter verstehe ich die Fähigkeit, sich selbst zu Gesicht zu bekommen, vom eigenen Verhalten Abstand zu gewinnen, sich davon zu distanzieren, mit einem Wort: sich zu verändern.

Die Schule ist eine Institution, die ein bestimmtes Verhalten vorschreibt und Sanktionen festlegt. Die Schüler sollen am Unterricht aktiv teilnehmen, nicht stören usw. Die Gründe, weshalb sie ohne weiteres den Erwartungen entsprechen, können in ihrer Vergangenheit liegen, sie sind erzogen worden, etwas zu leisten, oder in ihrer Zukunft. Wenn sie den Verhaltensnormen nicht folgen, hat es für sie negative Auswirkungen, beispielsweise geringere Berufsaussichten. So werden die angestrebten Ziele zu Gründen, die ihr Verhalten bestimmen können.

Wo diese Bedingungen in ihrer Vergangenheit und in ihrer Zukunft fortfallen, die Schüler zum Beispiel keinen Zusammenhang zwischen ihren Leistungen und ihrem späteren Status sehen können, wird Unterricht zunehmend schwieriger. Das dürfte heute weitgehend an der Hauptschule der Fall sein.

Viele unserer Schüler leben in einer Landschaft ohne besondere Aussichten. Die Zukunft liegt nicht vor ihnen wie ein unbekanntes Land, in das sie neugierig und erwartungsvoll hineingehen. Der Horizont ist begrenzt, was ihnen oft als ihr enger Horizont angehängt wird wie die ihnen auferlegten Beschränkungen als ihre Beschränktheit.

Manchmal ist mir das Klassenzimmer wie ein Wartesaal vorgekommen, in dem die Schüler saßen und auf den Vorortszug warteten. Nun wurde ihnen gesagt, daß dieser, falls sie bestimmte Lektionen lernen würden, in den Rivieraexpreß umgewandelt würde. Kein Mensch glaubte an den Zusammenhang von Fahrplan und angebotenem Kursus, weshalb er auch nur wenig Interesse fand. Auch wollten nicht alle mit dem Rivieraexpreß fahren. Den Vorortszug aber würden sie allemal erreichen. So glaubten sie wenigstens.

Dann waren da die Ablenkungen, der Spielautomat, das Bahnhofskino, überhaupt die verfluchte und ersehnte Welt der Großen, der Erwachsenen, das sind jene, die rauchen dürfen, die mit «Sie» angeredet werden und einen selbst mit «Du» anreden und nicht erwachsen sein lassen.

Zweifellos ist es in dieser Situation schwer zu unterrichten.

Wo Gründe wegfallen, die den Unterricht legitimieren, treten Störungen auf, die durch disziplinäre Maßnahmen unterbunden werden. Allerdings hat gerade die Hauptschule nur wenige Möglichkeiten zur Sanktion.

Ein Schüler stört, und es wird ihm gesagt, daß dies und das eintreten werde, wenn er nicht damit aufhört. Der Schüler erwartet oft, daß ihm gedroht wird und daß das Angedrohte eintritt, und wenn es nicht eintritt, wird er fortfahren zu stören. «Weil man hier stören darf», wird er sagen. Der Lehrer erscheint ihm als eine Art Zuchtmeister, und wenn er nicht als Zuchtmeister erscheint, ist er kein Lehrer.

Natürlich kommt es vor, daß der Schüler das unangemessene Verhalten fortsetzt, weil ihm die Folgen egal sind. Oder er wünscht sie insgeheim herbei, da sie zugleich Aufmerksamkeit bedeuten.

In der Regel wird er mit dem Stören aufhören, weil es bestimmte unangenehme Folgen hat, aber nicht, weil er stört. Solange er aber aus diesem oder jenem äußerlichen Grund handelt, kann er sich selbst nicht als Grund erkennen.

Natürlich weiß er, daß er es ist, der den Lärm macht, aber dieser ist ihm so äußerlich und ist in der Regel so absichtslos wie der Lärm eines gerade vorbeifliegenden Flugzeugs. Sowenig wie für ihn fühlt er sich für seinen Lärm verantwortlich. Solange er aber sein Verhalten nicht als unangemessen oder sogar unverantwortlich empfindet, kann er sich gar nicht als Verantwortlicher entdecken und seine Kameraden als diejenigen, für die er mitverantwortlich ist. Und auch diese werden sich und ihn nicht entdecken. Die Schule erscheint nicht als Feld gemeinsamer Arbeit und auch gemeinsamen Spaßes.

Nun ist aber die Situation gerade so, ganz ähnlich wie im Beispiel des Wartesaals, daß es ihnen in ihr kaum gelingen kann, sich zu Subjekten zu machen, zu Verantwortlichen und Interessierten. Wo es aber der Klasse und ihrem Lehrer mißlingt, aus Freiheit Ruhe und Ordnung herbeizuführen, wird dieser leicht wieder zum Zuchtmeister, der zum Zwang greift, um sie herzustellen. Das gelingt viel leichter. Doch ist es eben Ruhe und Ordnung aus Zwang und nicht aus Freiheit und ebensoviel schlechter, wie die Diktatur schlechter ist als die Demokratie.

Würde man aber den Schülern sagen, namentlich den Sitzengebliebenen unter ihnen und denen, die aus schwierigen Verhältnissen kommen, es sei ihre selbstverständliche Pflicht, zu lernen und ihre Talente auszubilden, damit sie der Gesellschaft später zurückgeben können, was diese ihnen gab, so wäre es für sie fast so unverständlich wie eine Fremdsprache. Und auch das ist verständlich.

Die Schülerstimmen:
Ich finde es sehr richtig das ein Buch geschrieben wird. Wer das Buch schreibt ist egal, aber Hauptsache es wird geschrieben. Man muß den Menschen klarmachen, wie es in unseren Hauptschulen, und speziell in unserer Klasse zugeht. Man muß den Leuten klarmachen, daß es nicht *nur* Gymnasium und Realschüler gibt. Das zwischen den oben genannten und den Hauptschulen kein Verhältnis wie Himmel und Hölle besteht. Es gibt sogar Hauptschüler die besser als Gymnasium und Realschüler sind. Aber das will ja fast keiner glauben. Es wird nur so gerechnet:

Arbeitervater: immer Hauptschüler
Arztvater usw.: *nur höhere* Schulen

und das ist falsch.

Deshalb *muß* so ein Buch geschrieben werden. Und genauso die Probleme unserer Klasse, es gibt ja nur Probleme der Gymnasien und Realschulen. Wer denkt schon an unsere Probleme. Das sich ein junge 4mal umbringen wollte ist ja gar nichts. Aber wenn ein Arztjunge von einem Lehrer eine Ohrfeige bekommt, das ist ja skandalös. Und deshalb müssen mehrere Bücher geschrieben werden. Das geht jeden an. Ob er will oder nicht. So werden Vorurteile gedämmt.

Ich finde unseren Lehrer ganz in Ordnung. Besonders gut finde ich sein Verhalten gegenüber den Schülern die oft oder ab und zu in der Schule fehlen. Findet er heraus daß der und der geschwänzt hat, so macht er den Schüler darauf aufmerksam dies doch nicht mehr zu tun und informiert nicht gleich die Erziehungsberechtigten, wie dies an anderen Schulen der Fall ist. Er kümmert sich um die Schüler, fragt sie weshalb sie das tun, hilft denen die zu Hause in schlechten Verhältnissen leben und ist den Schülern bei der Lehrstellensuche behilflich. Nachteilig finde ich daß unser Lehrer bei den Schülern nicht richtig durchgreift. Ich glaube das hätte ein großer Prozentsatz der Klasse nötig. Zwar macht er die Klasse ab und zu darauf aufmerksam daß er die Macht hat, daß er ja die Noten gibt, aber dies beeindruckt die Schüler nur für kurze Zeit.

Ja ich würde auch so ein Buch schreiben. Ich finde es einerseits gut, wenn der Lehrer den Schülern vorliest, was er über sie schreibt. Ich würde sagen das es ganz richtig ist so ein Buch zu verfassen. Aber das es nur für unsere Klasse gilt, finde ich nicht in Ordnung. Denn es gibt noch andere Klassen wo es nötig wäre so etwas niederzuschreiben. Das das nur über die Hauptschule geschieht, das ist echt blöde. Wenn es auch heißt, daß die

Gymnasien besser und ordentlicher sind, sollte doch so mancher Lehrer anderer Meinung sein, und auch so ein Buch schreiben. Denn vielleicht sind die dort, in der anderen Schule schlimmer, oder besser gesagt, wilder und frecher als wir. Jedoch ist es ganz in Ordnung das gerade unserer Lehrer so etwas schreibt. So kann er alles schreiben was ihn bedrückt, und er gerne sagen möchte, und es nicht sagen darf. So kann er es am Ende vorlesen und die Schüler fragen wie sie es finden. Meine Meinung dazu, ist die daß er es schreiben kann und soll, aber anonym, und nicht an die Eltern. Wenn auch im wesentlichen nichts schlimmes darin steht, seine Meinung steht trotzdem schwarz auf weiß hineingeschrieben, und manchen Eltern wird es nicht schwerfallen den Buchstabe, auf seine(n) Sohn (Tochter) zu beziehen.

Ich finde unsern Lehrer eigentlich ganz in Ordnung, ich glaube kaum das sich ein anderer Lehrer in dieser Schule so eingesetzt hat für seine Schüler wie unser Lehrer für uns. Er hat uns immer geholfen wenn wir seine Hilfe gebraucht haben wie z. B. bei Privatangelegenheiten oder bei Arbeitsstellen usw. Wir hätten uns bestimmt kein besseren Lehrer wünschen können. Manchmal hat er auch so seine Launen gehabt wie wir auch. Er ist ja schließlich auch nur ein Mensch und darum hat er natürlich auch so seine Nachteile. Wenn er als in Wut gerät, könnte man bei ihm gerade meinen jetzt dreht er durch. Wenn er dann so richtig eine Wut hat kann er als ganz gemein werden. Aber nacher tut es ihm gleich wieder leid und er ist dann ganz nett wieder zu uns. Manchmal hat es bei mir als Zeiten gegeben wo ich unseren Lehrer richtig gehaßt habe, weil er als ungerecht war. Aber ich meine wir waren als auch ungerecht zu ihm. Aber sonst war er meistens gerecht.

Herr Wimmer hat Verständnis für jeden einzelnen Schüler. Da er noch jung ist, kann er sich in die Schüler besser hineinversetzen. Er hat sich auch um uns gekümmert als es mit den Lehrstellen nicht so richtig ging (Anonce in der Zeitung). Er ist ein kleiner Schlamper. Z. B. mit unseren Arbeitsheften, bis die mal nachgesehen sind dauert das ganz schön lang. Er weiß auch manchmal nicht ob er jetzt ein Heft zu Hause oder in der Schule hat wenn wir eine Arbeit schreiben wollen. Auch finde ich es nicht gut wenn er über unsere Eltern herzieht. Die sind ja nicht an allem Schuld.

Er sollte ein bißchen mehr Ordnung in seinen Sachen haben (Hefte nicht immer zu Hause vergessen). Vielleicht auch nicht so viel durchgehen lassen (ein bischen strenger werden). Sonst soll er bleiben wie er ist.

Ich finde es gut daß er ein Buch schreibt. Es ist ja alles Wahrheit.

«Ist es richtig, über die Hauptschule speziell unsere Klasse ein Buch zu schreiben?» Ja

«Warum? Warum nicht?»

Weil ich es gut finde das das Buch von Klassenkameraden handelt, und alles was in dem Buch steht ist Wahrheit. Diese Wahrheit habe ich selber erlebt und mitgemacht. Dieses wäre das erste Buch das mich intresieren würde und das ich lesen würde.

Ich finde an dem Lehrer W. gut das er sich für seine Schüler einsetzt Er geht z. B. mit ihnen auf Stellungssuche, läßt keinen in der Klasse zurückstellen usw. Wenn ein Schüler schwänzt informiert er nicht gleich die Eltern sondern spricht mit den Schüler. Er bevorzugt und benachteiligt niemand. Er spricht mit den Eltern von den Schülern wenn sie nicht mit ihnen auskommen.

Am Lehrer W ist eigentlich nichts auszusetzen, höchstens das er den Stundenplan durcheinanderbringt und sehr gern rechnet. Wenn es lauter wird müssen wir immer etwas vom Buch abschreiben, oder wir machen ein Diktat (Rechenarbeit).

Ja ich finde es gut daß ein Buch geschrieben wird, das die Öffendlichkeit sieht was in einer Klasse geschied und das die Klassen zu überfüllt sind. Man kann aber auch über gute Sachen schreiben.

Herr Wimmer hat Verständnis für jeden Schüler. Er hilft einem wenn er nur kann. Er gibt gute Noten, und läßt keinen Sitzen, aber er macht auch ungerechte Noten. Für manche aus unserer Klasse hat er sehr viel getan. Aber viele haben in auch nur ausgenützt sie haben das ganze Jahr nicht mitgemacht und wo es kurz vor den Zeugnis ist machen sie mit und ziehen gute Minen, spielen das liebe Kind und dann bekommen sie auch noch gute Noten. Ich würde im raten etwas strenger zu werden und den Schülern Hausaufgaben aufgeben. Sonst war all die 5 Jahre *Spitze.*

Ja, ich finde es richtig, daß man ein Buch über unsere Klasse bzw. über eine Hauptschule schreibt. Die Öffentlichkeit erfährt dann endlich mal wie es in einer Hauptschule zugeht, was die Lehrer alles aushalten müssen bei uns Schüler aber auch umgekehrt.

Ich finde am Lehrer W. gut, das er sich für uns immer einsetzt, er ist sehr gerecht. Er bevorzugt niemand und benachteiligt niemand. Er behandelt jeden Schüler gleich. Es ist aber ungerecht, wenn er sich aufregt und dann anfängt zu maulen, was viele vielleicht gar nichts angeht. Er mault über einige, schreit dann aber mit der ganzen Klasse herum und da sind leider welche dabei die garnichts dafür können.

Ja, ich bin dafür das so ein Buch über unsere Klasse geschrieben wird. Dann wissen die Leute wenigstens was in einer Klasse passiert oder vorkommt und wie es alles dazu kommt. Die Eltern sind dann auch meistens selbst schuld das es so ist. Es ist auch gut das das Buch geschrieben wird, denn dann können es die Schüler lesen und vielleicht auch die Lehrer. Vielleicht geht ihnen dann auf, das sie manche etwas besser machen könnten.

Er kümmert sich um die Schüler, die ihm besonders schwierig erscheinen. Da er noch jung ist, kann er sich in uns hineinversetzen. Jetzt im 9. Schuljahr war er okay. Er besorgte einigen von uns Lehrstellen. Er ist modern und aufgeschlossen. So erzieht er auch seine kleine Tochter Miriam. Sie sagt «Wolli» zu ihm. Ich kann das nicht leiden wenn er über uns herzieht. Z. B. «wenn ihr so weitermacht bekommt ihr nie eine Lehrstelle, usw. «Eure ganze Zunft hat doch keine Zukunft» (Fugger). Am Anfang war es schlimm mit ihm. Im 2ten Jahr ging es. Im 3ten Jahre kannte er uns nun und wußte wie er uns zu nehmen hatte. Seit der 7 Klasse verstehen wir uns gut mit ihm. Nur traut er uns wenig zu. Im großen und ganzen finde ich, er kann so bleiben wie er ist. Er hat, so glaube ich, in diesen Jahren, wo er bei uns war, viel gelernt. Auch wir.

Ich finde ein Buch über uns zu schreiben gut. Warum auch nicht?

Ich halte es für gut, das ein Buch über uns geschrieben wird. Warum auch nicht. Daran wird auch einmal deutlich wie es in einer durchschnittlichen Hauptschulklasse zugeht. Unsere Klasse war nie wie die anderer Klassen, sie war immer anders. Ich glaube wir hatten immer die meisten Abgänger, Schwierigkeiten usw. als die anderen 7. 8 oder 9. Klassen. Es war auch schon immer eine unruhige Klasse. Und gerade dies alles in einem Buch festzuhalten, finde ich gut. Das sind die Höhen und Tiefen einer Klasse beschrieben.

Ich finde, unser Lehrer setzt sich für die Schüler sehr stark ein. So einen Lehrer hatte ich noch nie. Man kann mit ihm sehr gut diskutieren. Er versteht einen sehr gut. Eines hat mir sehr gut an ihm gefallen und das finde ich hochanständig von ihm. Das er mit einigen Schülern zum Arbeitsamt ging. Auch in der Benotung ist er sehr gerecht, vielleicht auch manchmal ein bißchen zu gerecht. Aber das finde ich gut. Es ist auch nett von ihm, daß er sich für jeden Schüler einzeln einsetzt. Mir hat auch das Fuggerstück gefallen, so viel Arbeit hätte sich sicher kein anderer Lehrer gemacht. Es hat auch sehr viel Spaß gemacht es zu spielen. Nur, daß er immer das mit den Lehrstellen so schwarz ausgemalt hat, fand ich nicht gut. Da kann ein Schüler schon Angst bekommen, und die Suche nach einer Lehrstelle leicht aufgeben. Aber diesen Fehler hat er ja wieder gutgemacht, finde ich.

Leiden kann ich an ihm nicht, daß er sich immer so laut aufregt, er sollte es mit demjenigen über den er sich aufregt, selbst in Ruhe darüber reden. Sonst ist er eigentlich ganz in Ordnung.

Über das Buch das er schreibt.

Das ist ganz gut für einen jungen Lehrer, denn wenn er eine andere Klasse bekommt, und er weiß mal keinen Rat wenn er einen braucht, kann er sich das Buch durchlesen, und weiß dann was er falsch gemacht hat, und wie er es richtig machen soll. In solchen Fällen ist das Buch sehr nützlich. Jeder Lehrer müßte so ein Buch schreiben. Aber es sollte auch als Erinnerung dienen. An aufregende und schöne Schuljahre.

Ich kann an ihnen nicht leiden wenn sie von der Klasse behaupten wir brächten nichts zu stande, denn es ist nicht wahr. Und wenn sie als immer anfangen, mit den Hilfsarbeiter und dem Fließband, da verlieren die meisten den Mut, um weitere Arbeitsstellen zu suchen. Sonst finde ich die Unterrichtseinheit und ihr Verhalten gar nicht so schlecht.

«Was würdest Du ihm raten, wie er sein Verhalten ändern soll?»

Man kann ihnen nichts raten weil sie ein Dickkopf sind.

«Hältst Du es für richtig, daß ein Buch über die Klasse geschrieben wird. Warum? Warum nicht?»

Ich finde es gut wenn sie ein Buch über uns schreiben, damit die Öffentlichkeit erfährt das es ein Lehrer nicht immer gut hat.

Meine Persönliche laufbahn in der Schule war nicht gerade schön, aber als ich in der fünften Klasse zum Herrn Wimmer kam änderte sich alles zu meinem vorteil. Das war der erste Lehrer der sich um mich kümmerte der diese Krankheit die ich lange zeit nich kante berüksichtigte. Er lies mich von ein Gelärten untersuchen, für mich war er einer der Besten Lehrer die ich im laufe meiner Schulzeit hatte.

«Was kanst du an ihm überhaupt nicht leiden?»

Wenn er zum Z. sagt das er wieder in die Türkei gehen solte, oder das was er kann würden die Schuler der funften Klassen in der Türkei besser können als der Z. aber wen er solche bemerkungen gemacht hat ging er zu ihm und entschuldigte sich bei ihm

«Was würdest Du ihm raten, wie er sein Verhalten ändern soll?» Ich glaube das er sich nicht verändern soll blos ein wenig mer strenger als er in unserer Klasse war sonst ist er wieder genauso mit den Nerfen am ende wie in unserer Klasse.

Ich halte es für ganz richtig daß der Lehrer über die Klasse schreibt. Man sieht wie er über die Klasse denkt. Wenn das Buch veröffentlicht wird sehen die Leute einmal wie es in den Klassen zugeht. Sie könnten vielleicht helfen etwas besser zu machen. Die Schüler selbst können vielleicht erkennen was sie falsch und was richtig gemacht haben und sich dementsprechend ändern.

Er gibt gerechte Noten, was nicht jeder Lehrer macht. Er ist sehr hilfsbereit und setzt sich für alle und jeden ein.

Obwohl schon manch einer hätte die Klasse wiederholen müssen lässt er niemanden durchfallen

Ich kann nicht leiden, das er viel zu wenig Ausflüge macht. Auch droht er sehr viel mit Arbeiten sobald es zu laut wird. Das braucht nicht sein. Auch bläst er dann viele geplante Ausflüge ab. Der Lehrer Wimmer hält uns auch oft vor das wir faul sind. Er hält viele Reden. Z. B. vergleicht er uns oft mit den Realschülern und sagt: «Ihr werdet einmal Straßenfeger wenn ihr so weitermacht.»

Mit anderen Klassen sollte er etwas mehr Ausflüge machen. Auch das er den Schülern den Vergleich nicht so hart erklärt. Denn erst dadurch kann es sein, daß die Klasse sich sagt «Wenn ich das werde brauch ich mich gar nicht erst anzustrengen».

Herr Wimmer hat Verständnis für jeden einzelnen Schüler aus unserer Klasse. Da er noch sehr jung ist, kann er sich in die Schüler besser hineinversetzen. Er gibt sehr gute Noten. Für manch einen aus unserer Klasse hat er sehr viel getan wenn sie große Probleme hatten. Ich glaube er muß ein sehr guter Familienvater sein. Nur eine Seite an meinem Lehrer finde ich persönlich für unmöglich, wenn er überall bei der ganzen Klasse etwas sagt was man ihm anvertraut hat.

Er schaut auch nie richtig die Hefte an z. B. Erdkunde, Biologie usw., er hakt auch nicht ab, was man in den Erdkundeheften hat.

Ich finde an ihm besonders gut, daß er sich manchmal um Jugendliche kümmert, die es besonders nötig haben, daß man ihnen hilft. Und wenn's um Lehrstellen geht, macht er manchmal bessere Noten ins Zeugnis, als es sonst entspricht.

Ich finde, daß er ein guter Vater sein kann. Er ist modern und man kann sich auf ihn verlassen, wenn's mal in der Schule darauf ankommt.

Was ich an ihm garnicht leiden kann, ist, daß er ein kleiner Schlamper ist. Wenn man mal ein Diktat geschrieben hat, dauert es meistens eine Woche bis man es wieder zurückbekommt. Und wenn mal einer zu spät in den Unterricht kommt sagt er gleich immer daß er das nicht machen kann wenn er eine Lehrstelle hat. Und wenn er es macht fliegt er gleich wieder raus. Und wenn er mal schlechte Laune hat läßt er es an uns aus, dann müssen wir eine Rechenarbeit oder ein Diktat schreiben. Eigentlich kann er so bleiben wie er ist, aber er müßte etwas Ordnung in seine Sachen bringen (Hefte vergißt er manchmal zu Hause).

Das finde ich gut, daß er ein Buch über uns geschrieben hat. Da schreibt er seine Eindrücke von uns hinein.

Suum cuique. . .

... jedem das Seine, war das Motto des preußischen Ordens des Schwarzen Adlers, den Friedrich I. am 17. Januar 1701 stiftete. Der Cicerospruch war danach auf vielen preußischen Münzen zu lesen.

Seither, wenn auch nicht deshalb, hat sich an der Verteilung von Geld und Gut vieles geändert. Der Pfandbrief, den Friedrich II. schuf, hat dazu einiges beigetragen

Ein Lehrer

Es gibt kaum einen Arbeitsplatz, der einsamer ist als der eines Lehrers. In den Fabriken und den Büros kann man den Kollegen über die Schulter sehen. Die Arbeit findet in der Öffentlichkeit statt, die für die Öffentlichkeit so wichtige Arbeit des Lehrers im Privaten. Es kann vorkommen, daß ein Lehrer seit seiner Anfängerzeit keinem fremden Unterricht mehr beiwohnte. Die Studenten, die heute als Hospitanten zum erstenmal Unterricht beobachten, tun es vielleicht zum letztenmal.

So kommt es, daß die wildesten Gerüchte blühen, was hinter den Türen vor sich geht. Es wird erzählt, daß der Lehrer F. seit fünf Jahren keine Klassenarbeiten mehr hat schreiben lassen und daß er den Vormittag damit verbringt, den Schülern seine Kriegserlebnisse zu erzählen. Lange Sätze in deutscher Schrift sind an der Tafel seines Klassenzimmers gesehen worden, und man sagt, daß er den Schülern in mühseliger Arbeit das deutsche Schriftbild beigebracht habe, während es ihnen an den notwendigsten Kenntnissen fehlen solle. Die Lehrerin M. soll ihre Schüler nicht nur mit zynischen Bemerkungen fertiggemacht, sondern sie obendrein mit dem Kopf gegen die Wandtafel gestoßen haben. Der Lehrer P. soll ein Mädchen seiner Klasse derart verhauen haben, daß es nur unter allen erdenklichen Mühen und Beschwichtigungen möglich war, die Eltern von einem Strafantrag wegen Körperverletzung abzubringen. Im Unterricht des Religionslehrers sollen sich im Nebenraum, der vom Klassenzimmer durch eine Glasscheibe getrennt ist, die schrecklichsten Dinge zugetragen haben. So soll es vorgekommen sein, daß ein Schüler hinter der Glasscheibe einen an einem Lineal aufgehängten Büstenhalter hin und her geschwenkt hat wie eine Fahne, damit noch Schrecklicheres signalisierend. Bei diesem Kollegen sollen die Schüler über Tische und Bänke gehen, sogar während des Unterrichts.

Manchmal komme ich in eine Klasse, um dem dort anwesenden Lehrer etwas zu sagen. Ich habe gehört, wie der Kollege K. «Ruhe» geschrien hat, und bemerkt, wie das Wort über den gesenkten Köpfen der Schüler hing, noch lange, nachdem es verklungen war, als sei es ein Schwert, das jederzeit niederfallen könnte. Bei solchen Gelegenheiten habe ich auch viele Kollegen in intensiver Arbeit mit ihren Schülern angetroffen. Wenn ich die Treppe hinuntergehe und durch das Seitenfenster blicke, erhasche ich für einen Moment das Bild der Kollegin B., die am Pult sitzt und mit einer Schülerarbeit beschäftigt ist. Wenn ich an der Tür des Kollegen A. vorbeikomme, höre ich manchmal sein Schreien, mit dem er das Schreien der Schüler zu übertönen versucht. Aber während des Unterrichts konnte ich nur mich selbst beobachten.

Ich mache häufig ein trauriges Gesicht, als habe mich ein tiefes Leid befallen oder als habe ich an einer unmenschlichen Last zu tragen. In der ersten Zeit an der Schule habe ich kaum gelacht.

Ich spreche häufig über meine Klasse. Lange Zeit tat ich das in einem so wehleidigen Ton, daß die Zuhörer nicht mehr die Probleme sahen, sondern nur noch einen, der Probleme hatte und damit offenbar nicht fertig wurde. Einmal sagte ein Student: «Den haben die Verhältnisse auch schon fertiggemacht.» Wahrscheinlich beschloß er dann, sich nicht so von den Problemen aufreiben zu lassen wie ich.

Ich verfolgte nicht die harte Linie. Anfangs hatte ich mich zu weit von dem Erziehungsstil entfernt, den die Schüler von zu Hause gewohnt waren. Das würde ich heute anders machen, allmähliche Lockerung.

Ich appelliere an die Vernunft und werde wütend, wenn die Schüler nicht vernünftig werden. Manchmal schreie ich. Dann tritt Ruhe ein, mehr aus Überraschung als aus Angst. Dann sage ich mitunter: «Seht ihr, jetzt, wo ich schreie, seid ihr ruhig. Wenn ich aber ruhig mit euch spreche, schreit ihr. Das finde ich schlecht. Ihr seid wie die Sklaven, die einen Herrn brauchen. Werdet ihr freigelassen, lockert man nur etwas die Zügel, so werdet ihr sogleich zügellos. Ihr zwingt mich geradezu, den wilden Mann zu spielen. Das ist nicht menschlich. Solange es so ist, ist es schlecht. Solange wir so miteinander umgehen, verkehren wir nicht menschlich miteinander.»

Es kann sein, daß solche Reden die Schüler einen Moment beeindrukken, aber sie verändern ihre Verhaltensweisen nicht grundlegend. In einer anderen Klasse hätte ich damit vielleicht Erfolg, vielleicht auch mit dieser Klasse in einer anderen Umgebung.

Wenn ich zornig werde, dann zuerst auf meine Schüler, dann auf die Eltern, die sie manchmal drakonisch streng oder gar nicht mehr erziehen. Da ich aber sehe, daß die Schüler wie ihre Eltern werden, beinahe zwangsläufig, und langsam verstehe, wie die Eltern geworden sind, werde ich schließlich zornig auf die Verhältnisse, die Schüler und Eltern so haben werden lassen und die ich auszubaden habe. Ich wünsche mir einen menschlicheren Arbeitsplatz, weniger Schüler, vielleicht auch weniger schwierige, etwas mehr Ruhe.

Ich habe nicht das Gefühl, eine geistige Arbeit zu machen. Meine Arbeit ist wie Mauernhochziehen. Sie belastet mich körperlich und seelisch.

Ich gebe mir Mühe, den Unterricht interessant zu gestalten. Aber ich habe gelernt, daß meine Schüler nur schwer zu interessieren sind. Natürlich haben sie auch Interessen, aber diese sind entweder «schulfremd», oder sie können sich nicht mehr vorstellen, daß etwas in der Schule sie interessieren könnte. Selten gelingt es mir, die Aufmerksamkeit aller meiner Schüler auf eine Sache zu lenken. Sogar dann, wenn ich Filme zeige, gibt es Schüler, die, den Kopf in die Beuge des Arms gelegt, vor sich hindämmern. Lasse ich den Blick über die Klasse gehen, so habe ich manchmal das Gefühl, meine Schüler hätten am Morgen Opium oder Haschisch zu sich genommen. Viele sitzen abwesend da, apathisch. Eine zentrifugale Kraft scheint vorzuherrschen, die die Schüler aus dem Zentrum reißt und sie zerstreut. An der Fensterreihe sitzen einige Halbwaisen, die bei ihrem Vater, der Mutter oder der Großmutter leben wie dahinwelkende Blumen.

Manchmal macht die große Müdigkeit, die sich überall ausbreitet, plötzlich einer hektischen Betriebsamkeit Platz, nach schwer zu durchschauenden Zusammenhängen, die zwischen der Klasse und atmosphärischen Erscheinungen, vielleicht auch dem Fernsehprogramm des vorangegangenen Abends, bestehen. Die Kinder lassen den inneren Stau durch Bewegungen der Arme und Köpfe abfließen.

Noch immer bin ich verbittert, wenn sie meine Angebote nicht annehmen. Es verbittert mich auch, daß viele von ihnen zu mechanischer Arbeit neigen. Sie schreiben lieber eine Buchseite ab, als ein Gespräch zu führen oder wenigstens so ruhig zu bleiben, daß andere es führen können.

Häufig lasse ich Spiele machen, Rollenspiele. Dann herrscht eine Zeitlang angespannte Aufmerksamkeit, die aber sofort verfliegt, wenn das Spiel beendet ist und über das Spiel gesprochen werden soll. Ich müßte Spiele erfinden, an denen alle beteiligt sind.

Es deprimiert mich, daß meine Schüler sowenig lernen. Viel Zeit muß ich darauf verwenden, sie überhaupt zum Lernen zu bewegen. Es ist wie mit Kindern, denen man eine widerwärtige Medizin einflößen soll. Sie sperren sich. Sie wehren sich mit Händen und Füßen. Ich habe die Vorstellung, ich müsse einen sehr großen Schrank durch eine sehr enge Tür zwängen. So geht es nicht. Versuchen wir es von neuem, indem wir den Schrank auf den Kopf stellen, zwischen den Füßen ist dann etwas Luft. Dann die Frage: Geht es überhaupt?

Dabei bin ich überzeugt, daß meine Schüler mehr lernen könnten. Ich sage: «Im Gymnasium lernen sie viel mehr. V. kommt vom Gymnasium. Sie ist dort sitzengeblieben, hier ist sie die Beste. So groß ist der Abstand, und er wird mit jedem Tag etwas größer. Warum wollt ihr unbedingt die Dummen sein? Der Dumme ist immer der Dumme. Ihr gebt denen ja recht, wenn sie sagen, die sind faul und haben nichts im Kopf, und sich überlegen fühlen.» Ich sage auch: «Ihr wollt doch keine Hilfsarbeiter werden.» Einige Schülerinnen kamen danach zu mir und sagten: «Wenn Sie so sprechen, dann hassen wir Sie direkt.» Ihre Väter sind Hilfsarbeiter. Allmählich lerne ich, daß manche meiner Sätze die Schüler verletzen müssen. Ich lerne langsam, in meinem Alter lernt man langsam, und bekanntlich lernt man besonders schlecht, was man in seiner Jugend nicht gelernt hat. Ich glaube, daß ich gut erzogen worden bin, aber zweifellos habe ich nicht genügend Takt gelernt. Aber ich mache kleine Schritte der Solidarität.

Noch immer begreife ich meine Schüler nicht. So weise ich häufig auf die schwierige Situation auf dem Arbeitsmarkt hin und daß man ein gutes

Zeugnis haben müsse, um eine Chance zu erhalten, und daß ich bereit sei, jedes Bemühen anzuerkennen und zu honorieren, daß man aber von mir nicht erwarten dürfe, daß ich auch die Faulheit belohne, zumal es eine bestimmte Übereinstimmung geben müsse zwischen den Noten und den gezeigten Leistungen. Ich sage das mit einem resignierten Unterton, und kürzlich habe ich dieser Rede folgenden Satz vorangestellt: «Ihr werdet es ja doch nicht kapieren.» In der Tat haben im Werkunterricht bei einer tüchtigen Lehrerin von 18 meiner Schüler nur sechs eine Note erhalten, und den anderen mußte ich ins Zeugnis schreiben: «Keine Note, da häufig unentschuldigt gefehlt», was zweifellos keine gute Empfehlung ist für jemanden, der Arbeit sucht. Ich kann nicht verstehen, daß einige meiner Schüler dasitzen, als hätten sie bereits mit dem Leben abgeschlossen. Ich habe zwar einige Bücher über Sozialisation gelesen, aber ich bleibe ein Außenstehender. Einige Schüler haben mich gefragt, warum sie lernen sollen, wenn sie ja doch keine Chance haben. Damit haben sie ihre Faulheit rationalisiert, und doch mußte ich ihnen im stillen recht geben.

Manchmal sage ich Dinge, die mir selbst ganz unglaublich klingen und von denen ich nie gedacht hätte, daß ich sie jemals sagen würde. Und während ich sie sage, weiß ich genau, daß ich sie nicht sagen dürfte. Zum Beispiel: «Entweder ihr oder ich» oder: «Jetzt drehe ich den Spieß um». Beide Sätze beschwören das Bild eines unerbittlichen Kampfes herauf, der gewissermaßen auf des Messers Schneide steht. Ich halte die Spitze des Spießes in der Hand, den Sticheleien der Schüler preisgegeben. Ich will jetzt den stumpfen Schaft des Spießes wieder in die Hand nehmen und unerbittlich zurückschlagen. Damit drücke ich aus, daß ich die Macht, welche ich in Form von Elternbriefen, Noten und Eintragungen innehabe und auf die ich freiwillig verzichtet habe, wieder gebrauchen will. Es geht hier um Selbstbehauptung.

Mir ist es in vier Jahren nicht gelungen, dem Schüler R. das Dazwischenrufen abzugewöhnen. Kürzlich habe ich einen Kaugummi aus der Tasche hervorgezogen und ihn auf das Pult gelegt. Ich habe R. gesagt, daß er am Ende der Stunde den Kaugummi erhalten würde, falls er es bis dahin fertigbrächte, die Zwischenrufe zu unterlassen. R. hat es fertiggebracht, aber er hat den Kaugummi nicht genommen. Man muß mir zugute halten, daß meine Nerven etwas strapaziert waren. Ansonsten verzichte ich auf jede zynische und verletzende Bemerkung und Handlung.

Wahrscheinlich habe ich einige Schüler, die gar nicht ruhig sein können. Es ist ihnen nicht möglich, Reize auszublenden, und aus dieser Umgebung strömen ständig Reize auf sie ein. Wenn ich sie ermahne, ruhig zu sein, tue ich etwas Absurdes. Ich habe einige sogenannte «Fälle» in der Klasse. Aber es ist mir nicht möglich, sie als Fälle zu behandeln, und damit tue ich ihnen Unrecht.

Ich spiele oft Fußball mit den Jungen. Ich bin ein guter Fußballspieler. Früher mußten diese Spiele häufig abgebrochen werden, weil sie in einen Boxkampf auszuarten drohten. Jetzt ist es sogar möglich geworden, einen Schüler als Schiedsrichter einzusetzen, dessen Entscheidungen in der Regel akzeptiert werden, allerdings nicht ohne Kommentare. Die Spiele werden mit großer Härte durchgeführt. Ich bin erstaunt, daß dabei nicht mehr passiert. Ich bin allerdings im letzten Jahr zwei Wochen durch das Schulhaus gehumpelt.

Ansonsten finde ich, daß meine Schüler zuwenig hart sind. Sie weichen jeder Schwierigkeit aus und vermeiden es, sich den Kopf zu zerbrechen, als wenn es weh tun würde. Ich finde, daß sie sich zu sehr gehenlassen. Viele kommen an keinem Kiosk vorbei, früher kauften sie Süßigkeiten, jetzt Zigaretten.

Ich meine, daß es günsiger wäre, jeweils die Hälfte der Klasse die halbe Zeit zu unterrichten. Die Schüler würden dabei mehr lernen, und der Umgang wäre menschlicher. Aber dann würden, wenn der Unterricht beendet wäre, Horden von Kindern auf der Straße herumlaufen. Die Schule ist auch eine Aufbewahrungsanstalt. Das empfinde ich besonders am Ende des Vormittags.

Die Eltern

Für viele unserer Eltern ist die Schule ein Ort, so fremd wie die Kirche, man geht nicht hin. Die Elternabende, die in der Regel nur einmal im Jahr stattfinden, sind schlecht besucht. Kommen 12 oder 15 Eltern von 8 oder 10 Kindern, so spricht man von einem erfreulichen Ergebnis. Es ist auch schon vorgekommen, daß ein Lehrer den Elternabend allein mit einer Mutter bestritt. Ein Kollege hat allerdings bessere Ergebnisse gehabt. Er hat den Elternabend mit einem Lichtbildervortrag über einen Landschulaufenthalt verknüpft.

Auch die Elternvertreter und der Elternratsvorsitzende beklagen sich über das Desinteresse der Eltern. Der Elternratsvorsitzende hat regelmäßig zu einer günstigen Zeit Sprechstunden abgehalten. Aber niemand ist gekommen. Auf den Elternabenden vermissen die Lehrer die Eltern der schwierigen Kinder. «Gerade mit ihnen müßten wir sprechen», sagen sie. Ein Lehrer hat nach Beginn des Schuljahres alle Eltern besucht. Vielleicht würde ich es das nächste Mal auch so machen. Allerdings ist es nicht unbedenklich. Manche Eltern betrachten es als Einmischung in ihre Angelegenheiten. Auch dieser Lehrer ist schon vor die Tür gesetzt worden. Er hat gewissermaßen Hausverbot erhalten.

Auf den Elternabenden geben die Lehrer den Ton an. Ich habe kaum ein kritisches Wort der Eltern über mich gehört. Manche sind sogar des Lobes voll. Was sie sonst noch denken, sagen sie im Treppenhaus, wenn ich nicht dabei bin. Sie fürchten, der Lehrer könnte sich an ihren Kindern rächen, wenn sie ihn kritisieren. Daher verhalten sie sich opportunistisch.

Ich habe den Eltern gesagt, sie könnten in den Unterricht kommen, jederzeit und ohne vorherige Anmeldung. Aber bis auf eine Ausnahme hat es niemand getan.

Manche Eltern sind gern bereit, dem Lehrer einen Freibrief für drakonische Strenge und Strafmaßnahmen auszustellen. «Schlagen sie ihn nur, wenn er nicht spurt.» Sie kehren damit das Verhältnis um. Disziplinlosigkeit wird als Folge mangelnder Härte angesehen, nicht die Härte als Ursache der Disziplinlosigkeit. Sie merken nicht, daß sie damit den Lehrer zu einem Büttel degradieren, zu einem Prügel für die ohnehin Schwachen.

Andere behandeln ihre Kinder wie ihr Eigentum. Man kann alles damit machen, aber ein Fremder darf es nicht anrühren.

Dann gibt es Eltern, die ihre Kinder gar nicht erziehen. Sie haben viele Kinder, und jetzt sind sie müde. Eltern erziehen ihre Kinder so, daß sie so werden, daß sie so erzogen werden müssen, wie sie erzogen werden.

Das Versagen ihrer Kinder betrachten viele Eltern als persönliches Schicksal. Sie haben eben Pech gehabt. Ihre Kinder sind nicht begabt. Sie wissen nicht, daß ihre Kinder noch immer ein kollektives Schicksal erleiden.

Wenn die Schulentlaßfeier stattfindet, sind für die Lehrer Tische reserviert. Die Eltern sitzen an anderen. Zwischen den Tischen findet kein Gespräch statt. Auch ich sitze an einem reservierten Tisch. Den Müttern sieht man an, daß sie eben noch Lockenwickler in den Haaren trugen. Beim letzten Mal waren einige Väter leicht angetrunken. Da konnten wir wieder sagen: «Bei solchen Eltern braucht es einen nicht zu wundern, wenn die Kinder nicht anders werden.»

Wenn an einer Grundschule und an einer Hauptschule Lehrer fehlen, so wird eher der Grundschule geholfen. Unter den Grundschuleltern sind noch welche, die auf dem Schulamt auch einmal vorsprechen. Unsere Eltern sind von großer Langmut. Dabei hätten sie am ehesten Grund, zu protestieren, denn ihre Kinder werden am meisten benachteiligt.

Lerngeschichte II

Was ich in der Schule erlebte, zwang mich, meine Rolle zu überdenken. Ich kann wohl sagen, daß ich unter den Verhältnissen litt, aber weniger unter dem strapaziösen Schulalltag als unter der Erfolglosigkeit, die sich an der von Schuljahr zu Schuljahr steigenden Anzahl vorzeitiger Abgänger zeigte. Diese Zahlen gingen mir immer wieder durch den Kopf. Eines

Tages hörte ich im Fernsehen den Minister sprechen. Er erzählte, wie sich das Schulwesen im Lande entwickle, unheimlich gut. Ich fühlte mich gedemütigt und verspottet und stellte den Apparat ab. «So ist es immer gewesen», dachte ich, «die Feldherren verkünden Siege, und die Soldaten erleiden Niederlagen.» Ich fühlte mich auf verlorenem Posten. Ich kam mir vor wie ein Arbeiter, der bloß Ausschuß produziert. Woran lag es? Lag es an meiner Ungeschicklichkeit, lag es am Material? Zeitweise begann ich, meinen Arbeitsplatz zu hassen wie vielleicht ein Arbeiter seine Maschine, zu der er jeden Morgen zurückkehren muß und die seine Bewegungen bestimmt. Ich beherrschte nicht mehr meine Gedanken, sondern sie begannen mich zu beherrschen. Wenn es mir nicht gelang, sie am Nachmittag in eine andere Richtung zu lenken, weg von der Schule, so wußte ich, daß ich für diesen Tag verloren war. Ich verarmte und fühlte mich unfähig, etwas zu tun. Das machte mich wütend, denn es war die Zeit meines Lebens, die vertan wurde.

In meinem Kopf lief ein Prozeß ab, in dem ich Angeklagter und Ankläger zugleich war. Ich empfand Selbstmitleid und machte mir Vorwürfe, aber schließlich begann ich mich freizusprechen. Meine Stimme wechselte von einem klagenden zu einem mehr anklagenden Ton über.

Ich begriff, daß mein Fall aus den allgemeinen Verhältnissen herrührte und weniger individueller Art und deshalb auch nicht individuell, sondern nur kollektiv zu lösen war. Daher übernahm ich einen Posten in der Gewerkschaft. Natürlich war mir klar, daß sich durch unsere Arbeit kaum etwas sichtbar verändern würde. Tatsächlich glich sie in vielem jener, die Menschen machen, um ihr Leben zu verdienen und zu erhalten, ohne daß dessen Sinn und Zweck klar würden. Sie war ständig in Gefahr, ein leerer Betrieb zu werden. Ich dachte jedoch, daß es viel schlechter wäre, wenn es im Lande nicht Tausende von Gruppen wie unsere gäbe.

Ich machte eine andere Erfahrung. In der Gewerkschaft traf ich Menschen, die, bei aller individueller Verschiedenheit, ähnlich dachten und ähnliche Ziele hatten wie ich. Sie sind meine Freunde. Wenn ich jetzt an sie denke, bin ich froh.

Ich begann ganz einfach, die Wörter ernst und die Gesetze wörtlich zu nehmen.

Das ist so ungewöhnlich, daß es fast anstößig wirkt. In § 64 des Landesbeamtengesetzes (LBG) heißt es: «Der Beamte dient dem ganzen Volk. Er hat seine Aufgabe unparteiisch und gerecht zu erfüllen und bei seiner Amtsführung auf das Wohl der Allgemeinheit Bedacht zu nehmen. Seinen Willen zu einer solchen Amtsführung bekräftigt er durch den Diensteid.»

Ich fragte mich also:

Diene ich dem ganzen Volk, wenn so viele der mir anvertrauten

Jugendlichen vorzeitig die Schule verlassen ohne Berufschancen und Zukunftsaussichten?

Erfülle ich meine Aufgabe unparteiisch und gerecht, wenn diese Jugendlichen fast ausschließlich aus einem bestimmten Teil des Volkes kommen?

Nehme ich bei meiner Amtsführung auf das Wohl der Allgemeinheit Bedacht, wenn dieser besondere Teil offenbar benachteiligt wird?

Führe ich mein Amt auf diese Weise nach bestem Wissen und Können?

Achte und verteidige ich so das Grundgesetz?

Übe ich so Gerechtigkeit gegen jedermann?

War es richtig, all das bei Gott zu beschwören?

Meine Antwort auf diese Fragen war Nein. Hatte ich deshalb meine Sache schlecht gemacht? Ich bestritt das. Ich gestand mir natürlich gewisse persönliche Unzulänglichkeiten ein. Einige hätten es an meiner Stelle etwas besser gemacht, ohne doch den Bannkreis der gegebenen Bedingungen durchbrechen zu können. Andere hätten es schlechter gemacht. Ich kam zu dem Schluß, daß ich bei meiner Amtsführung meiner Aufgabe nicht gerecht wurde, aber nicht deswegen, weil ich es schlecht gemacht hätte, sondern weil ich ihr unter den gegebenen Umständen und im Rahmen der Schule, in der ich unterrichte, nicht gerecht werden konnte.

Durch eine andere Überlegung wurde ich zur selben Einsicht gebracht.

Wissenschaft zeichnet sich u. a. durch ihre Allgemeingültigkeit aus, und daraus scheint zu folgen, daß derjenige, der sie erlernt hat, sie auch zum Wohle der Allgemeinheit anzuwenden hat. So gelten die Gesetze und Regeln der Heilkunst für alle Menschen, und der Arzt hat in dem engen Bereich, in dem er arbeitet, sein Wissen und Können allen zur Verfügung zu stellen ohne Ansehen der Person.

Was würden wir von einer Heilkunst halten, die in vollem Umfang nur einem Teil der Bevölkerung zugute käme, während sich der Rest mit einer minder guten begnügen müßte? Sollte man diesem Teil etwa sagen: «Wieso braucht ihr denn gesund zu werden?» Im Gegenteil, wir werden für den kranken Teil eine besonders gute Pflege und Fürsorge fordern.

Was würden wir von einem Arzt halten, der sagen würde: «Für einen besonderen Teil der Bevölkerung müssen viele Ärzte besonders gut ausgebildet werden, während für den großen Rest weniger und schlechter ausgebildete Ärzte genügen. Schließlich können ja nicht alle gesund werden. Es genügt, wenn sie so gesund sind, daß sie arbeiten können.»

Man würde sagen, ein Arzt, der so spricht, sei kein Arzt. Er mag ein glänzender Chirurg sein, aber ist kein wirklicher Arzt. Er hat seine Identität verloren. Mit dem Beruf des Arztes verknüpfen wir also wie selbstverständlich die moralische Verpflichtung, daß er sein Wissen, welches ja auch allgemeingültig ist, für die Allgemeinheit anzuwenden habe.

Wenn wir nun medizinische Versorgung und Arztberuf mit dem Erziehungswesen und dem Lehrerberuf vergleichen, und beide haben in der Tat viel Gemeinsames, so werden wir feststellen, daß hier Wirklichkeit ist, was uns dort bereits im Gedankenspiel als zynisch erscheint.

Würden die Ärzte wie die Lehrer ausgebildet und würden im Gesundheitswesen ähnliche Verhältnisse herrschen wie im Erziehungswesen, ergäbe sich folgendes Bild: Ein Teil der Ärzte würde länger und besser ausgebildet. Man investierte mehr Geld in sie. Der andere Teil müßte sich mit einem kürzeren Studium begnügen. Die gut ausgebildeten Ärzte, welche übrigens auch besser verdienen würden, würden zu den nicht sehr Kranken geschickt, aber die schlechter und kürzer ausgebildeten Ärzte zu den besonders Kranken. Überdies müßten diese Ärzte in der gleichen Zeit mehr Patienten behandeln als die gut ausgebildeten. Zudem würde der für das Gesundheitswesen verantwortliche Minister sagen: «Das ist eine Gesundheitspolitik in christlicher Verantwortung», und er würde hinzufügen: «Nicht allen das Gleiche, sondern jedem das Seine.» Das ist natürlich ein Satz, der einem Gesundheitsminister gut ansteht, wenn er die Forderung ausdrücken will, daß den besonders Kranken besondere Pflege zukommen solle, und nicht das Gegenteil.

Der Grund- und Hauptschullehrer erhält heute eine wissenschaftliche Ausbildung, allerdings eine kürzere als seine Kollegen vom Gymnasium. Kommt er nun in die Schule, so erfährt er den Widerspruch zwischen der Verpflichtung, dem Wohl der Allgemeinheit zu dienen, wie sie im Beamtengesetz ausgedrückt ist und die ihm seine wissenschaftliche Ausbildung nahelegt, und dem besonderen Rahmen, in dem er gezwungen ist, seinen Beruf auszuüben. Dieser besondere Rahmen ist für den Hauptschullehrer die Hauptschule, das ist die Schule mit den größten Klassenfrequenzen neben der Grundschule und mit den Kindern aus den ungünstigsten sozialen Bedingungen neben der Sonderschule. Es ist die Schule der Kinder der Arbeiter, der Bauern, der kleinen Angestellten, nicht der leitenden. Diese Kinder, die ohnehin benachteiligt sind, werden abermals benachteiligt, indem man für sie nur wenig Geld ausgibt – für jedes jährlich etwa die Hälfte dessen, was für einen Gymnasiasten bereitsteht – und ihre Lehrer schlechter ausbildet. Ein Viertel dieser Kinder erreicht keinen Schulabschluß. Man läßt den Schwachen nicht besonders viel, sondern besonders wenig Pflege zukommen.

Der Widerspruch ist bestürzend, und er liegt offen. Es fragt sich, wie man damit fertig wird. Entweder er wird ausgesprochen, oder es gelingt, sich mit ihm abzufinden, ihn zu verdrängen, nicht mehr zu sehen.

Er müßte allerdings ausgesprochen werden, so wie ein Arzt ihn unter gegebenen unzulänglichen Bedingungen aussprechen müßte, um ein Arzt zu sein.

Der Lehrer muß also im Namen der Allgemeinheit sprechen. Wenn er den Widerspruch zwischen der Allgemeinheit seines Berufs und dem besonderen Rahmen erkennt, in dem er seinen Beruf ausübt, muß er diesen Widerspruch aussprechen. Er tut das nicht nur für sich, um seine Selbstentfremdung aufzuheben und er selbst zu werden. Er muß es vor allem im Namen der ihm Anvertrauten tun, weil sie es selbst ja nicht können und weil es sonst niemand tun wird.

Als nächstes müssen wir fragen, wie es möglich ist, diesen Widerspruch zu verdrängen, zu verdecken, sich mit ihm abzufinden.

Dadurch, daß man ihn ausdrückt, wird man in eine ungünstige Lage gebracht. Man macht sich unbeliebt, man macht keine Karriere, man verliert vielleicht den Beruf.

Die Verhältnisse, auf die der Lehrer in der Schule trifft, scheinen Vorurteile und Ideologien, die aus seiner Kindheit stammen, zu bestätigen. Diese lauten: «Jeder ist seines Glückes Schmied.» «Es gibt solche und solche.» Auch die allgemeine Menschenliebe, die immer allgemein bleibt, gehört dazu. Nun trifft er auf Schüler, die tatsächlich faul und uninteressiert sind. Er vergißt, zu fragen, warum sie faul und uninteressiert sind. Sie schmieden ja ihr Glück nicht. Er vergißt, daß es darauf ankommt, wo man schmiedet. Er wird also den Widerspruch zwischen der Allgemeinheit und dem besonderen Rahmen, in dem er seinen Beruf ausübt, nicht wahrnehmen. Er wird nicht diesem besonderen Rahmen die Schuld geben, sondern den Schülern, die zu einer allgemeinen Bildung angeblich nicht fähig sind. Daher schimpfen die Lehrer nicht bloß über die Bedingungen, unter denen sie arbeiten, sondern ebensosehr über die Dummheit und Lernunwilligkeit derer, die sie unterrichten. Ihnen wurde nur der Rest zuteil. Anstatt im Namen der Allgemeinheit das Besondere in sich und überall zu bekämpfen, werden sie die Allgemeinheit verraten und sich selbst als das Besondere setzen, dessen die anderen nicht fähig seien.

Natürlich geraten sie in Verlegenheit, wenn man sie fragt, weshalb denn gerade die Kinder eines bestimmten Teils der Bevölkerung mit Dummheit geschlagen sein sollen. Sie können ja nicht einfach sagen, daß Gott für die Wohlhabenden und Studierten sei, auch wenn sie es glauben. In irgendeiner Form jedoch werden sie der Prädestinationslehre anhängen, aber tatsächlich ist es nicht Gott, der derart prädestiniert und ungerecht ist, sondern der allgemeine Rahmen der Gesellschaft.

Wenn man die Stituation konsequent analysiert, muß man konsequent gegen sich selbst sein, und das tut weh, zumindest ist es nicht erfreulich. Wir geben uns ja solche Mühe, wir tun unser Bestes, und das soll das Resultat sein? Das kann nicht wahr sein. Man will nicht wahrhaben, was doch wahr ist. Vielleicht benachteiligt die Schule tatsächlich die Benachteiligten. Aber wieso denn wir? Natürlich, weil wir in der Schule tätig sind.

Schließlich finden sich die Lehrer mit ihrer Rolle ab, weil sie abgefunden werden. Ein Lehrer verdient etwa 2000 DM netto. Dann gibt es die sogenannten 4000er. Das sind Ehepaare, wo beide Teile als Lehrer arbeiten. In den Zeiten des Spargels, des Zwiebelkuchens und des jungen Weines schicken wir Vorschmecker in die verschwiegenen Gasthöfe in den Tälern und Seitentälern dieser opulenten Gegend, und wenn sie mit froher Kunde zurückkehren, fallen wir dort bald darauf in Scharen ein. Natürlich wird uns das niemand mißgönnen, aber das Beispiel zeigt doch, daß wir uns Dinge leisten, die sich nicht alle leisten können, zum Beispiel nicht die Eltern unserer Schüler. Wir gehören zu den Bessergestellten und leben nicht bloß *mit* dem Widerspruch, sondern auch *von* ihm, wenn auch nicht in dem Maß wie ein Arzt, der vorwiegend Privatpatienten hat und davon fett wird. Schließlich entscheidet der Staat, wie viele Lehrerstellen frei werden. Wer in sie einrückt, bedankt sich für die Gunst, indem er ihn nicht kritisiert.

Falken und Tauben in der Schule

Die Sicht eines Schülers

Ich konnte L. nicht mehr überreden, nach der achten Klasse in die Schule zu kommen. Einige seiner Gründe werden in seinem auf Tonband gesprochenen Bericht klar.

L.: Die Hauptschüler, da sind nur wenige Schüler, die den Lehrer irgendwie verstehen. Die sagen doch zum Lehrer: «Du bist doch ein blödes Schwein, soviel Hausaufgaben aufzugeben, was sollen wir denn in unserer Freizeit anfangen.» Und so sind im Kontakt irgendwie Hemmungen dann beim Schüler enthalten, wenn zum Beispiel ein Lehrer gegen einen Schüler feindlich gesinnt ist und sagt: «Du kannst mich doch mal», also denkt sich halt, weil, wenn du nicht willst, dann hast was davon, macht mordsmäßig Eintragungen ins Heft, dann fühlt sich der Schüler gehemmt, und der Lehrer denkt, der muß dann halt durchgreifen, weil es anders nicht mehr geht. Dann fühlt sich der Schüler irgendwie bedroht von dem Lehrer und schaltet dann erst recht auf stur, weil er denkt: «Mit Gewalt bringst du mich schon gar nicht dazu, wenn, dann freiwillig. Der müßte mich irgendwie unterstützen.»

Zum Beispiel Herr A. Der hat mit uns ein Diktat gemacht, und der hat so richtige Methoden reingebracht. Wie zum Beispiel, wenn einer schwätzt, wird's Diktat schneller diktiert, und ich bin als gar nicht mehr mitgekommen mit dem Diktat, hab halt irgend so 'n Seich neigeschrieben ins Diktatheft. «Asterix und Obelix, die kleinen Gallier», hab ich neigeschrieben. Und der A. hat's nachher gelesen irgendwie und hat gesagt:

«Das Diktat geht an Rektor», und hat gesagt: «Name?» «Weiß nicht, wie ich heiß» «Anschreiben!» Hab ich angeschrieben: «Detlev Müller». (Nicht sein richtiger Name, W. W.) Die Klasse hat halt gelacht. Die hat's halt irgendwie lustig gefunden. Da hab ich gemeint, mit Gewalt schon gar nicht, und der hat halt immer andere Methoden erfunden, um uns irgendwie zu zwingen, daß wir nicht kiebitzen oder irgendwie. Und dadurch hat sich die ganze Klasse bedroht gefühlt, so bedroht, so richtig bedroht, weil er sagte: «Ich geh zum Rektor mit euch, ich helf euch, wenn mir einer in meinen Lehrplan reinpfuschen will, mich könnt ihr doch nicht verarschen», und all so Scheiße mit so Wörtern. Ich mein, ich hätt damals noch viel härter eingreifen können, ich hätt sagen können: «Du kannst mich doch am Arsch lecken», aber ich hab mich dermaßen schon irgendwie zurückgehalten, hab irgendwie Schiß gehabt, daß ich aus der Schule flieg.

W. W.: Im Gymnasium wird das auch mal vorkommen, daß ein Schüler sich so verhält, aber in der Hauptschule kommt es wahrscheinlich öfter vor. Wie kommt das?

L.: Ja, ich mein, das ist schwer zu sagen. Im Gymnasium, ich glaub, weil da irgendwie 'ne Disziplin herrschen muß im Gymnasium. Die werden irgendwie strenger gehalten. Ich hab 'ne Freundin gehabt, die ging aufs Gymnasium, und die hat mir so einiges erzählt, was sie mit denen da gemacht haben, mit den Lehrern, in einer Beziehung waren sie auch nicht besser wie wir. Aber die wurden halt strenger bestraft wie wir. Wir kriegen zwar einen Eintrag irgendwie ins Heft, das muß unterschrieben werden. Die kriegen zum Beispiel drei Einträge, und wenn sie die haben, fliegen sie von der Schule runter. Die haben genau die Klassenliste, die kriegt jeder Lehrer, die liegt im Pult oder irgendwo in der Schublade drin, und da kriegen die Eintragungen. Die werden eben irgendwie disziplinierter gehalten, während wir Hauptschüler, wir können, wie soll ich sagen, wir können's treiben, wie wir's fast wollen, wenn der Lehrer nicht richtig hart durchgreifen kann.

Zum Beispiel Herr B. Wie ich gehört hab, kann der überhaupt nicht durchgreifen in der Klasse. Mir hat einer erzählt, die gehen zu dem na und sagen: «Wie geht's, du Hund?», und so, und der kann überhaupt nicht durchgreifen, der ist manchmal mit den Nerven fertig, ich mein, mir hat das früher auch irgendwie Spaß gemacht, wenn ich merkte, daß ein Lehrer unterdrückt worden ist, hab gesagt: «Was, du Schwein, wenn du mir keine gute Note gibst, kriegst du Keile, sag dir's gleich im voraus», und dann fühlt sich halt der Lehrer unterdrückt irgendwie, und dann fühlt sich dann der Schüler unterdrückt, wenn er zu stark durchgreift. Aber manchmal geht's wirklich nicht anders, und der Herr B., wie ich den gesehen hab, ist doch ein Mordsbulle, wenn man's vergleicht. Der könnt, ich weiß nicht, ich hab ihn gesehen, da hab ich noch gar nicht gewußt, daß es der Herr B. ist, so 'n Dicker ist's, so ein Untersetzter, ich hab gemeint, das ist ein Mordsbulle, daß der sich alles gefallen läßt, vor dem hätt ich schon irgendwie Disziplin, allein wegen dem Aussehen, denn wenn ich dem mal eine schlagen würde in den Bauch, da verknack ich mir höchstens die Hand oder verstauch sie mir. Aber wie ich das dann gehört hab: «Na, du Hund, wie geht's?» Die Fünftkläßler, die hören das natürlich auch, und die machen das dann natürlich nach und sagen: «Mensch, komm mal, du Hund.» Was die Neuntkläßler können, können wir auch. Und bei C. war's genau dasselbe, der ist ja nachher auch gegangen, weil wir ihn total fertiggemacht haben. Hat gesagt: «Ich gehe zum Gymnasium, da herrscht Disziplin, wenigstens noch ein bißchen.» Ja, der C., wenn wir im Chor waren, hat er gesagt: «Komm, einer vorsingen!» Und die Weiber haben sich immer umgedreht beim Vorsingen. Und wir haben immer so gehänselt, und C. am Klavier: Wumm, wumm. Hat 'n Mordsding hingelegt. So ging's halt weiter. «Herr C., wir gehen mal raus, eine rauchen.» «Was, raus, raus,?!» Innerhalb von einer halben Stunde war kein Aas mehr im Klassenzimmer. Im Chor nachmittags hat er auch alle rausgeworfen. «Raus, da ist die Tür, wenn dir's nicht gefällt, da, da.» Da sind wir freiwillig gegangen. Haben wir gesagt: «Wenn der geht, geh ich auch, und wenn die geht, geh ich auch.» Nachher waren's nur noch fünf Mann, die fünf Musterschüler waren noch dagehängt, Choräle weitergeübt. Wenn man's so nimmt, gehören tut sich's gerade nicht, obwohl mir's Spaß gemacht hat. In einer Beziehung macht's mir Spaß, wenn ich fühle, daß ein Lehrer so irgendwie unterdrückt ist, daß er nichts richtig unternehmen kann, da macht's schon richtig Spaß, den zu ärgern.

Ja, aber ich mein, wenn man es so überlegt, der Lehrer wird ziemlich unterdrückt, wenn man's so nimmt, in einer Beziehung schon. Aber irgendwie ist er halt doch, fühlt er sich doch irgendwie stärker und will dann richtig durchgreifen, aber schafft's nicht so richtig. So mit dem Lehrplan schon, aber mit dem Benehmen nicht.

Herr D. Dem war's egal, was ich gemacht hab, und mir war's egal, was er gemacht hat. Wenn er rumgebrüllt hat, hab ich gesagt: «Auf Wiedersehen, Herr D., ich geh jetzt dann.» Wenn wir um zwölf Uhr 10 die Schule aus hatten, bin ich um zwölf mal in die Schule gegangen, hab guten Tag gesagt und bin wieder gegangen dann. Sechs Wochen bin ich daheim geblieben, geschafft oder irgendwas, sechs Wochen wieder in die Schule gegangen, da hat Herr D. gesagt: «Ja, was willst denn du hier?» «Guten Tag, ich bin neu, ich komm jetzt öfter», so blöd gemacht und wieder heimgegangen, und Herr D. hat dann nachher die Bemerkung gemacht: «Ob du da bist oder nicht da bist, das interessiert mich doch nicht, du Hergelaufener» – oder irgendwas. Und da hat mir's schon gestunken, da hab ich gesagt: «Leck mich doch am Arsch». Ich bin wieder fortgeblieben, hab 'ne Entschuldigung bekommen von meinem Vater, hat er der ganzen Klasse vorgelesen die Entschuldigung und all so 'n

Seich. Der hat sich halt immer unbeliebter bei mir gemacht. Und da war ich mal im Gesicht verbrannt, da hat der mich an den Koteletten gerissen, da hat der ein Tritt in's Schienbein neigekriegt, er hat's nicht richtig gemerkt, aber gemerkt hat er schon irgendwas, er hat einen blauen Fleck gehabt. Am andern Morgen hat er gesagt: «Du gehst von der Schule, du fliegst jetzt.» Das war kein Schüler-Lehrer-Verhältnis, das war wie Feind, Todfeinde waren wir direkt schon. Wenn die andern gelernt haben, war ich im Gruppenraum hinten gesessen, hab meine Botschkünste eingeübt, der hat nichts groß sagen können.

Der Lehrer ist zwar wie unser Vorgesetzter, aber zum Beispiel, wie es heißt immer, eine Respektsperson oder so etwas, ich find, eine Respektsperson ist für mich der Lehrer nicht. Ich weiß nicht warum, aber irgendwie, wenn ich ganz ehrlich bin, das ist für mich keine Respektsperson. Wie soll ich sagen, wie als wenn wir, wenn ich in die Kirche gehe, und es wär der Pfarrer. So ähnlich ist es für mich. Daß, wie soll ich jetzt sagen, daß er nur ein Haufen Seich vor mich neibabbelt, wo ich kein Wort verstehe beziehungsweise wo ich ein paar Worte verstehe, und dann ist's fertig. Nach anderthalb Stunden Gesangsunterricht oder Hosiannabeten, so kann man das ausdrücken, immer der gleiche Scheißdreck, Hosianna oder beten irgendwas, das gleiche Lied. Dann ist für mich die Sache erledigt. Wenn was Neues kommt, dann kann ich sagen: «Oh, mal was Neues, der Pfarrer predigt was Neues, mal was Neues.» So ungefähr mein ich das dann. Für andere sind das wieder Respektspersonen, und die werden dann geachtet.

W. W.: Ist ein Polizist für dich eine Respektsperson?

L.: O je, Polizist, das ist ein Fall für sich, würd ich sagen. Polizisten sind für mich gar keine Respektspersonen, wenn ich so einen seh, ich hab mir beinahe damals 'n Ding, 'ne Beamtenbeleidigung, zugezogen.

W. W.: Liegt das ungefähr auf einer Linie: Pfarrer, Polizist, Lehrer?

L.: Ja, ungefähr, da wollt ich sogar noch den Pfarrer beziehungsweise den Lehrer über den Polizisten stufen. Weil ich finde, ein Polizist ist für mich irgendein dummes Schwein. Wenn er so ein paar Verkehrssünder sieht, dann knallt er denen einen Strafzettel auf die Haube, auf die Windschutzscheibe. Wo ich mit der Polizei mitgefahren bin, sind sie mit siebzig durch die Stadt gekreuzt und haben mordsmäßig ausgespurt, haben gar nicht Blinker gegeben beim Spuren. Und dann hat der eine noch gesagt zum anderen Polizisten: Wenn er so einen sehen würde in der Stadt, dem würde er gleich einen Strafzettel für fünfzig Mark geben. Da hab ich mir das Lachen verkneifen müssen. Für mich sind das blöde Schweine.

Die Situationen, die L. beschreibt, sind für die Hauptschule nicht die Regel, aber sie kommen doch täglich so oder ähnlich vor. Schwierige Schüler wie L. sind häufig, besonders in den Schulen in den städtischen

Ballungszentren. Seine Einschätzung von Schule und Lehrern ist weitverbreitet.

Er erfährt die Schule als Kampfplatz, nicht als Feld gemeinsamer Arbeit. Das ist verständlich, denn er hat dort Niederlagen erlitten. Er ist zweimal sitzengeblieben. Der Lehrer, der auftaucht, ist ein potentieller Feind und Unterdrücker oder ein mögliches Opfer. Er wird gemustert. Dabei spielt seine Erscheinung eine wichtige Rolle. Ist er groß und stark? Könnte er zuschlagen? Dann wird ausprobiert, wie weit man gehen kann. Es wird erwartet, daß der Lehrer hart durchgreift. Tut er das nicht, aus welchen Gründen auch immer, so ist er in Gefahr, selbst unterdrückt zu werden. Setzt er sich zur Wehr, kommt es zur Eskalation wechselseitiger Aggressionen. Dabei ist L. der Held flüchtiger Momente, in denen er sich in den Augen der anderen sonnen kann. Der Höhepunkt der Auseinandersetzungen ist im körperlichen Angriff erreicht. Wenn L., noch zaghaft, den Lehrer angreift, setzt er sich über ein Tabu hinweg, er begeht einen Frevel, er übertritt ein Berührungsverbot.

Es ist verständlich, wenn in diesen Situationen der Ruf nach dem starken Mann laut wird, der Ruhe und Ordnung wiederherstellt wie bei Unruhen. Doch sollten wir vorsichtig sein. An einer Stelle sagt L.: «Mit Gewalt schon gar nicht. Der müßte mich doch unterstützen.» Er gibt den Lehrern die Schuld, weil sie ihm nicht helfen. Er ist selbst hilflos und verlassen. Es müßte jemand hinter ihm stehen, der ihm Halt gibt. Es sind die sozialen Umstände und die Schulverhältnisse, die selbst oft Gewalt sind. Nur zu oft stehen die Lehrer ihr hilflos und verlassen gegenüber, verlassen auch von ihren Vorgesetzten, die weitab von der Front die Erfolge feiern, die andere dort errungen haben.

Zweifellos wird der Leser manchmal schmunzeln. Wenn er Lehrer ist, wird es ihm vielleicht gelingen, zu vergessen, daß er selbst betroffen ist. Er wird dann vielleicht ausrufen: «Zum Totlachen, was sind Lehrer doch für komische Figuren.»

Wie Lehrer sich durchschlagen

Viele Schulen bieten nicht das Bild von Ruhe und Ordnung und fröhlicher Ausgelassenheit. Zwar herrschen oft Ruhe und Ordnung, aber eine erzwungene, gerade hergestellte. Unruhen können jederzeit wieder ausbrechen. In dieser Situation wird das Fehlen von Handlungsanweisungen als großer Mangel empfunden. Jeder Lehrer versucht es auf seine Weise und auf eigene Faust.

Es gibt an jeder Schule Falken und Tauben. Wie überall in der Welt, warum sollte es hier anders sein, haben die Tauben mehr zu leiden als die Falken. Diese sind besser ausgerüstet als jene und schätzen die Situation richtig ein. Schule ist, wie gesagt, oft ein Kriegsschauplatz, auf dem sich

Feinde gegenüberstehen. Jemand, der nicht kämpfen will, verkennt die Situation. Möglicherweise wird er als Schwächling angesehen.

Viele Schüler kommen in die Schule voller Ablehnung. Sie haben dort Niederlagen erlitten, nicht wenige sind geschlagen worden. Zu Hause nörgeln überreizte Eltern ständig und oft grundlos an ihnen herum. Die Mütter klagen, daß ihre Kinder nicht hören. Sie hören tatsächlich nicht mehr.

Daher genügt es nicht, zu beteuern, daß man kein Feind sei, daß man ihre Interessen wahrnehmen wolle, daß man es gut mit ihnen meine. Ein Feind, der alle Waffen fortgeworfen hat und nun erklärt, daß er es gut meine mit seinen Gegnern, ist nur komisch. Vielleicht steckt dahinter eine Finte. Jedenfalls ist er ein Mensch, der nicht ernst zu nehmen ist.

Erscheint ein Falke in der Klasse, so huschen die Kinder an ihre Plätze, das Chaos ordnet sich, und es tritt augenblicklich Ruhe ein. Hingegen wird der Eintritt einer Taube oft überhaupt nicht wahrgenommen. Kinder werden bestraft, wenn sie das erwartete Rollenverhalten nicht zeigen. Es scheint, daß sie ebenso den Lehrer bestrafen, wenn er nicht ihren Rollenerwartungen entspricht. Es kommt nicht selten vor, daß sich Schüler über einen Lehrer beklagen, weil er nicht streng genug sei. Ich habe erlebt, daß sie einen jungen Kollegen voller Wut angeschrien haben: «Sie sind ja gar kein richtiger Lehrer, sie sind ein Deppellehrer. Sie schlagen uns ja gar nicht, sie geben ja keine Strafarbeiten auf.» Sie schrien vor Wut. Es war, als würden sie den Verzicht auf Strafe als den Entzug der Art von Zuwendung empfinden, die sie kannten.

Zwischen Falken und Tauben gibt es kaum Kommunikation. Im Lehrerzimmer sitzen sie an getrennten Tischen. Oft betrachten sie sich mit gegenseitiger Geringschätzung. Die Falken werfen den Tauben vor, daß sie nicht Herr der Lage sind und mit ihren Schülern nicht fertig werden. Die Tauben finden, daß die Falken zu schädlichen Mitteln greifen wie Herabsetzung und Einschüchterung. Sie sehen in ihnen die professionellen Rufer nach Ruhe und Ordnung. Vielleicht denken sie auch an Lehrer, die sie früher selbst hatten und die längst unter der Erde liegen und sie noch immer von Zeit zu Zeit in ihren Träumen heimsuchen. Es erschreckt sie, daß ein Mensch noch als Toter eine solche Macht über andere haben kann.

Kommt es doch zu einem Gespräch, kann man es sich folgendermaßen vorstellen. Die Taube weist darauf hin, daß der Schüler, der im Unterricht Schwierigkeiten macht, zu Hause kein eigenes Bett habe, woraufhin der Falke erklärt, das sei zwar bedauerlich, dürfe aber nicht ins Gewicht zugunsten des Schülers fallen, da dieser ja während des Unterrichts keines benötige, er sei schließlich nicht zum Schlafen in der Schule.

Die Taube fragt nach den Gründen des Verhaltens, während der Falke es als Tatsache begreift und von den Ursachen abstrahiert. Die Taube ist bereit, vieles zu entschuldigen, sie sieht sich als Therapeut, kann diese

Rolle aber oft nicht durchhalten. Der Falke entschuldigt nicht, er fordert, macht damit oft noch mehr kaputt, legt aber manchmal im Schüler einen verschütteten Kern von Selbstbestimmung frei.

Die Falken gehören in der Regel den älteren Jahrgängen an. Das bedeutet nicht, daß sie langsam aussterben. Vielmehr ist dies die Folge der schrecklichen Verwandlung von Tauben in Falken. Sie kann Jahre dauern, aber manchmal genügt eine Woche. Nichts ist verblüffender als der plötzliche Wutanfall einer Taube. Ich kenne einen jungen Lehrer, einen sanftmütigen Menschen, der seit kurzem eine Taschenuhr trägt. Seine Armbanduhr zerschellte bei einem plötzlichen Wutanfall am Katheder.

Diese Wandlung ist traurig, aber verständlich. Lehrer machen ihre Klassen, und sie werden von ihren Klassen gemacht. Die Situation kann sich auf die Frage zuspitzen: «Wer macht wen fertig?» Wie oft habe ich den Satz gehört: «Entweder die oder ich!» Lehrer sprechen oft vom Überleben. Sie haben noch viele Jahre vor sich, ehe sie in den Ruhestand treten.

Was sollte man in dieser Situation tun? Meiner Ansicht nach sollte der Lehrer einige im Grunde leicht einsichtige Gebote aufstellen, zum Beispiel den anderen ausreden lassen, Streitigkeiten verbal lösen. Er wird häufig erfahren, daß diese Gebote nicht schon deshalb eingehalten werden, weil sie vernünftig sind. Oft fruchten Appelle an die Einsicht allein nicht. Er muß also die Gebote mit Strenge durchsetzen. Er muß versuchen, in der Gruppe immer mehr Schüler zu finden, die diese Gebote annehmen. Zunächst werden es die Stillen und Angepaßten sein, die ohnehin keine Schwierigkeiten bereiten. Von ihnen sagte S., sie würden als Erwachsene, wenn es um eine Mieterhöhung ginge, diese zwar nicht billigen, aber doch ohne weiteres zahlen.

Wir haben ein Spiel vom Überleben gemacht. Zehn Personen sitzen in einem lecken Boot. Damit es über Wasser bleibt, muß einer nach dem anderen über Bord gehen. Wer es jeweils ist, entscheiden die Übriggebliebenen durch Diskussion. Jeder darf zuvor einen Beruf auswählen, von dessen Wichtigkeit er in dieser Situation überzeugt ist. Die Lauten entschlossen sich zu Berufen wie Kapitän und Steuermann, die Stillen wurden Krankenschwester und Krankenpfleger. Sie gingen fast ohne Widerspruch über Bord. Lieber sprangen sie freiwillig ins Wasser, als mit diesen Teufeln noch länger in einem Boot zu sitzen. Übrigens überlebte der Pfarrer, der immerfort ausgerufen hatte: «Und wer soll für euch beten, ihr armen Seelen!»

Man sollte ihnen Selbstvertrauen geben, damit sie sich gegen die Störungen, unter denen im Grunde alle leiden, zur Wehr setzen, ja, der Druck muß vielleicht bis zu einem gewissen Grad von der Gruppe gegen jene gekehrt werden, die ihn heute ausüben. Mit diesen sollte man viele persönliche Gespräche führen, um sie zu ermutigen.

Ein erträgliches Klima in einer Klasse wird sich nur in dem Maße einstellen, wie es gelingt, die Aggressionen zwischen den Schülern abzubauen. Oft sind sie viel verheerender als die zwischen Schülern und Lehrern. Ich könnte viele Beispiele angeben, beschränke mich aber auf eines. Eines Tages flog ein Schwarm Vögel am Fenster vorbei.

A.: Das sind Vögel.

B.: Wohin fliegen die denn?

A.: Nach Afrika.

B. (läßt sich wiehernd vor Lachen mit dem Oberkörper auf die Bank fallen): Zugvögel! Im Dezember!

C.: Das sind Raben!

D.: Krähen sind das!

C.: Raben!

D.: Krähen! Ist der blöd.

E.: Raben gibt es doch gar nicht in Deutschland.

C.: Ist der blöd. Klar gibt es Raben.

E.: Halt doch den Mund, du Arschloch!

C.: Mit dir rede ich doch gar nicht, du Rindvieh.

E.: Schau dich doch selbst mal an, du Rindvieh.

C.: Von dir laß ich mich nicht Rindvieh nennen.

E.: Leck mich doch am Arsch.

Die Vögel waren längst davongeflogen, niemand dachte mehr an sie, aber die Schüler hackten aufeinander ein – wie Raben oder Krähen. Manchmal glaube ich, daß sie, indem sie ihre Kameraden verächtlich machen, in Wahrheit sich selbst meinen und daß die gegenseitigen Beschimpfungen nur Ausdruck tiefsitzender Minderwertigkeitsgefühle sind. Wenn es gelingt, den anderen kleiner zu machen, wird man selbst etwas größer. Die Konkurrenz, der Kampf, geht auch ums Selbstwertgefühl, um Identität – vor allem in einer Schulform, die von den Schülern vielleicht doch als «Restschule» empfunden wird.

Unterricht

Damit Unterricht stattfinden kann, müssen mindestens vier Bedingungen erfüllt sein. Es müssen Schüler dasein, es muß ein Lehrer dasein, es muß ein Thema geben, und es muß ein Ziel ins Auge gefaßt werden. Fehlen die Schüler, sie sind vielleicht zur falschen Zeit bestellt worden, findet kein Unterricht statt. Das kommt selten vor. Wenn der Lehrer fehlt, fällt der Unterricht aus. Das kommt häufig vor. Ohne bestimmtes Thema kann sich ein interessantes Gespräch entwickeln. Das Kennzeichen eines Gespräches ist es, daß man nicht weiß, wohin es führt. Solche Stunden sind unbedingt nötig. Aber es ist wohl klar, daß damit auf die Dauer kein Unterricht zu bestreiten ist. Also braucht man ein Unterrichtsthema. Das Thema wählt man in Hinblick auf ein Ziel aus, das damit erreicht werden soll. Durch den Stoff soll der Schüler eine bestimmte Qualifikation erwerben. Normalerweise läuft Unterricht so ab. Der Lehrer will mit seinen Schülern anhand eines Stoffes ein bestimmtes Ziel erreichen.

Dieses Modell ähnelt jenem sehr, mit dem Aristoteles die Herstellung eines Gebrauchsgutes beschreibt. An der Herstellung sind vier Ursachen beteiligt: causa efficiens, causa materialis, causa formalis und causa finalis ... Da ist zunächst der Hersteller, ohne den nichts zustande kommt. Er will etwas herstellen, das einem bestimmten Zweck dient, zum Beispiel eine Obstschale. Er muß eine klare Vorstellung vom Aussehen der Schale haben. Diese Form bildet er dem Material ein.

Fällt das Herzustellende ungenügend aus, so können eine oder mehrere Ursachen daran schuld sein. Die Ungeschicklichkeit des Herstellers, das Verfehlen des Ziels, die unklare Vorstellung über die Form, die Ungeeignetheit des Materials.

Ähnlich ist es, wenn der Unterricht nicht gelingt. Auch hier kann es eine oder mehrere Ursachen geben. Es kann an der Ungeschicklichkeit des Lehrers, aber auch an der Ungeeignetheit der Schüler liegen. Die Ursache kann aber auch ein falsch gewähltes Bildungsgut oder ein falsch, nämlich zu hoch oder zu niedrig angesetztes Ziel sein.

Lehrer sind häufig geneigt, wenn Unterricht nicht gelingt, die Ursache nicht bei sich selbst, sondern bei den Schülern und ihrer Dummheit und Uninteressiertheit zu suchen. Sie haben eben schlechtes «Schülermaterial». Sofern aber der Lehrer verantwortlich ist für die Wahl von Stoff und Ziel und deren Angemessenheit an die Schüler, ist er oft selber schuld.

So also läuft, glaube ich, Unterricht in der Regel ab und muß so ablaufen. Wenn es aber richtig ist, daß dabei Kategorien der Naturbeherrschung, und das Herstellen eines Gebrauchsdinges ist ja eine Weise der Naturbeherrschung, auf menschliche Verhältnisse übertragen werden, liegt darin eine Gefahr. Sie ist dort geringer, wo Subjekt und Objekt eins sind, also die Schüler und ihre Probleme selbst Thema des Unterrichts werden. Indem sie sich auf sich selbst beziehen und besinnen, kommt in den Unterricht ein Moment der Selbstreflexion. Unterricht wird dann zur Unterrichtung, zur Aufklärung. Das Ziel ist in der Regel: Analyse der Verhältnisse, Wille, sie zu verändern, Einsicht in die eigenen Möglichkeiten. Diese Unterrichtsweise ist sehr schwer, da sie viel Takt erfordert, dessen wir oft nicht fähig sind. Daher mißlingt sie oft. Die Studenten, die zu mir in das Praktikum kamen, können davon ein Lied singen.

Ich mußte oft an das platonische Höhlengleichnis denken. Leute betrachten die Schatten von Dingen, die an ihnen vorbeigetragen werden, in ihrem Rücken. Dieses Bild entspricht genau dem Fernsehen. Viele Jugendliche sind geradezu an den Sender angeschlossen, sonntags rund um die Uhr. Sie betrachten nicht die Wirklichkeit und die Dinge selbst, sondern eine vorgespiegelte Wirklichkeit und die Bilder der Dinge. Nun kommt jemand, um sie darüber aufzuklären, von oben herab. Natürlich hat er es schwer. Wo es am dunkelsten ist, ist es am schwierigsten, Licht hinzubringen. Die Leute sind kaum ansprechbar. Sie sind gefesselt und können sich kaum bewegen. Sie haben Probleme und wollen nicht schon wieder von Problemen hören. Ihre Lage ist unbequem, und sie wollen nicht daran erinnert werden. Sie versuchen, es sich so bequem wie möglich zu machen. Die Bilder lenken sie wenigstens ab. Das bißchen, was sie haben, wollen sie sich nicht von einem Dahergelaufenen mies und madig machen lassen. Sein Schicksal ist bekannt.

Die Schüler wollen verständlicherweise nicht von einem Fremden belehrt werden, daß ihre Lage und ihre Aussichten schlecht sind. Sie wissen es wahrscheinlich besser, aber wer hört es schon gern, auch wenn es der Wahrheit entspricht? Sie wollen nicht hören, daß sie benachteiligt sind, vor allem von denen nicht, die es nicht oder weniger sind. Sie empfinden es als Reden von oben herab, als Sprache der Herabsetzung und Geringschätzung. Die Themen lassen kaum Möglichkeiten zu positiver Identifikation. Man müßte viel häufiger Stoffe wählen, an denen sich zeigen läßt, wie Leute in schwierigen Situationen sich selbst geholfen haben.

Ein weiterer Grund für die Ablehnung, auf die Unterrichtende oft stoßen, ist meiner Ansicht nach eine falsche Art von Parteilichkeit. Natürlich hat ein Lehrer von einem Problem bestimmte Überzeugungen. Wenn er es jedoch einseitig darstellt, merken die Schüler die Absicht und sind verstimmt. Sie nehmen dann oft gerade die Gegenposition ein. Es ist meiner Ansicht nach nicht Sache des Lehrers, die Schüler von einer Meinung, die er von einem umstrittenen Gegenstand hat, zu überzeugen, sondern er sollte die Sache in allen Aspekten so darstellen, daß die Schüler sich eine Meinung bilden können. Er sollte auf jeden Fall den Gegner stark machen, das heißt die Gegenposition so darstellen, wie es ihre besten Vertreter tun würden, denn so schützt er sich selbst am besten vor Irrtum. Versäumt er es, so werden seine Schüler schlecht ausgerüstet und bei der nächsten Gelegenheit umfallen. Er sollte darauf vertrauen, daß die Schüler letztlich die Position einnehmen, die objektiv für sie richtig ist.

Im übrigen wissen wir wenig über die soziale Wirklichkeit der Jugendlichen, und gerade ihre Erzählungen sind es, die uns die Augen öffnen können. Wir sind auf diesem Gebiete meistens Lernende.

Ich erfuhr von einem Schüler, daß sein Vater, Bauarbeiter, arbeitslos sei. Ich fragte nach einiger Zeit, ob er Arbeit gefunden hätte. Er hatte, war aber inzwischen ins Krankenhaus eingeliefert worden. Er hatte sich bei der Arbeit eine schwere Fußverletzung zugezogen, sich aber nicht krankschreiben lassen, aus Furcht, bei der nächsten Gelegenheit wieder die Arbeit zu verlieren. Der Fuß wäre beinahe amputiert worden, da er sehr spät behandelt wurde. Können wir da einfach hingehen und sagen: «Eure Lage ist dreckig»?

Das heimliche und durchgängige Curriculum der Schule lautet: Leiste etwas, damit du dir später etwas leisten kannst. Dieses Ziel ist für viele Schüler der Hauptschule nicht sehr ansprechend, da sie sehen, daß das Feld ihrer Möglichkeiten von vornherein beschränkt ist. Im übrigen ist es das dümmste Ziel, das sich überhaupt denken läßt.

Alle Jugendlichen stellen Fragen nach Gott, der Welt, dem Menschen, dem Sinn und der Bestimmung. Einmal habe ich ein Mädchen, das gerade vor sich hinzuträumen schien, gefragt, woran sie denke. Natürlich ist das eine dumme Frage, auf die man gewöhnlich die Antwort erhält: «An nichts.» Sie antwortete jedoch: «Wozu ich da bin.» Diese Antwort liegt nahe, wenn der Unterricht langweilig ist. Es ist auch natürlich, daß Kinder, die oft geschlagen werden, sich fragen: «Wozu bin ich gut, wozu tauge ich?» An der Art ihrer Reaktion, als ich nachfragte, merkte ich jedoch, daß sie etwas anderes meinte: «Wieso ist die Welt da und ich in ihr?»

Kinder und Jugendliche denken natürlich auch über den Tod nach. Das kann eine einfache Form haben. «Schaut die Großmutter, die kürzlich gestorben ist, auf mich herab?» Das Nachdenken über die Endlichkeit wird von uns oft verbunden mit der Gebärde der Resignation. Es wird alles ein Ende haben. Man muß zufrieden sein, das heißt, daß man sich zufriedengibt, und das klingt wie «sich geschlagen geben». Es kann aber auch im Gegenteil das Gefühl wachhalten, daß wir alle, mehr oder weniger, um das Versprechen nach Glück, das das Leben bedeutet, betrogen werden.

Die Fragen nach Gott und der Welt und dem Menschen sind nach meiner Ansicht nicht Fragen, die die Bürgerkinder in einem bestimmten Alter befallen wie ein Fieber, um dann allerdings sehr schnell abgeschüttelt zu werden, weil sie beim Gang der Geschäfte stören. Es sind menschliche Fragen, die irgendwann alle Jugendlichen stellen. In diesem Bedürfnis lassen wir sie im Stich. Da diese Fähigkeit uns verlorengegangen ist, verstehen wir die Fragen nicht mehr, und da wir sie nicht verstehen, können wir sie nicht mehr stellen. Mich beunruhigt das oft.

Wir lernen in der Schule komplizierte Dinge, aber wir lernen nicht, über die einfachsten Dinge nachzudenken. Im Sommer gehe ich manchmal mit den Schülern in der letzten Stunde hinaus. Wir setzen uns ins Gras neben den Sportplatz. Aber ich habe noch nie mit ihnen über das «im Gras sitzen» gesprochen. Bei einer Wanderung gehen wir ein Stück Weg gemeinsam, aber wir haben noch nie über das Gehen gesprochen. Jahrelang stehen wir uns gegenüber, aber noch nie haben wir über das

Gegenüberstehen geredet. Zunächst kann es scheinen, daß hierüber nicht nachgedacht werden kann. Es sind Tatsachen, an denen es nichts zu begreifen gibt. Es ist nichts, worüber man sprechen könnte. Aber das stimmt nicht.

Wir sollten den Mut haben, sehr einfache Gedanken zu denken. Häufig werden es diejenigen sein, mit denen wir uns selbst helfen, um in der Besinnungslosigkeit des Alltags nicht vollkommen unterzugehen. Es können Gedanken sein, mit denen wir versuchen, zu den Erfahrungen von Nähe und Heimat, die wir vielleicht als Kinder hatten und die wir als Erwachsene verloren haben, auf neue und verwandelte Weise zurückzukehren. Wir sollten versuchen, einfache Gedankengänge zu entdecken, was nicht heißt, daß sie leicht zu entdecken wären, auch wenn sie nicht weit führen, und sie müßten an jene Abenteuer anknüpfen, die die Schüler zum Beispiel im Fernsehen bewundern, aber zu ganz anderen Abenteuern führen. Ich will versuchen, ein Beispiel zu geben.

Die Art, wie ein Schüler die Zigarette in den Mundwinkel geklemmt hat, hat er vielleicht einem Cowboy abgesehen, der an der Theke eines Saloons irgendwo im Wilden Westen lehnte, während er eines Abends in einem Kinosessel hockte und sich einen Film ansah, der für Jugendliche verboten war. Wenn wir ins Stadtbad gehen, ich meistens ein paar Schritte voraus, die Schüler mit langsamen, schwingenden Schritten und die Daumen in die Hosentaschen gesteckt, so ist es das Vorbild ungezählter Westernhelden, das insgeheim ihren Bewegungen den Takt gibt: Sieben gegen Chicago, die ins Marienbad gehen, um dort gewaschen zu werden. Bei dieser Gelegenheit habe ich sie aufgefordert, schneller zu gehen. Als einer motzen wollte, sagte ein anderer: «Dagegen kannst du nicht anstinken.» Für einen Augenblick stand er im Mittelpunkt, ein gefeierter Star, ein Sprachschöpfer. In Wahrheit hatte er nur ein Wort auf eine neue Situation angewandt. Am Vorabend war im Fernsehen ein Film gelaufen. Eine Gruppe schlechtbewaffneter Männer stand einem gutausgerüsteten Feind gegenüber, und einer sagte: «Mit unseren Pistolen können wir nicht gegen sein Gewehr anstinken.» Die Filme sind durchaus sprachbildend, und ihr Einfluß reicht bis in die kleinsten Gebärden hinein. Beschreiben wir nun das blutrote Finale eines solchen Films und versuchen, darüber nachzudenken.

Ein Mann reitet hinaus in die Weite der Prärie, um dort zu sterben. Bekanntlich kommen die letzten Dinge zuletzt, und das Wegende liegt am Ende des Wegs. Wie jeder ist er unterwegs zu jenem Ort, der, bis zuletzt unerreichbar, wenn er erreicht ist, endgültig unerrreichbar wird. Man sieht deutlich, daß er nur noch ein Schatten seiner selbst ist, vor allem, wenn man gesehen hat, was er vorher für ein Kerl war, als er raubend und plündernd durch die Gegend zog. Jetzt hängt er wie ein Mehlsack im Sattel. Tatsächlich fällt er in einem bestimmten Augenblick vom Pferd. Das Pferd steht neben ihm und beginnt zu grasen, so, als sei nichts geschehen. Beim Sturz ist ihm der Revolver aus der Hand gefallen, den er bis zuletzt umklammert hatte. Nun liegt er ein paar Zentimeter neben seiner ausgestreckten Hand. Normalerweise wäre es ein Kinderspiel für ihn, danach zu greifen. Jetzt aber stirbt er mit dem Blick auf die fernen blauen Berge, die er am Abend erreicht hätte, wäre ihm nicht eine Kugel dazwischengekommen. Hier endet sein Weg wie in einem Dikkicht. Die Wege, die er noch gegangen wäre, die Gegenden, die sich vor ihm geöffnet hätten, werden nie mehr zugänglich werden und sich nie mehr auftun. Wo also sind sie? Ebenso sind die Dinge in seiner Nähe ihm endgültig entzogen und unerreichbar geworden. Was ist entlegener als der Revolver? Er ist ihm entfallen, nicht wie ein Wort, an das ich mich zu erinnern suche, sondern wie ein Wort, an das ich mich nicht mehr erinnern kann, weil mir entfallen ist, daß es mir entfallen ist. Daher rührt keine Erinnerung mehr daran. Oder kann man sich etwas Entlegeneres denken als die Gegend, in der er liegt? Es ist klar, daß sich die weite Grasfläche mit den Bergen am Horizont nie mehr einstellen wird – sowenig wie Mond und Sonne oder Weihnachten. Was also ist seltsamer als der Ort, wo einer lebt und schließlich stirbt? Man muß sich nur den Toten vorstellen, um es zu sehen. Man sagt, ihm fehle das Leben. Aber was heißt das? Eigentlich fehlt ihm gar nichts, denn er ist ohne Bedürfnis. Er ist selbst der Fehlende, ohne den die Dinge sich kein Stelldichein geben. Sie können sich nicht begeben und um ihn versammeln, weil niemand da ist.

Er liegt in einer Gegend, aber nichts ist entlegener als die Gegend, in der er liegt. Indem er in das Reich der Dinge zurückgekehrt ist, ist er doch anderes als das Gras oder ein Stein, nämlich die Erinnerung an das verschollene Land, in dem er zu Haus war, und an die Wege, die sich unter seinen Schritten öffneten.

Durch diese Überlegung sollen die Dinge, die wir sonst gedankenlos anfassen und begreifen, unfaßbar und unbegreiflich und wir in einen Zustand der Entrücktheit versetzt werden. Es sind hier verschiedene Elemente einer Besinnung beisammen: der Verlust der Orientierung und der Versuch, sich neu zu orientieren. In dieser Situation fragt man sich: «Wo sind wir?»

Nun sitzen wir auf dem Gras und sehen dem dicken, kurzatmigen Platzwart zu, der die Mähmaschine über den Platz schiebt, die einen großen Lärm macht. Niemand fragt sich bei dieser Gelegenheit, wo wir sind. Wir sitzen auf dem Gras neben dem Sportplatz, der in dieser Stadt liegt, die Stadt liegt in Deutschland, Deutschland in Europa, Europa ist ein Erdteil, die Erde ein Stern in der Welt. Das alles ist uns vertraut, ohne daß wir daran denken müssen. Ganz davon abgesehen, daß wir gar nicht wirklich fragen, würde der Sinn der Frage verfehlt, wenn wir uns mit einer Ortsangabe zufriedengeben würden.

Damit wir die Frage wirklich stellen können und in eine Bewegung des

Fragens geraten, müssen wir aus dem vertrauten Rahmen der Welt und gewissermaßen aus allen Wolken fallen. Wir müssen also das Nächstliegende wie das Gras zugleich als das Entlegenste begreifen. Daher haben wir die Vorüberlegung über den Toten gemacht. Denn der Tote ist ja die härteste Verweigerung von Nähe, wo diese wieder geheimnisvoll wird.

Wo sind wir? Wo ist das Gras, das wir anfassen? Wo ist der Boden, auf dem wir stehen? Wie gesagt, mit einer Ortsangabe geben wir uns nicht zufrieden. Dann entziehen sich aber die Fragen der Beantwortung, und die Suche bleibt ergebnislos. Deshalb werden sie jedoch nicht sinnlos. Sie nehmen eine andere Richtung und bekommen einen anderen, neuen Sinn. Der Fragende wird zurückverwiesen an sich selbst. So eröffnet die Frage die Möglichkeit, neu zu erfahren, wo wir sind und wozu wir da sind. Gemeint ist also keine Ortsbestimmung, sondern eine Bestimmung des Menschen und eine Einstellungsänderung, keine Angabe, wo wir uns befinden, sondern die Möglichkeit, sich in einer veränderten Welt auf neue Weise aufzuhalten.

Derartige Überlegungen, sie mögen aber auch ganz anders verlaufen, halte ich für unbedingt nötig. Vielleicht bekommen Worte wie «Heimat» und «Ehrfurcht» dann einen Sinn. Ich sehe jedoch, daß das Nachdenken gegenwärtig in der Schule kaum eine Chance hat. Die Besinnungslosigkeit des Unterrichtens und die Ruhe des Nachdenkens sind kaum zu vereinbaren. Der Leser hat auch schon mehrmals den Kopf geschüttelt und seine Einwände formuliert. Sie laufen, soweit ich sehe, auf zwei hinaus.

Erstens: Solche Versuche, wenn sie überhaupt verständlich sind, lenken die Schüler nur von ihren wirklichen Problemen ab. Es sind weltflüchtige Gedanken.

Hier ist vorentschieden, was «wirkliche Probleme» sind. Außerdem sollen diese Gedanken gerade Welt sehen lassen.

Tatsächlich jedoch betrifft die Einstellungsänderung keinen bestimmten Bereich, etwa die Einstellung gegenüber den Gastarbeitern. Gemeint ist keine kritische Einstellung, so wichtig sie ist, sondern eine grundlegendere und weitreichendere. Verändert wird die Welt auch durch Interpretation, und der Aufstand gegen die gewöhnliche Ansicht der Dinge wird mit Worten gemacht.

Zweitens: Das Nachdenken taugt für «die Masse» nichts. Es ist zu hoch.

In diesem Urteil wird «die Masse» diskreditiert. Vielleicht jedoch taugt das Nachdenken nichts, wenn es für die Masse nichts taugt? Dann müßte man versuchen, die Gedanken möglichst sinnlich und konkret auszusprechen, was sehr schwierig ist, damit sie für viele verständlich werden.

Schließlich: Welche Abstraktionsfähigkeit, unnötigerweise, wird gefordert, um das «Gesetz betreffend die Abzahlungsgeschäfte» beispielsweise zu verstehen, das für viele sehr wichtig ist.

Dort heißt es:

§ 1: «Hat bei dem Verkauf einer dem Käufer übergebenen beweglichen Sache, deren Kaufpreis in Teilzahlungen berichtigt werden soll, der Verkäufer sich das Recht vorbehalten, wegen Nichterfüllung der dem Käufer obliegenden Verpflichtungen von dem Vertrage zurückzutreten, so ist im Falle dieses Rücktritts jeder Teil verpflichtet, dem anderen Teil die empfangenen Leistungen zurückzugewähren. Eine entgegenstehende Vereinbarung ist nichtig.» (Aus: Unsere Sprache, Sprachbuch für Schulen, 9. Schuljahr.)

Theater

Gewöhnlich werden Texte im Deutschunterricht zuerst gelesen und dann besprochen. Das Besprechen ist oft sehr mühsam. Die Schüler sehen nicht ein, weshalb sie die Texte noch interpretieren sollen. Sie verstehen nicht, warum der Lehrer fragt. Sie stellen sich selbst die Fragen nicht, die der Lehrer stellt. Deshalb suchen sie nicht nach einer Lösung.

Ich versuchte daher, wo es möglich war, dieses mühselige Verfahren durch das Spielen des Textes zu ersetzen. Diese Methode bietet sich bei Theaterstücken ohnehin an, ist aber auch bei vielen Lesestücken möglich, die sich dramatisieren lassen. Die Darstellung eines Textes durch Spiel wird ebenfalls Interpretation genannt, doch ist daran der ganze Körper beteiligt, nicht nur der Kopf. Sie bewahrt den Kindern die Unbefangenheit oder befreit sie von jener Befangenheit, die die meisten von uns verspüren, wenn sie aufgefordert werden, etwas frei zu spielen. Nicht wenigen Schülern gelingt es, was sie in Worten nicht ausdrücken können, durch Mimik und Gestik auszudrücken. Es kommt auch vor, daß jemand das Spiel nicht ernst nimmt, sondern lächerlich macht und damit zum Spielverderber wird, doch ist das eben der Ausdruck seiner Befangenheit.

Anstatt über den Text zu sprechen, versuchten wir also, ihn gut und richtig zu sprechen und zu spielen. Anstatt nach der richtigen Bedeutung zu suchen, suchten wir die richtige Darstellung. Wir fragten nicht nach dem Charakter einer Person, sondern versuchten, ihn im Spiel auszudrücken, und der richtige Ausdruck war der Beweis für das richtige Verständnis.

Nun kann man im Spiel nur das darstellen, was man zuvor verstanden hat. Versteht zum Beispiel jemand nicht, daß an einer Stelle Trauer auszudrücken ist, so kann er sie auch nicht ausdrücken. Die Korrektur einer unangemessenen Auffassung kann durch Vorspielen erfolgen. Oder man beginnt, über den Text zu sprechen, ihn also in der üblichen Weise zu interpretieren, doch entsteht das Gespräch zwanglos und wie selbstverständlich, da es einem Zweck dient, dem Spiel. Warum man spielt, braucht in der Regel nicht weiter begründet zu werden, wie man auch nicht erst zum Ballspielen auffordern muß, mit dem Hinweis, daß es der Gesundheit dient.

Mit einigem Erfolg machten wir also das Spiel, das sonst nur als Nachspeise nach einer nicht sehr schmackhaften Mahlzeit angeboten wird, zum Hauptgericht. Wir verwandelten das Klassenzimmer aus einem müde sich dahinschleppenden Seminar in eine Bühne, und aus sehr unvollkommenen Literaturwissenschaftlern wurden unvollkommene Schauspieler. Dadurch veränderte sich auch das Klima, und es entstand jene Natürlichkeit, Freundlichkeit und Leichtigkeit des Umgangs, die sich meistens nur einstellt, wenn man die Schüler außerhalb der Schule trifft, zum Beispiel bei einem Landschulaufenthalt.

Ich ging nun einen Schritt weiter und begann, selber Stücke zu schreiben. Bei einigen waren die Schüler bei der Entstehung beteiligt. Das geschah auf zwei Weisen. Entweder wurden Handlungsablauf und Inhalt gemeinsam gefunden, etwa in einem Rollenspiel. Das Rollenspiel wurde auf Tonband aufgenommen und dann schriftlich fixiert und überarbeitet. Oder wir gingen umgekehrt vor. Ich schrieb zuerst das Stück, gab es den Schülern zu lesen, ließ sie es frei nachspielen und überarbeitete es danach.

Zunächst machte ich mir nur wenig Gedanken über die Art der Texte. Wir hatten jedoch mit Gewinn und Spaß Stücke des neuen Kindertheaters gelesen («Doof bleibt doof» und «Ein Fest für Papadakis» vom Grips-Theater West-Berlin), und mir war dessen Absicht bekannt. So äußert sich die Gruppe «Birne», West-Berlin: «Die Stücke schreiben wir selber. Wir reden und spielen viel mit Kindern, weil wir in unseren Stücken von den konkreten (Lebens-)Erfahrungen der Kinder ausgehen. Indem wir diese Situationen spielen, ergibt sich für die Kinder und uns die Möglichkeit, Zusammenhänge zu hinterfragen und bessere Handlungsmöglichkeiten zu überlegen.» Diese Beschreibung dürfte auf viele andere Gruppen zutreffen.

Mir fiel auf, daß unsere Stücke nicht in der Zielsetzung, aber im Ausgangspunkt anders waren. Wir gingen nicht von den Lebensverhältnissen der Schüler aus, sondern von Themen aus dem Geschichts-, Deutsch-, Mathematikunterricht. Aus der unendlichen Fülle von Unterrichtsstoffen wählte ich bestimmte aus. Ich glaube, daß ich mich dabei unbewußt nach dem «exemplarischen Prinzip» richtete. An einem besonderen Fall sollte etwas Allgemeingültiges gezeigt werden.

Ziel war zunächst nur das bessere Verständnis und die genauere Beherrschung eines Themas durch Erarbeiten und Spielen eines Stücks, das dieses Thema behandelt. Das Stück, meistens in einer fremden Welt spielend, sollte schließlich ein Interpretationsmuster liefern, mit dessen Hilfe man die eigene Welt besser erkennen konnte. Daher war auch nie die Aufführung das Ziel, sondern durch Spiel sollte etwas gelernt werden. Ohne daß ich viel davon wußte, erfüllten wir, glaube ich, einige Bedingungen der Brechtschen Lehrspieltheorie.

Da wir nicht von den konkreten Lebensverhältnissen ausgingen, sondern von Unterrichtsthemen, spielten die Stücke in der Regel nicht hier und heute, sondern an fernen Orten und zu fernen Zeiten: auf der Erde und auf dem Mond, in China, Persien, Baden und Augsburg; im Altertum, zu Beginn der Neuzeit. Häufig beruhten sie auf Texten: Märchen, Erzählung, Philosophie- und Sachbuchtext.

Mir lag viel daran, daß sich die Schüler mit Personen identifizieren konnten, die in eine schlimme Lage gekommen waren oder sich daraus befreiten durch Mut und List. Die Personen waren auf der einen Seite Sklaven, Arbeiter, Bauern, Spitzbuben, Kinder, auf der anderen Seite Intellektuelle, Kaiser, Höflinge, ehrbare Bürger, Polizisten, Erwachsene.

Wie gesagt waren die Stücke Muster, um die eigene Welt besser interpretieren zu können. Sie handelten von den Problemen anderer, um die eigenen klarer zu erkennen. Doch hatte ich Scheu, Parallelen zu ziehen, solange sie nicht von den Schülern gezogen wurden.

Ich gebe nun einige Beispiele.

Sokrates und die Sklaven

Wir behandelten im Geometrieunterricht das Quadrat. Ich erinnerte mich, daß in dem Platonischen Dialog «Menon» eine Unterrichtsstunde beschrieben wird. Sie wird oft dazu herangezogen, um die mäeutische Technik des Sokrates zu erklären. Ferner ist sie ein glänzendes Beispiel für die Problematisierung eines Gegenstandes, wodurch die Suche nach der Lösung stimuliert wird.

Sokrates befragt einen Sklavenjungen nach der Verdoppelung eines Quadrats. Dieser findet nach mehreren Fehlversuchen die Lösung. Man muß ein Quadrat über der Diagonalen errichten.

Diese Stunde wiederholten wir fast wörtlich. Ich fragte wie Sokrates in dem Dialog, und die Schüler antworteten tatsächlich wie damals der junge Sklave.

Sie waren erstaunt, als ich ihnen erklärte, daß die Stunde, die wir eben abgehalten hatten, wahrscheinlich vor 2500 Jahren fast genauso stattgefunden hatte. Ich erzählte ihnen einiges über Sokrates. Er sei ein Mensch gewesen, der die Leute befragt habe, was die Tapferkeit, Gerechtigkeit, Anständigkeit usw. seien. Dann zeigte ich ihnen, daß das Vorgehen von Sokrates in der Unterrichtsstunde hinterhältig gewesen ist. Es ging ihm ja nicht darum, dem Sklavenjungen Geometrieunterricht zu erteilen. Indem er ihn nicht belehrte, sondern nur ausfragte, wollte er dem Menon zeigen, daß er alles Wissen aus sich selbst schöpfte, Lernen also ein Wiedererinnern sei an ein schon Gewußtes, nur Vergessenes. Da der Sklavenjunge nicht Geometrie konnte, mußte er sein Wissen nicht in diesem Leben, sondern in einem Leben vor dem Leben erworben haben. Daraus zog Sokrates den Schluß auf die Unsterblichkeit der Seele. Allerdings unterrichtete er den Sklavenjungen davon nicht.

Dann las ich aus einem Buch über die Lage der Sklaven in Griechenland vor. Wir erfuhren, daß etwa die Hälfte der Bewohner von Attika Sklaven waren, daß man sie als Arbeiter in den Bergwerken und auf den Feldern gebrauchte, daß man ihnen oft die Füße zusammenband, um sie am Fortlaufen zu hindern, daß sie aber trotzdem zu Tausenden davonliefen, wenn sich die Gelegenheit bot, zum Beispiel während eines Krieges, daß ein ständiger Streitpunkt zwischen den griechischen Stadtstaaten die Auslieferung entflohener Sklaven war, daß die Sklavenhalter oft Bürgerwehren bildeten, um sich vor den Sklaven zu schützen, daß diese verkauft, aber nicht getötet werden durften und daß ihre Situation besser war als die der Sklaven später in Rom.

Damit lag der Ablauf des Stückes nah. Den Mittelteil bildete der erwähnte Ausschnitt aus dem Plato-Dialog, die Unterrichtsstunde, nur etwas verkürzt und vereinfacht. Sie sollte in einem gepflegten Garten spielen, in dem drei Sklaven, darunter der Sklavenjunge, arbeiten. Sie sollen Menon und Sokrates sehen können, über diesen sich unterhalten und von ihm gerade soviel wissen wie die Schüler.

Den Verlauf ihrer Unterhaltung fanden wir in einem Rollenspiel und einem Unterrichtsgespräch heraus. Dabei wurden die bekannten Einwände von Handarbeitern gegenüber Kopfarbeitern vorgebracht: daß diese geschwollen daherreden, im Grunde nichts tun, oder, falls sie doch etwas tun, es nur könnten, weil jene für sie arbeiten. Als Widerspruch wurde empfunden, daß Sokrates über die Anständigkeit und Tapferkeit und Gerechtigkeit redet, ohne die Ungerechtigkeit zu sehen, die er vor Augen hat. Schließlich wurde erkannt, daß er die Sklaven, die Hälfte der Einwohner von Athen, nicht befragt, ob sie etwas wüßten. Vielleicht gibt es ein Wissen, das nur die Sklaven besitzen.

Nun wird der Sklavenjunge zu Sokrates und Menon heraufgerufen. Die Unterrichtsstunde läuft ab.

Er kehrt glückstrahlend zurück, Sokrates hat mit ihm gesprochen, außerdem hat er erlauscht, daß er eine unsterbliche Seele hat. Er erzählt den beiden anderen, was er gelernt hat. Einer der Sklaven macht ihm klar, daß so, wie die Zeichnung Mittel war, ihm die Verdoppelung des Quadrats zu zeigen, er nur Mittel war, um dem Menon die Unsterblichkeit der Seele zu beweisen. In einem Dialog, der die Unterrichtsstunde parodiert, wird nun gezeigt, daß es ein Wissen gibt, das nur die Sklaven besitzen, nicht, weil ihre Seelen unsterblich, sondern weil sie Sklaven sind. Thema ist nicht die Verdoppelung eines Quadrats, sondern die Verdoppelung der Anzahl der Freien. (Wir ließen absichtlich außer acht, daß nur ein Teil der Nichtsklaven Freie waren.) Nach langem Hin und Her findet der Sklavenjunge die Lösung: Freilassung der Sklaven. Es taucht die Vision einer Welt ohne Sklaven auf. Alle Sklaven, die ihre Fesseln lösen und fliehen, suchen im Grunde nach dieser Welt, ob sie es wissen oder nicht. Sie ist für Sokrates und die Athener etwas Undenkbares, da sie in ihrer Welt befangen sind. Das Allgemeine ist bei den Unterdrückten aufbewahrt.

Der mondsüchtige Kaiser (Persisches Märchen)
Der Kaiser von Persien will unbedingt auf den Mond. Er befiehlt dem Hofschreiner und dem Hofarchitekten, einen Turm zu errichten, auf dem er hinaufsteigen kann, sonst müßten sie sterben. Die beiden kommen auf die Idee, den Turm aus Fertigteilen zu bauen. Alle Kisten im Land werden von den Soldaten beschlagnahmt und von den Bauern, denen sie gehören, in die Hauptstadt getragen. Das Volk errichtet den Turm, und in einer Vollmondnacht steigt der Kaiser hinauf. Da er aber ein sehr kleiner Mann ist, erreicht er den Mond nicht, obwohl er sich auf die Zehenspitzen stellt. Er will, daß man ihm noch eine Kiste bringt, aber im ganzen Land ist keine mehr aufzutreiben. In seiner Wut befiehlt er, die unterste Kiste wegzuziehen, damit er sie oben ansetzen kann. Das wird gern getan. Der Turm stürzt zusammen und begräbt den Kaiser unter sich. Ein alter Mann sagt: «Es ist schlimm, wenn kleine Kaiser süchtig nach dem Mond sind und im Land die letzte Kiste fehlt.»

Hier endet das Märchen. Wir spielten es und führten es fort. Ein neuer Kaiser, der Sohn des alten, wird eingesetzt. Die Bauern dürfen nicht nach Hause, sondern müssen einen neuen Turm errichten. Mit seinem Hofstaat steigt der Kaiser hinauf. Zwei Diener tragen die Picknickkörbe und heben die Gesellschaft auf den Mond, den sie selbst nicht betreten dürfen. Sie müssen auf der obersten Plattform warten.

Im Klassenzimmer ersetzen Tisch und Stuhl den Turm. Zwei Schüler spielten die Träger, die anderen Anhänger und Gegner des Kaisers. Die Schulranzen waren die Kisten. Text und weiterer Verlauf waren unbekannt und sollten im Spiel erfunden werden.

Die Träger besannen sich, bauten den Turm ab, stiegen dabei herab und trafen unten auf den Zorn der Monarchisten und Jubelperser, die aber vom Volk beiseite geschoben wurden. Auf ihnen lag nun die schwere Aufgabe der Neuverteilung. Würden sie selbst nach den größten Kisten greifen oder absichtlich auf den kleinsten sitzen bleiben? An einem solchen Moment ist sicher die Schwierigkeit einer Neuordnung der Dinge, die Gefahr des Chaos und der Errichtung des alten Zustands, deutlicher zu zeigen als in einem bloßen Gespräch.

Wir wollten dann sehen, wie ein Kaiser sich verhält, der nicht bloß abgesetzt, sondern auf dem Mond abgesetzt ist. Die Schüler machten verschiedene Vorschläge, die vom Fallschirmabsprung bis zum Selbstmord gingen. Schließlich fanden wir folgende Lösung:

Hüpfend wie ein Känguruh bewegt sich der Kaiser mit seinem Hofstaat auf dem Mond fort bis zu einer Stelle, an der sie rasten. Nacheinander schickt er seine Höflinge aus, damit sie nach den Trägern sehen. Fassungslos kehren sie zurück, wagen aber nicht, dem Kaiser die Wahrheit zu sagen. Der beobachtet durch ein Fernrohr das Geschehen auf der Erde. Langsam dämmert ihm die Einsicht, daß er abgesetzt ist, und er schickt die Höflinge in die Wüste. Er bleibt allein zurück mit seinem Hofnarren, der ihm hin und wieder die Wahrheit sagen darf, denn dazu ist er angestellt. Der Kaiser wird reduziert auf seine Armseligkeit. Seine Krone ist eine lächerliche Kopfbedeckung, sein prächtiger Mantel ein Karnevalskostüm. Er ist ein Herrscher ohne Janitscharen, entkleidet seiner Würden und Insignien. In halbem Wahnsinn verbannt er sein Volk, das seiner nicht würdig sei.

Die Wette (nach Johann Peter Hebel)
Geschichten von Hebel sind ein fester Bestandteil unserer Lesebücher. Darunter sind auch jene vom Zundelfrieder und Zundelheiner, allerdings nicht so häufig. Vielleicht hält man sie für pädagogisch bedenklich. Auch Hebel scheint die tiefe Sympathie, die er für die beiden Spitzbuben hegt, die ständig die Obrigkeit und die ehrbaren Bürger auf den Arm nehmen, manchmal erschreckt zu haben. So schreibt er wie zur Entschuldigung: «Der Zundelfrieder stiehlt nie aus Not oder aus Gewinnsucht, oder aus Liederlichkeit, sondern aus Liebe zur Kunst und zur Schärfung des Verstandes.»

Die Geschichten eignen sich sehr gut für das Theater, denn sie sind voller Aktionen. Doch haben sie noch einen Hintergrund, auf dem Zundelfrieder und Zundelheiner als Menschen erscheinen, die viel über die Wahrheit nachgedacht haben. Ihre Streiche gelingen ihnen auf zweierlei Weise. Wenn sie sich zu erkennen geben, wird ihnen nicht geglaubt, wenn sie sich verstellen, wird ihnen geglaubt. Die ständige Vertauschung von Sein und Schein macht die Geschichten ebenfalls für das Theater geeignet.

Zunächst spielten wir die einzelnen Episoden, doch ergibt ihre Aneinanderreihung noch kein Stück. Also war eine durchgehende Handlung zu erfinden.

Die beiden brechen aus dem Zuchthaus aus. Frieder will es fortan mit der Ehrlichkeit versuchen, sein Bruder warnt ihn davor, da er damit nicht weit kommen wird. «Im Gegenteil», sagt jener, «ehrlich währt am längsten», und versucht seinerseits, den Heiner zu überreden, die Verstellung aufzugeben. Da keiner von seinem Standpunkt lassen will, schließen sie eine Wette ab. Falls Frieder ohne Verstellung über die Grenze kommt, soll Heiner die Verstellung aufgeben. Wenn Heiner durch Täuschung über die Grenze gelangt, soll Frieder von der Ehrlichkeit lassen. Offenheit und Verstellung sind den beiden nicht als Charakterzüge, sondern als Methoden mitgegeben.

Nach dem Ausbruch trennen sich ihre Wege. Abwechselnd wird nun gezeigt, wie Frieder beziehungsweise Heiner jene Abenteuer bestehen, die Hebel beschreibt. Sein Text wird weitgehend beibehalten. Alle zwei bis drei Szenen treffen die Brüder wieder aufeinander. Nach einem irren Reigen von Verwandlungen, ganz ähnlich wie in einer Verwechslungskomödie, gelangen sie schließlich, jeder auf seine Weise, über die Grenze und treffen sich dort. Nacheinander wurde Frieder für einen Geheimrat, einen gewöhnlichen Hühnerdieb, einen Polizisten, einen Zollbeamten gehalten; Heiner für einen Krüppel, ein Gespenst, den Neffen eines Holländers, einen Polen. Selbst über ihre Identität unsicher geworden, müssen sie sich ihrer erst wieder vergewissern. Das gelingt durch eine Blase, die sich Frieder beim Zersägen der Gefängnisgitter geholt hat und die nur er haben und von der nur noch Heiner wissen kann. In dem Moment, da Frieder wieder Frieder und Heiner wieder Heiner ist, müssen sie ihre Rollen tauschen, um die Wette zu erfüllen, die beide gewonnen und verloren haben. Frieder wird es mit der Verstellung versuchen, Heiner mit der Ehrlichkeit. Zum Schluß können sie sagen:

Der Mensch schaut in die Sonne
und schließt die Augen,
weil sie für die Sonne
nicht gut taugen.

So versteckt sich die Wahrheit
in ihrem Licht,
der Mensch sieht den Schein,
und die Wahrheit sieht er nicht.

Der Mensch denkt tief,
doch ist es nichtig,
die Welt liegt schief,
drum liegen wir beide goldrichtig.

Geschichte der Fliegenfängerin Su

Ich hatte irgendwo gehört, daß in China die Fliegenplage mit Erfolg bekämpft worden sei. Ein Mädchen soll sich dabei besonders ausgezeichnet haben. Leider hatte ich kein weiteres Material. Mir schwebte ein modernes Märchen vor, in dem gezeigt wird, wie zuerst durch die Kraft eines einzelnen und dann vieler etwas für unmöglich Gehaltenes wahr wird. Ich stellte mir folgende Bilderfolge vor:

1. Bild: Bauernstube voller Fliegen. Großvater, Vater, Tochter Su, fast noch ein Kind. Sie fächelt dem Großvater die Fliegen weg. Der Vater meint, daß es drei Dinge gibt, denen der Mensch nicht entgehen kann: dem Tod, den Steuern und den Fliegen. Su benutzt ihren Fächer als Fliegenklatsche.

2. Bild: Sie sucht die Ärztin auf und erfährt, daß Fliegen Krankheiten übertragen. Sie beschließt, die Bedingungen der Krankheiten zu bekämpfen und formuliert fünf einfache Regeln.

3. Bild: Die Kinder des Dorfes wenden die fünf Regeln der Fliegenbekämpfung an.

4. Bild: Sie haben Erfolg und erkennen, daß es im Dorf keine Fliegen mehr gibt.

5. Bild: Su wird von den Dorfbewohnern geehrt. Sie erklärt, daß die Fliegengefahr im Ort nicht beseitigt ist, solange nicht im ganzen Land die Fliegen beseitigt sind. Das wird für unmöglich gehalten wie vorher die Beseitigung der Fliegen im Dorf. Doch erhält Su die Erlaubnis, die Regeln in anderen Dörfern zu verbreiten.

6. Bild: Su propagiert die Fliegenbekämpfung in einem anderen Dorf.

7. Bild: Su will ihre Regeln in der Universität propagieren vor Wissenschaftlern und Künstlern, wird aber von ihnen ausgelacht. Sie ziehen sich zurück, jene, um ein Mittel gegen die Fliegenplage zu erfinden, diese, um ein Werk über die großen Leistungen der Wissenschaftler zu schreiben.

8. Bild: Su wird von einem Mädchen getadelt, da sie sich seit langem nur noch der Propagierung der Fliegenbekämpfung und nicht der Fliegenbekämpfung selbst widmet.

9. Bild: Sie wird von den Ärzten gelobt, da die Krankheiten zurückgegangen sind.

10. Bild: Wie erstes Bild, nur heiter. Su ist zurückgekehrt. Im ganzen Land gibt es keine Fliege mehr. Ein Professor erscheint, der einzige, der in der Universität zu ihr gehalten hatte. Er erzählt, daß die Wissenschaftler getadelt worden seien wegen der Nutzlosigkeit ihrer Forschungen. Die Künstler lassen ein Stück überreichen zu Ehren von Su, ebenjenes, das gerade gespielt wurde.

Ein anderes Stück, «Herr Fugger», ist auf den Seiten 122–153 abgedruckt.

Die Aufführung

Im Geschichtsunterricht hatten wir die Epoche des Frühkapitalismus durchgenommen. Es war mir nicht gelungen, anschaulich zu machen, wie auf der einen Seite der große Reichtum und auf der anderen die große Armut entstanden. Deshalb hatte ich ein Stück über die Fugger geschrieben. Ein Freund spielte zu verschiedenen Textstellen Gitarre, schließlich wurden Songs daraus.

Die Schüler spielten dem Rektor vor, und weil er Text und Musik zu stark fand, sagte er bloß: «Unter euch gibt's ja richtige Naturtalente!»

Am nächsten Morgen ging ich mit den Naturtalenten zur Aufführung anläßlich eines Seminars über Theaterspiel in der Schule. Ein Bekannter, der uns kommen sah, meinte: «Da kommt vielleicht ein Panoptikum von Riesenweibern und Zwergen!» Tatsächlich sind in der Klasse wegen der erheblichen Altersunterschiede und der unterschiedlichen Wachstumsgeschwindigkeit Jugendliche, die wie Grundschüler wirken, und andere, die mich weithin überragen. Sie sind mir allmählich, ohne daß ich es bemerkte, über den Kopf gewachsen, vor allem einige Mädchen. Wenn ich über das Feld gehe, bei einem Schulausflug, und neben mir rechts und links zwei dieser großen Mädchen, wirke ich aus der Ferne wie ein Kind zwischen zwei Zofen.

Zuerst trat eine Gruppe von Gymnasiasten auf, die Robin Hood spielten. Sie sprachen lange Sätze, ja ganze Passagen auswendig, ohne dabei ins Stocken zu geraten, und agierten wie gewiefte Advokaten vor Gericht. Mir schien, als hätten sie ihr ganzes Leben vor Spiegeln zugebracht und daran großen Gefallen gefunden. Man konnte seine rechte Freude haben beim Anblick dieser jungen Menschen.

Nun waren wir an der Reihe. Meine Schüler wirkten dagegen befangen und unbeholfen. Ich muß jedoch einräumen, daß ich wenig Erfahrung bei der Inszenierung eines Stückes habe und daß die Verse, obwohl sie mit Absicht möglichst volkstümlich gehalten waren, vielleicht wie eine Zwangsjacke wirkten. An einer sehr wichtigen Stelle kam W. ins Stokken, und weil sie in das verzweifelte Gesicht von J. guckte, begann sie zu lachen, was sehr ansteckend wirkte. Schnell sprang ich hinzu, um Schlimmeres zu verhüten, und so kamen wir einigermaßen über die Runden und ernteten einen vergleichsweise mageren Beifall. Man lobte den sauberen Anschlag meines Freundes, der das Spiel mit der Gitarre begleitet hatte, und die Brillanz meiner Knittelverse. Ein älterer Herr sagte etwas von «Klassenkampf» und «Indoktrination». Im Grunde wiederholte er ein Argument, was im Stück bereits vorkam:

FUGGER: Das mit den Fuggern ist ja schon so lange her,
Und deshalb gibt es auch keine Fugger mehr.
SPRECHER: Na, ist doch logisch.
Weil die schon lange nicht mehr leben,
Kann es sie ja auch nicht mehr geben.
FUGGER: Eben.

Eine junge Kollegin sprang mir zur Seite und setzte der hübschen Belanglosigkeit des anderen Stücks die, wenn auch unfertige, Relevanz entgegen. Ich erklärte, daß sich die Kinder in der fernen Welt der beginnenden Neuzeit, solange diese noch nicht beendet sei, durchaus wiedererkennen könnten, ohne den tiefgreifenden Wandel, der sich seitdem vollzogen habe, zu verkennen, und erzählte, nachdem sie gegangen waren, einiges aus dem Leben meiner Schüler. Meine Ausführungen stießen anfangs auf geballten Unglauben, der erst allmählich den Tröstungen und Beschwichtigungen der guten Herzen wich. «Sie werden schon ihr Plätzchen im Leben finden», sagten sie.

Herr Fugger

Ein Stück für Kinder (und Erwachsene)

Personen

Gitarrist
Sprecher (kann eine Person sein)
Fugger
2 Bauern
5 Leineweber
Frau
Waise
Mätresse
Maximilian
2 Generäle
2 Landsknechte
Soldaten
2 Herren
Frauen
Kinder
Angestellter

Von einer Person können mehrere Rollen übernommen werden. Es sollten aber wenigstens 10 Mitspieler sein.

Falls kein Gitarrist vorhanden, sollte der Text, wo möglich, auf die Spieler verteilt werden. Dabei sind kleine Veränderungen notwendig.

	Augsburg		Dinkelsbühl	
Fertigwaren	15 Dukaten	2. Szene	17 Dukaten	3. Szene
Rohstoff	10 Dukaten		8 Dukaten	
Verdienst	5 Dukaten		9 Dukaten	

5. Szene

2 1/2

2 1/2

5 Dukaten

Fertigwaren	14 1/2		16 1/2 Dukaten	
Rohstoff	10 1/2	4. Szene	8 1/2 Dukaten	6. Szene
Verdienst	4 Dukaten		8 Dukaten	
Fertigwaren	14 Dukaten		14 1/2 Dukaten	
Rohstoff	11 Dukaten	8. Szene	10 1/2 Dukaten	7. Szene
Verdienst	3 Dukaten		4 Dukaten	
Fertigwaren			14 Dukaten	
Rohstoff			11 Dukaten	9. Szene
Verdienst			3 Dukaten	

Auf der Bühne im 1. Teil des Stückes eine große Tafel, an der die Manipulationen des Fugger, das Steigen der Rohstoffpreise, das Fallen der Preise für Fertigwaren und die kleiner werdenden Verdienstspannen abzulesen sind. Die Zahlen werden in der hier beschriebenen Reihenfolge, in der 2. Szene durch die Leineweber, in der folgenden durch Fugger angeschrieben.

1. Szene

(Vor dem Vorhang. Leinwand, Projektor.)

SPRECHER: Das ist die Geschichte von Jacob, dem Fugger
Er lebte kurz nach Johann Gutenberg, dem Buchdrucker
Und damals lebte auch der berühmte Doktor Martin Luther
Und andere lebten, die waren bloß Kanonenfutter
Und es lebten viele Ungenannte
Deren Namen niemand kannte.

Das ist ein frühkapitalistisches Stück
Vom märchenhaften Reichtum und vom unverschämten Glück
Und ist die Geschichte von einem großen Betrug,
Der sich vor fünfhundert Jahren zutrug.

Hört, wie durch gewagte Transaktion
Die Fugger waren in der dritten Generation
Reicher als der deutsche Kaiser schon.
Und wären nicht die Fugger gewesen
So könntet ihr nicht in den Büchern lesen
Karl der Fünfte sei damals Kaiser gewesen
Der hat nämlich die Wahl manipuliert
Indem er die Kurfürsten hat geschmiert.
Das Geld hat er vom Fugger bekommen,
Wir fragen uns: Wo hat denn der das Geld hergenommen?

Damit ihr könnt sehen, wie er aufstieg,
Bring ich die Leiter als Requisit.
Am Anfang ist da eine Klasse,
Doch er steigt auf aus der Masse,
So wie die Spreu vom Weizen sich scheidet.
Der eine freut sich, und der andere leidet.
Zuerst ist er ein einfacher Leineweber
Und dann wird er Lieferant und Spekulant
Und dann Fabrikant und Arbeitgeber
Und schließlich wird er ein Großindustrieller
Fast so reich wie Rockefeller.

Während er aufsteigt auf der Leiter
Zum Fabrikanten und Arbeitgeber

Steigen die übrigen Leineweber
Abwärts und werden Fabrikarbeiter.
Damit ihr wisset, wie es stund
Um den sozialen Hintergrund,
Werden jetzt Bilder an die Wand projiziert, (1. Bild)
Zuerst von Herrn Fugger, wie er etwas diktiert
Seinem Hauptbuchhalter, der es malte.
Ich nehme an, daß er ihn gut bezahlte.

Dort auf den Schildern könnt ihr lesen,
Wo seine Niederlassungen sind gewesen
In Rom, Venedig, Ofen, Craca
Mailand, Innsbruck, Nürnberg, Antorff und Lisbona.
Dort von den auswärtigen Kontoren
Trieb er Handel mit den Mohren,
Als eine seelenlose Fracht
Hat man sie in die Neue Welt gebracht.

Dort lebte eine faule Bande (2. Bild)
Welche keine Arbeitsmoral kannte.
Man hat ihnen das Evangelium geschenkt
Und dann haben sie sich reihenweise aufgehängt
In den Bergwerken, die Drückeberger.

Während Herr Fugger beim Diktat (3. Bild)
Bildet sich in den Städten das Lumpenproletariat
Aus Knechten, Mägden, Dirnen und Matrosen
Und vielen Land- und Arbeitslosen.

Das hier ist nicht Napoleon (Bild von Brecht)
Sondern ein anderer Augsburger Bürgersohn
Ein gewisser Bertolt Brecht.
Er dichtete gut und hatte recht
Wenn er schrieb, die ganze Kultur
Ist ein Palast, gebaut auf Hundescheiße nur.
Er sprach von Unternehmern und Unternommenen
Und war für die schlecht Weggekommenen.
Wir bringen später von ihm einen Song
Angekündigt durch einen Gong.
(Schlägt einen Gong.)

2. *Szene*
(Schild mit der Aufschrift «Augsburg». Markttreiben. In der Mitte an einem Pfahl [Kartenständer] angebunden eine Frau. Sprecher kann wie schon in der 1. Szene ein Mikrophon in der Hand halten. Er interviewt.)
SPRECHER: Nach dieser Vorrede, wenn Sie geruhn,

Führ ich Sie auf den Marktplatz nun
Von Augsburg im Jahre 1512
Es ist ungefähr dreiviertel elf.
(Schaut auf die Uhr.)
BAUER: Wir sind Leute vom Land
Wir haben einen Gemüsestand.
SPRECHER: Dort in der Mitte steht ein Weib?
BAUER: Die steht dort nicht zum Zeitvertreib
Die hat gestohlen.
ALLE: Der Teufel soll sie holen.
BAUER: Und dort läuft ein Totengräber
Und das da sind die Leineweber.
SPRECHER: Was machen sie denn?
(Leineweber spielen, was sie sprechen.)
1. LEINEW.: Sie sehen doch, was wir machen.
Wir kommen mit unsren gewebten Sachen
Und lassen uns auf dem Marktplatz nieder
Und verkaufen das Tuch für fünfzehn Dukaten.
Das ist genug.
2. LEINEW.: Und dann kaufen wir wieder für zehn Dukaten
Garn aus Wolle und Leinen.
3. LEINEW.: Dann haben wir noch fünf Dukaten,
Das ist ein Drittel
Und davon kaufen wir Lebensmittel.
4. LEINEW.: Und dann haben wir noch etwas Geld, einen Dukaten,
Und da heben wir auch mal einen
Oder kaufen, was uns gefällt.
5. LEINEW.: Aber den können wir auch zurücklegen,
Falls schlechte Zeiten kommen wegen,
Denn das kann nicht schaden.
SPRECHER: Sie machen
Aus Ware Geld
Und aus Geld Ware,
Und das ist nicht verkehrt.
SONG: Am Anfang sind sie eine Klasse,
Doch da ist einer,
Den kennt noch keiner,
Der steigt auf aus der Masse
Ist eben einsame Klasse.

Am Anfang sind sie eine Klasse
Doch einer steigt auf und unten bleibt die Masse,
So wie die Spreu vom Weizen sich scheidet
Der eine freut sich, und der andere leidet.

3. Szene
(Sprecher dreht das Schild um. Man liest «Dinkelsbühl».)
SPRECHER: Ich habe nur unseren Platz versetzt
Wir sind auf dem Markte jetzt
Von Dinkelsbühl
Und dort ist es genauso schwül.

Die Sonne scheint auf den Planeten
Und da ist einer
Den kennt noch keiner
Und das wird der Herr sein über die meisten Moneten.

Es ist einer,
Den wir aus Augsburg kennen.
Wir wollen ihn mal Fugger nennen
Mal schauen, was der macht.
LEINEW.: Na, der arbeitet nicht schwer,
Der arbeitet eigentlich gar nicht.
Der geht bloß so hin und her,
Macht hier ein Schwätzchen
Gibt dort sein Tätzchen.
SPRECHER: Und mancher hat gedacht:
LEINEW.: Was der da macht?
Der hört ja das Gras wachsen.
SPRECHER: Und er hörte es wachsen.
Ich will euch sagen,
Was er machte:
Er dachte.
FUGGER: Ich arbeite auf meine Weise:
Ich vergleich' die Preise
Und stelle fest:
In diesem Nest
Kostet das Garn
Acht Dukaten
Und das Tuch,
Das man daraus webt
siebzehn Dukaten,
Aber in Augsburg
Ist das anders.
Da kostet
Das Garn zehn Dukaten
Und das Tuch fünfzehn.
Das muß sich ändern lassen.
Ich kaufe große Massen
Wollgarn und Leingarn

Und miete einen Karr'n
Mit dem werd' ich nach Augsburg fahren.
Aber das bleibt unter uns
Das ist nichts für Hinz und Kunz.

SPRECHER: Woher nehmen Sie das Geld?

FUGGER: Na, ein bißchen habe ich gespart
Und dann sag' ich zu den Leuten:
Liebe Leute,
Habt nur Ruh',
Morgen oder übermorgen
Und ihr bekommt noch was dazu.

SONG: Ja, der Herr Fugger ist ein Realist,
Der weiß etwas, was ihr nicht wißt,
Und ist gekleidet wie ein Christ.
Man sieht ihm gar nicht an,
Was das für einer ist.

4. Szene

(Schild wird umgedreht: «Augsburg». Fugger zieht einen beladenen Wagen hinter sich her und geht zu den Leinewebern, die bei der Arbeit sind.)

SONG: Das da ist nicht der Trödler Abraham,
Sondern Herr Fugger, der zu märchenhaftem Reichtum kam.
Aber er fährt nicht in seine Werkstatt.
Früher hatte er
Aus Ware Ware gemacht,
Und das hatte er satt.
Und er sagte sich:
Das war verkehrt,
Ich mache es jetzt umgekehrt
Ich mache aus Geld Geld.

FUGGER (zu den Leinewebern):
Ihr müßt nur bei mir kaufen,
Dann braucht ihr nicht mehr auf den Markt zu geh'n
Und braucht euch nicht die Beine steif zu steh'n,
Dann könnt ihr ein bißchen verschnaufen.

Nur ein kleines Aufgeld auf die Preise
Wegen der Beschwernisse der Reise
Ein halber Dukaten, wie ist es damit?
Ich hab' die Arbeit und ihr den Profit.

1. LEINEW.: Das find' ich nicht ungebührlich.

2. LEINEW.: Das find' ich ganz natürlich.

3. LEINEW.: Das ist wirklich nicht unbillig.

4. LEINEW.: Und dafür ist er arbeitswillig?
SONG: Schließlich profitieren wir davon alle,
  Und die es glaubten
  Saßen in der Falle.
  Und leider waren es fast alle
  Und als sie's merkten, war es schon zu spät
  Und es fehlte ihnen auch die Solidarität.
5. LEINEW.: Damit sind wir einverstanden.
1. LEINEW.: Jetzt haben wir nicht bloß einen Gesellen,
  Sondern auch einen Lieferanten.
SPRECHER: Und das sagten sie, weil sie ihn noch nicht kannten.
  Aber sie sollten ihn kennenlernen
2. LEINEW.: Laßt das nur den Fugger machen.
SPRECHER: Und einige hörte man lachen,
  Aber das Lachen sollte ihnen vergeh'n.
SONG: Ja, der Herr Fugger ist ein Realist
  Der weiß etwas, was ihr nicht wißt
  Und ist gekleidet wie ein Christ.
  Man sieht ihm gar nicht an, was das für einer ist.
FUGGER (will jetzt, nachdem er die Rohstoffe verkauft hat, die Fertigwaren einkaufen):
  Liebe Leute, seht doch her,
  Mein Wagen, der ist leer.
  Ihr braucht doch die Sachen
  Nicht auf den Markt zu tragen
  Legt sie doch einfach in meinen Wagen.
  Ihr müßt nur bei mir verkaufen,
  Dann braucht ihr nicht mehr auf den Markt zu geh'n
  Und braucht euch nicht die Beine steifzusteh'n,
  Dann könnt ihr ein bißchen verschnaufen.
  Nur ein kleiner Abschlag auf die Preise
  Wegen der Beschwernisse der Reise.
  Ein halber Dukaten, wie ist es damit?
  Ich hab' die Arbeit und ihr den Profit.
1. LEINEW.: Das find' ich nicht ungebührlich.
2. LEINEW.: Das find' ich ganz manierlich.
3. LEINEW.: Das ist wirklich billig.
5. LEINEW.: Und dafür ist er arbeitswillig?
ALLE: Das ist für uns sehr bequem,
  Jetzt leben wir angenehm.
  Wir schließen einen Vertrag,
  Der gilt für ein Jahr und ein Tag.
  (Mit Handschlag.)
SONG: Ja, der Herr Fugger ist ein Realist

Der weiß etwas, was ihr nicht wißt
Und ist gekleidet wie ein Christ.
Man sieht ihm gar nicht an, was das für einer ist.

5. Szene
(Fugger mit dem Wagen unterwegs.)
FUGGER: In Dinkelsbühl kaufte ich Garn für acht Dukaten,
Und in Augsburg verkaufte ich es für zehneinhalb Dukaten:
Macht zweieinhalb Dukaten.
Und das Tuch kaufte ich dort für vierzehneinhalb Dukaten,
Und in Dinkelsbühl verkaufte ich es für siebzehn Dukaten:
Macht zweieinhalb Dukaten.
Zweieinhalb Dukaten und zweieinhalb Dukaten macht fünf Dukaten.
Das ist ein hübscher Gewinn
Das ist nach meinem Sinn
Da ist noch manches drin
In Dinkelsbühl mach' ich es auf dieselbe Weise.
In diesen wechselvollen Zeiten
Muß man in vielen Sätteln reiten
Und da kann man nicht immer gerecht sein.
Leider.

6. Szene
(Schild «Dinkelsbühl»)
SPRECHER: Gesagt, getan.
Er verkaufte das Tuch für siebzehn Dukaten.
Und damit beglich er seine Schulden,
Denn die wollte er bei sich nicht dulden,
Und die Leute hatten Ruh',
Denn er gab noch was dazu.
Und mit dem übrigen Geld kaufte er Garn
Für acht Dukaten, und damit ist er zu den Leinwebern gefahren,
Und er sagte, doch das kennt ihr schon:
FUGGER: Ich liefere das Garn für achteinhalb Dukaten
Und kaufe das Tuch für sechzehneinhalb Dukaten
Sagt selbst, das ist ein Hungerlohn.
SPRECHER: Und da waren wieder welche, die sagten:
LEINEW.: Jetzt haben wir endlich einen Lieferanten.
SPRECHER: Und das waren die, die ihn noch nicht kannten
Aber sie sollten ihn kennenlernen.
Und sie schlossen einen dementsprechenden Vertrag
Der galt für ein Jahr und einen Tag.

7. Szene
(Dinkelsbühl)
SPRECHER: Aber nach einiger Zeit sagten die Leineweber
In Augsburg und in Dinkelsbühl:
LEINEW.: Verflixte Sieben!
Wo ist denn der Dukaten geblieben?
SPRECHER: Und übers Jahr und einen Tag
Lief aus der Vertrag,
Und sie hatten verstanden,
Daß sie sich früher besser standen,
Als sie noch zum Marktplatz gingen,
Aber das wollte ihnen nicht mehr gelingen.
Denn als sie auf den Marktplatz kamen, fanden
Sie keinen anderen Rohstofflieferanten
Als Herrn Fugger, den Teuern
Und sie mußten den Vertrag erneuern.
LEINEW.: Aber nicht für acht.
Na, dann Gute Nacht
Die in Augsburg sind viel williger
Die machen es um die Hälfte billiger.
FUGGER: Ich verkauf' euch gar nichts mehr.
ALLE: Ach bitte sehr,
Wir willigen ein,
So wie in Augsburg soll es auch bei uns sein,
Wir unterschreiben den Vertrag.
FUGGER: Der gilt jetzt für zwei Jahre und einen Tag.

8. Szene
(Augsburg)
SPRECHER: Und Herr Fugger fuhr nach Augsburg.
FUGGER: Unglaublich, wie sich die Rohstoffpreise verteuern
Und dann die riesenhaften Steuern!
Die in Dinkelsbühl müssen sich mit der Hälfte begnügen
Wenn ich anders spräche, würd' ich lügen.
Die Hälfte von vier Dukaten
Das sind zwei
Aber ich bin menschlich
Und gebe euch drei.
SPRECHER: Und sie machten einen Vertrag
Der galt auch für zwei Jahre und einen Tag.

9. Szene
SPRECHER: Und wieder über zwei Jahre und einen Tag
Lief aus der Vertrag,

Und die in Dinkelsbühl sagten:
LEINEW.: Aber nicht bei dir.
FUGGER: Bei wem denn sonst?
LEINEW.: Aber nicht für vier.
FUGGER: Nein, für drei.
Wenn es jemand schlecht geht,
Geht's denen in Augsburg schlecht,
Die schafften für drei Dukaten.
Das ist ungerecht,
Und die Ungerechtigkeit muß man ja beseitigen.
Ich will euch nicht beleidigen,
Aber die sind billiger
Und dabei arbeitswilliger.

10. Szene

SONG: Und was dem einen recht ist,
Ist dem andern billig.
Da waren sie auf einmal willig
Und in Augsburg und in Dinkelsbühl
Schlossen sie einen Vertrag,
Der galt jetzt für fünf Jahre und einen Tag.
(Fugger sitzt auf dem Wagen, wird gezogen.)
An den Markttagen
Seht ihr einen großen Wagen
Durch das Stadttor fahren,
Voll mit Waren.
Aber die Leineweber seht ihr nicht,
Die arbeiten noch bei Kerzenlicht
Und können nicht mehr gut leben
Doch dafür dürfen sie länger weben.
Ja, mit dem guten Leben war's vorbei.
Einst hatten sie fünf und sogar neun Dukaten
Und jetzt nur noch drei.
FUGGER (vom Wagen herunter):
Ich kaufe für die ein
Garn aus Wolle und Lein',
Und ich verkaufe für sie das Tuch,
Drei Dukaten sind für die genug.
Drei Dukaten von neun
Die sollten sich freu'n,
Das ist doch immerhin ein Drittel,
Das reicht doch für die Lebensmittel,
Die brauchen sich ja nicht zu sorgen
Und leben bloß von heute auf morgen,

Die brauchen nicht in die Zukunft zu schau'n
Und müssen nur auf mich vertrau'n
Und weil sie keine Verantwortung tragen,
Haben sie auch nichts zu sagen.
SPRECHER: Und je mehr Leineweber
Herr Fugger verlegte,
Um so größer wurde deren Verlegenheit
Denn nur bei Fugger gab es Rohstoff für ein Kleid.
So gerieten sie in Abhängigkeit.
Und wenn die Ware fertig war,
Zahlte Herr Fugger gleich in bar
Und hat die Ware an sich gerissen
Und sie sofort auf den Markt geschmissen.
Und so verloren sie ihre Selbständigkeit.
Und Herr Fugger überschwemmte den Markt mit seinen Produkten
Und da waren wenige, die aufmuckten
Und er konnte jetzt die Rohstoffpreise drücken
Und schloß die Marktlücken
Und die Tuchpreise hob er nach Belieben
Es waren ja keine Konkurrenten übriggeblieben.
Und so gründete er zum allgemeinen Wohl
Ein riesengroßes Monopol.
(Leiter wird geholt, Fugger steigt hinauf.)
SPRECHER: Herr Fugger machte jetzt Welthandel,
Aber er änderte nicht seinen Lebenswandel.
Er hat sich zwar ein schönes Haus gebaut,
Daß er die Geschäfte besser überschaut
Aber sonst lebte er spartanisch weiter.
Und jedem, der es wissen wollte, sagte er heiter:
FUGGER: Wer den Pfennig nicht ehrt,
Ist des Talers nicht wert.
SPRECHER: Das war nämlich sein Lieblingsspruch.
Nein, der Herr Fugger hat sich nicht geschont,
Der war es anders nämlich nicht gewohnt.
Hat Länder bereist
Und Ströme überquert.
Aber später war es beinahe umgekehrt:
Da flossen durch seine Hände
Ströme von Geld
Aus der Neuen und aus der Alten Welt.
LEINEW.: Der Fugger ist jetzt riesengroß
SPRECHER: Wie macht er das bloß?

11. Szene
(Leineweber und Frau)
SPRECHER: Und hier
Ist die Geschichte
Von einem
Der es versuchte,
Dem Fugger nachzumachen.
Doch merket wohl:
Nicht jeder simple Leineweber
Eignet sich zum Arbeitgeber.
Denn dem einen fehlt's an Mut,
Und der andere ist zu gut,
Was den Geschäften Abbruch tut.
Und der dritte lebte gerne angenehm,
Doch ist er allzu bequem
Und so bleibt er lieber
Hinter dem Ofen sitzen
Anstatt in Ofen, dem heutigen Budapest
Eine Niederlassung zu gründen,
Wie es der Herr Fugger machte.
(Pantomime zum Text)
Er kaufte von dem Ersparten etwas Tuch,
Das war teuer genug,
Und damit ging er über Land,
Bis er einen Käufer fand.
Dem verkaufte er das Tuch zum selben Preise,
Wie er's gekauft hatte,
Und für ein Mittagessen,
Weil's ihm so am gerechtesten schien.
Doch als er nach Haus kam,
Sprach seine Frau,
Kaum daß er sich hingesessen:
FRAU: Der hat ja einen Spleen
Verkauft zum selben Preise
Der hat ja eine Meise.
LEINEW.: Ich erhole mich schnell von dem Schicksalschlag,
Unternehmer wird man nicht an einem Tag.
Am nächsten Morgen bleib' ich nicht hinter dem Ofen hocken
Sondern mache mich wieder auf die Socken.
SPRECHER: Aber unglücklicherweise
Traf er auf der zweiten Reise
Eine Waise.
WAISE: Sieh meine Blöße,
Von dem Tuch

Hast du genug,
Das wäre wahre Seelengröße.
LEINEW.: Das ist zu dumm,
Doch steht's im Evangelium:
Dort steht geschrieben
Du sollst deinen Nächsten lieben.
Da nimm hin,
Gott lasse dich in Frieden ziehn.
SPRECHER: Und als er nach Hause kam,
Murmelte er etwas
Von einem Kamel
Und von einem Reichen
Und von einem Nadelöhr
Und daß er sonst
Die ew'ge Seligkeit verlör.
FRAU: Nun hör mal zu,
Das Kamel bist du!
Aber dem Fugger trau' ich alles zu.
Der ist geschickt
Und hat schon manches durchgedrückt.
Was der in die Hand nahm
Hat noch immer ein gutes Ende genommen,
Der wird auch in den Himmel kommen.
Wer nichts hat,
Hat auch nichts zu verschenken.
Du mußt doch mal an deinen Nächsten denken.
SONG: Ja, der Herr Fugger ist ein Realist
Der weiß etwas, was ihr nicht wißt
Und ist gekleidet wie ein Christ.
Man sieht ihm gar nicht an, wie reich er ist.
SPRECHER: Doch merkt:
Nicht jeder tüchtige Mann
Ist auch ein geschäftstüchtiger Mann
Und mancher tüchtige Mann,
Der ein geschäftstüchtiger Mann
Hätte werden können,
Verzichtete darauf,
Um ein tüchtiger Mann zu bleiben.

12. Szene

SPRECHER: Herr Fugger hingegen
Nahm viel auf sich,
Und den beschwerte es auch nicht
Wenn er manchen guten Mann

Um was erleichterte.
Die Leineweber gerieten in Wut,
Denn sie lebten jetzt bloß noch halb so gut.
Und sie wollten das Rad zurückdrehen,
An dem der Fugger gedreht hatte.
Aber das ging nicht mehr.
Seht her.

LEINEW.: Mal sehn.
Wir wollen zum Fugger geh'n.

ALLE: Sehr geehrter Herr,
Wir, die vereinigten Handwerksmeister
Haben eine Beschwer.

SPRECHER: Aber der machte nur eine Handbewegung,
Und dabei zeigte er keine Regung:

FUGGER: Eure ganze Zunft
Hat doch keine Zukunft.
Von wegen Handwerksmeister,
Das ist doch Scheibenkleister,
Das seid ihr doch schon lange nicht mehr
Ihr seid jetzt Heimarbeiter.

SONG: Ja, der Herr Fugger ist ein Realist
Der weiß etwas, was ihr nicht wißt
Und ist gekleidet wie ein Christ.
Man sieht ihm gar nicht an, wie reich er ist.

1. LEINEW.: Wir sind in großer Not!

2. LEINEW.: Am besten, der Fugger wäre tot!

3. LEINEW.: Wir kaufen jetzt bei einem andern!

FUGGER: Da müßt ihr weit wandern.

4. LEINEW.: Wir wollen bei einem andern verkaufen!

FUGGER: Da könnt ihr weit laufen.

5. LEINEW.: Wir kaufen und verkaufen anderswo!

FUGGER: So, so,
Dann geht doch mal nach Dinkelsbühl.

SPRECHER: Und das sagte er ganz kühl.

13. Szene

(Fugger, Leineweber)

SPRECHER: Das Mittelalter war nun vorbei.
Man glaubte eine Zeitlang nicht an Hexerei
Und auf dem Marktplatz stand ein Schandpfahl frei.
Manch guter Mann kam da vorbei.

LEINEW.: Warum ist der Schandpfahl frei?
Die kleinen Betrüger hängt man
Und vor den Großen senkt man

Den Kopf und zieht den Hut.
Das ist nicht gut.

SPRECHER: Und er dachte es auf seine Weise, ganz leise
Denn er war auf der Hut
Und blickte sich um verstohlen.

LEINEW.: Den Fugger soll der Teufel holen!

14. Szene

(Leiter, auf der Fugger sitzt. Landkarte. Mätresse, evtl. an einem Schminktisch. Der Song wird pantomimisch begleitet.)

SPRECHER: Aber Herr Fugger verlegte nicht bloß die Leineweber
Er verlegte sich auch auf andere Sachen.
Denn nicht nur die Leineweber
Auch die Fürsten hatten große Sorgen.

SONG: Da war ein gewisser Maximilian (erscheint),
Der hielt sich wie viele von der Noblesse
Eine Mätresse (erscheint)
Und das war nicht billig.
Und er kehrte die Taschen um
Und sagte: Ach, das ist zu dumm!
Denn die Taschen waren leer
Wo nehm ich denn das Geld bloß her?

FUGGER: Hast du Sorgen,
Mußt du bei dem Fugger borgen.

SONG:
Und also ging er zum Fugger.
Ich brauche ein Geschmeide.
Sie stehen aber in Kreide.
Ich brauche ein kleines Pfand.
Na, wie wär's mit diesem kleinen Land?

Und ihr könnt mir glauben,
Das war nicht klein.
Aber Herr Maximilian sagte: Na fein,
Dann sind wir ja handelseins.
Das gehört Ihnen, und das ist bald meins.
Geben wir uns die Hand.

Das Geschmeide war nicht billig
Und er legte es ihr an
Und sie flüsterte: Ach, Maximilian.
Und da war sie willig.

Aber bald darauf sagte sie:
Zu dem Geschmeide

Da wären noch schöner Samt und Seide.
Und da kehrte er die Taschen um
Und er sagte: Ach, das ist zu dumm!
Denn die Taschen waren leer.
Wo nehm ich denn das Geld nur her?

FUGGER: Hast du Sorgen,
Mußt du bei dem Fugger borgen.

MAXIM.: Gleich morgen
Will ich borgen.

SONG:
Und also ging er zum Fugger
und sagte:
Zu dem Geschmeide
Brauch' ich noch Samt und Seide.
Sie stehn' schon tief in Kreide.
Ich brauche ein kleines Unterpfand.
Na, wie wär's mit diesem Stückchen Land?

Und ihr könnt mir glauben,
Das war nicht klein,
Und da arbeitete ja auch jemand.
Aber Herr Maximilian sagte: Na fein,
Dann sind wir ja handelseins.
Das gehört jetzt Ihnen, und das ist bald meins.
Geben wir uns die Hand.

Jetzt hängt dort an der liederlichen Weibsperson
Die Hälfte von dem Hungerlohn

Aber als er zum drittenmal kam,
Da gab es kein Geschmeide
Und auch nicht Samt und Seide.
Und da sagte Herr Fugger nicht:
Sie stehen tief in Kreide,
Da sagte er, und ganz ruhig sagte er das:
Sie sind ja pleite!
Und da sagte Herr Maximilian nicht: Na fein.
Aber Herr Fugger sagte:
Die beiden Ländchen sind jetzt mein.

Und ihr könnt mir glauben,
Die waren nicht klein.
Und es waren ja nicht bloß zwei Ländchen
Und nicht bloß ein Maximilian,
Sondern hier ein Stückchen Land
Und da ein Stückchen Land

Und hier eine kleine Silbermine
Und da eine kleine Saline
Und da arbeitete ja auch jemand
Und so schmiedete er sein Glück
Stück um Stück und Stück um Stück.

Ja, der Herr Fugger ist ein Realist
Der weiß etwas, was ihr nicht wißt
Und ist gekleidet wie ein Christ.
Man sieht ihm gar nicht an, wie reich er ist.

15. Szene

(2 Generäle treten auf)
SPRECHER: Aber es gab auch andere Fürsten
Denen ging es nicht um Tuch und Tand
Die sorgten sich ums Abendland
Denn der Sultan Suleiman
Griff mit seinen Heiden an.
(Im Hintergrund Krieger mit Türkenfahne.)
1. GENERAL: Zu dumm, zu dumm
Ich drehe meine Taschen um
Und die Taschen sind leer
Wo nehmen wir die Landsknechte her?
(2 Landsknechte erscheinen.)
2. GENERAL: Halt, bleibt mal steh'n!
Wohin wollt ihr denn geh'n?
1. LANDSKN.: Ins feindliche Heer
Die zahlen um die Hälfte mehr.
1. GENERAL: Habt ihr denn gar kein Ideal?
2. LANDSKN.: Herr General,
Erst kommt das Fressen
Und dann die Moral.
(Landsknechte ab)
2. GENERAL: Die Kerle muß man ja kaufen,
Weil die sonst überlaufen.
Die haben ja keine Ideale.
BEIDE: Und da heißt es: Zahle, zahle!
FUGGER: Habt ihr Sorgen,
Müßt ihr beim Fugger borgen.
2. GENERAL: Morgen
Wollen wir borgen.
SPRECHER: Und dafür hatte Herr Fugger natürlich Verständnis.
(Feldherren gehen zum Fugger, evtl. Schlange vor der Leiter.)
SPRECHER: Und sie kämpften nicht bloß gegen die Glaubenslosen

Sie kämpften auch gegen die Franzosen,
Und die bezahlte Herr Fugger auch.
Der hatte ja keine Widerpartner,
Der hatte bloß Geschäftspartner.

(2 Schlachtreihen, die sich gegenüberstehen. Pantomime, entsprechend dem Text. Die Landsknechte fallen nacheinander um. Zuletzt bleibt auf jeder Seite ein Feldherr stehen. Sie hatten bisher die Kämpfer von hinten angetrieben. Wenn sie auf den Boden stampfen, stehen die Soldaten wieder auf. Dann, nach kurzer Zeit, fallen sie wieder um.

Herr Fugger beobachtet die Schlacht von der Leiter aus und reibt sich die Hände.

SONG:

Ja, der Herr Fugger ist ein Realist,
Der weiß etwas, was ihr nicht wißt,
Und ist gekleidet wie ein Christ.
Man sieht ihm gar nicht an, wie reich er ist.

Und am besten war's natürlich,
Wenn die Schlacht
Hin- und herwogte,
Wie ein Kornfeld im Wind,
Und am längsten sich hinzog
Und kein Ende nahm
Und endlich unentschieden ausging,
Denn dann mußten die Feldherrn,
Wenn sie überlebt hatten,
Im nächsten Jahr
Neue Heere
Aus dem Boden stampfen.
Und das kostete Geld.

Siebentausend Landsknechtsleichen
Seht ihr in der Sonne bleichen.
Und jede Schlacht
Hat ihn reicher gemacht.

Ja, der Herr Fugger ist ein Realist,
Der weiß etwas, was ihr nicht wißt,
Und ist gekleidet wie ein Christ.
Man sieht ihm gar nicht an, wie reich er ist.

16. Szene

SPRECHER: Doch was machen unsere Leineweber?
Seht, wie es weitergeht.

LEINEW. (An einem Spinnrad, das plötzlich stillsteht. Er untersucht es lange und intensiv.):

Verdammte Schweinerei
Der Webstuhl ist entzwei!
Da ist guter Rat teuer,
Denn ein Webstuhl ist teuer
Und drei Dukaten reichen nur für die Lebensmittel,
Aber nicht für die Produktionsmittel.
Und ohne Produktionsmittel
Gibt es keine Lebensmittel.
(Von verschiedenen Seiten kommen ehemalige Leineweber.
Unter ihnen sind junge, starke und alte, schwache.)
SPRECHER: Und da gingen sie wieder auf den Markt.
Und das war ein ganz besonderer Markt,
Das war jetzt ein Arbeitsmarkt.
Da boten sie nicht an, was sie erschafft,
Da boten sie an ihre Arbeitskraft.
Da stand auf einmal in der Gasse
Die proletarische Masse
Und wartete, ob ein reicher Herr vorbeikam
Und sie mitnahm.
(2 Herren kommen. Sie befühlen die Muskeln, schauen in die Münder.
Die Arbeitssuchenden bieten sich an. Nachher Flüche, drohende Gebärden)
1. HERR: Ob der noch zur Arbeit taugt?
2. HERR: Der ist schon ausgelaugt.
1. HERR: Schau mal an den Alten . . .
2. HERR: Der kann sich kaum an der Schaufel halten.
Was ist denn das?
Der beißt ja sowieso bald ins Gras.
(Fugger klettert von der Leiter.)
SPRECHER: Und das konnte Herr Fugger nicht mitanseh'n.
Natürlich nicht,
Das war ja auch unmenschlich.
Und als sie nicht aus noch ein wußten und fragten:
LEINEW.: Was tun wir nur?
FUGGER: Ich gründe eine Manufaktur.
(Klopft ihnen auf die Schulter.)
So könnt ihr ja nicht weiterleben.
Ich will euch Arbeit geben.
Es geht schon weiter,
Ihr werdet jetzt Fabrikarbeiter.
In diesen wechselvollen Zeiten
Muß man in vielen Sätteln reiten.
Und da kann man nicht immer gerecht sein,
Leider.

LEINEW.: Herr Fugger tut uns Arbeit geben.
Jetzt können wir ein bißchen weiterleben.
Er ist ein großer Wohltäter.
SPRECHER: Doch was er wirklich war,
Das sahen sie erst später.
SONG:
Und er sprach:
Davon profitieren wir doch schließlich alle!
Und die es glaubten,
Saßen in der Falle.
Und leider waren es fast alle.
Und als sie's merkten
War es schon zu spät
Auch fehlte ihnen die Solidarität.

Ja, der Herr Fugger ist ein Realist,
Der weiß etwas, was ihr nicht wißt,
Und ist gekleidet wie ein Christ.
Man sieht ihm gar nicht an, wie reich er ist.

17. Szene
(Fabrik mit vielen Webstühlen)
SPRECHER: Am ersten Tag merkten sie nichts,
Und nichts am zweiten,
Und am dritten war die Woche halb herum
Und am vierten und fünften und am sechsten Tag
Merkten sie noch immer nichts,
Und am siebenten ruhten sie sich aus.
Sie merkten es erst am Montag
Und da war der Himmel gar nicht blau,
Denn das war der Lohntag
Und zu Hause wartete die Frau.
(Ein Fabrikarbeiter kommt nach Hause. Große, klagende Gebärde.)
SPRECHER: Und da hörten sie auf zu lachen,
Und da war kaum einer
Der nicht klagte
Und da war keiner
Der es wagte
Den Mund aufzumachen.
Ja, der Herr Fugger war nicht dumm,
Der drückte sie aufs Existenzminimum.
Da standen nun die Leineweber
Und der eine war nun Arbeitgeber.

Und die andern waren, denkt an die Leiter
Fabrikarbeiter.

SONG:
Am Anfang waren sie eine Klasse,
Doch da war einer,
Den kannte zuerst keiner,
Der stieg auf aus der Masse,
War eben einsame Klasse,
Der war jetzt riesengroß.
Und da unten stand der Amboß,
Auf den er schlug.
Und das war die Masse,
Die es ertrug
Und die schmiedete sein Glück
Stück um Stück und Stück um Stück.
(Pantomime)
Mit dem guten Leben war's nun endgültig vorbei.
Erst hatten sie neun und fünf Dukaten,
Und dann nur noch drei.
Aber jetzt waren es zwei,
Und sie erhoben ein großes Wehgeschrei
Und sie mußten sich eingesteh'n:
So kann es nicht weitergehn.
Und sie sagten: Davon können wir nicht leben.
Und Herr Fugger sagte: Ich will euren Frauen Arbeit geben.
(In der Fabrik jetzt Männer und Frauen.)
Ja, auf Herrn Fugger kann man bau'n,
Für den arbeiten jetzt Männer und Frau'n,
Und da war er ein großer Wohltäter
Doch was er wirklich war,
Das sahen sie erst später.
(Kinder treiben sich evtl. im Zuschauerraum herum und stehlen, was ihnen unter die Finger kommt.)
Die Kinder sind zu Hause geblieben,
Und viele haben sich rumgetrieben,
Und manche wurden zu Strolchen und Dieben.
Und die Eltern klagten sehr
Und sagten: So geht das nicht mehr!
Jetzt arbeiten wir zu zweit
Und leben in demselben Leid.

FUGGER: Ich hab's vernommen,
Seid frohen Muts,
Ich tue euch was Gut's.

Laßt nur die Kindlein zu mir kommen
Davon profitieren wir schließlich alle.
(Kinder kommen.)
Und die es glaubten
saßen in der Falle,
Und leider waren es fast alle,
Und als sie's merkten, war es schon zu spät
Und es fehlte ihnen die Solidarität.

Und da haben sie die Kinder mitgenommen
Weil sie gedacht:
Es ist besser gemacht
Als wenn sie auf der Straße verkommen.
Und da war er wieder ein großer Wohltäter
Doch was er wirklich war
Das sahen sie erst später.
(Jetzt Kinder in der Fabrik. Sie fallen nacheinander um.)
Ja, der Herr Fugger ist ein Realist
Der weiß etwas, was ihr nicht wißt
Und ist gekleidet wie ein Christ.
Man sieht ihm gar nicht an, wie reich er ist.

Und für den vermeintlichen Wohltäter
Arbeiteten jetzt auch Kinder.
Und er war nur ein ganz gemeiner Leuteschinder.
Und der Reiche wurde immer reicher,
Und die Kinder wurden immer bleicher,
Und jetzt gab's auch Kinderleichen
Welche noch viel schneller bleichen.

18. Szene
Aber der Fugger hatte, was er wollte,
Wofür ihm mancher Beifall zollte,
Von wegen seiner Tüchtigkeit.
Und in den Gassen es heimlich grollte,
Es waren noch dreihundert Jahre bis zum großen Weberaufstand,
Der bekanntlich ein blutiges Ende fand.
So lange, Freunde, müßt ihr hoffen
Und dann noch ist der Ausgang offen.
Aber Herr Fugger hatte, was er wollte.
(Ansammlung von Volk.)
SPRECHER: Das Volk murrte, aber
Es konnte sich nicht artikulieren,
Denn es hatte keine Stimme,
sondern ihm stand nur

Ein allgemeines Gemurmel zur Verfügung.
Und das hörte sich so an:
Volk: Rhabarber, Rhabarber . . .
(Tische und Stühle werden herbeigebracht. Ausschank.)
Nur in den Wirtshäusern
Schenkte man sich reinen Wein ein,
Und da vergaßen sie die Sorgen,
Und da dachten sie nicht an morgen,
Und da ließen sie auch mal einen springen,
Und da sah man sie tanzen und singen,
Und da diskutierten sie,
Und da redeten sie sich die Köpfe heiß,
Und das hörte sich so an:
1. Leinew.: Mann, Mann,
Dieser Fugger ist jetzt riesengroß.
Wie macht der das bloß?
2. Leinew.: Nun hör mal zu.
Wenn ich so ein Leintuch webe:
Webt es der Herr Fugger oder web' es ich?
1. Leinew.: Na du.
2. Leinew.: Und wenn ich so ein Leintuch webe
Dann ist es meine Arbeit, die ich gebe?
1. Leinew.: Na klar!
2. Leinew.: Und Herr Fugger ist es, der die Arbeit nimmt?
1. Leinew.: Ja, das stimmt.
2. Leinew.: Und der, der die Arbeit nimmt,
Ist der Arbeitgeber, nicht wahr?
1. Leinew.: Das wär ja sonderbar.
2. Leinew.: Und der, der die Arbeit gibt,
Ist der Arbeitnehmer, nicht wahr?
1. Leinew.: Das ist mir gar nicht klar.
Sprecher: Ja, das Volk,
Wenn es getrunken hat,
Ist eben unberechenbar.
3. Leinew. (zum 2.): Hör mal zu,
Du bringst mich noch ganz durcheinander
Du mit deinen Fragen, du,
Laß mich in Ruh'.
4. Leinew. (zum 1.): Er tut dir doch die Arbeit geben
Sonst könntest du nicht weiterleben.
Sprecher: Und einer sagte und gar nicht leise:
5. Leinew.: Das ist doch Scheiße!
Er tut mir doch die Arbeit nehmen
Drum sollte sich Herr Fugger schämen.

Wir geben ihm die Arbeitskraft,
Die diesen märchenhaften Reichtum schafft.
Drei Flotten auf dem Meer er hat,
Ich krieg' nicht mal mich selber satt.
4. LEINEW.: Denk dran, was der verlieren kann
Es ist besser, man ist ein armer Mann
Das Risiko . . .
5. LEINEW.: Und wenn's nicht reicht bei Ultimo,
Wer trägt denn dann das Risiko?
4. LEINEW. (zum 5.): Du kannst nicht mal das Abc
Und er korrespondiert mit Übersee.
Die gebildeten Leute sind eben gescheiter
Du denkst bloß vor dich hin
Aber die denken weiter,
Das sind Kopfarbeiter.
CHOR: Der Mensch muß sich bescheiden,
Viel dulden und erleiden.
Nimm hin, was dir beschiede,
Und sei's zufrieden.
4. LEINEW.: Dieser Münzer,
Dieser Falschmünzer
Sagt, er sei ein Christ,
In Wahrheit ist er Kommunist.
Du siehst doch ein,
Man kann nicht beides auf einmal sein.
3. LEINEW.: Reich Gottes, ist doch Utopie,
So was gibt es auf Erden nie.
2. LEINEW.: Doch muß man trotzdem glauben dran,
Sonst fängt schon hier die Hölle an.
SPRECHER: Aber aus den untersten Schichten
Kommen ja bekanntlich
Immer wieder
Erstaunliche Begabungen.
Und da sie kaum lebten,
Spielten sie, daß sie
Schon gestorben wären.
(Die Rezitate müssen unter die Anwesenden verteilt werden. Jeder tritt einzeln vor.)
Als ich lebte,
Ging es einem schlecht,
Den hat der unerwartete Tod
In einer Nacht
Um sein ganzes Vermögen gebracht,
Wie ungerecht.

Als ich lebte
Ging es einem gut,
Den hat der unerwartete Tod
An einem Tage
Befreit von aller Plage.
Das machte mir Mut.

Ich war auch in der Welt,
Aber nicht lange,
Denn ich hatte kein Geld.

Nun hör mal her:
Wenn du tot bist,
Lebste nicht mehr.
Also.
Und nur wenn du lebst,
Kannste dir klarmachen,
Daß du lebst.
Und kannst dich fragen,
Ob das, was du lebst,
Wirklich ein Leben ist.
Also.

Denk an die Zeit
Und verpaß nicht die Gelegenheit.
Denn Leben,
Das ist nicht
Wenn das Herz schlägt.
Das ist
Wenn das Herz höher schlägt.

SONG:

Als ich lebte,
Ging's mir nicht so schlecht,
Und fünf Jahrhunderte später
Hätte ich sogar ein Auto gehabt.
Aber an besonders schönen Tagen
Sah ich so die Erde in den Himmel ragen.
Und der Himmel war so weit und offen,
Und das hat mich sehr betroffen,
Und das hat mich sehr berührt,
Und da hab' ich irgendwas gespürt
Und wenn so die Wolken durch den Himmel zogen,
Fühlt' ich mich um irgendwas betrogen.

Als ich lebte,
Da war einer,

Na, so wie ich,
Nur etwas kleiner
Und jünger,
Und das war mein Patron,
Und bei dem arbeitete ich für Lohn,
Und der tat mir Arbeit geben
Und da konnte ich ein bißchen weiterleben.
Ist das nicht lächerlich?

Als ich auf der Welt war,
Sah ich nicht viel von der Welt,
Denn ich wurde auf einen Platz gestellt,
Da webte ich tagaus, tagein
Stoff aus Wolle und Leinen.

Als ich lebte,
Lebte einer neben mir,
Und zwischen uns war nur 'ne Tür.
Nur eine Tür hat uns getrennt,
Es waren ein paar Schritte nur,
Den hab' ich aber nicht gekennt
Das war nämlich mein Konkurrent.
Verdammte Leute, merkt doch nur,
Das ist doch gegen die Natur.

SPRECHER: Und einer,
Der hatte bisher
Nichts gesagt,
Aber nun sagte er,
Und man merkte es,
Es fiel ihm schwer.
Als ich lebte,
Hat man mir gesagt:
Gott sei's geklagt,
Hier hast du nichts zu sagen.
Es genügt,
Wenn du verstehst
Was man dir sagt.
Gott sei's geklagt.

LEINEW.: Ist das das Leben?

ALLE: Nein,
Das muß ein ungeheurer Irrtum sein.
(Sie tanzen, dann paarweise ab.)

SONG:
Aber da waren einige, die waren schon ganz voll,
Und da waren Frauen,

Die machten alle Männer toll.
Und da muß man ja mal hinseh'n,
Und da kann man ja nicht widersteh'n,
Und sie legten eine flotte Sohle aufs Parkett,
Und dann gingen sie ins Bett,
Und da vergaßen sie die Sorgen,
Und da dachten sie nicht an morgen.
Aber als der Morgen heraufkam
Und der Tag seinen Lauf nahm,
Da hörte man keine Lieder mehr
Da waren sie wieder sorgenschwer.

19. Szene

(Anfangs dunkel auf der Bühne, dann immer heller. Man sieht Herrn Fugger auf der Leiter. In halber Höhe ein Angestellter. Davor viel Volk.)

SPRECHER: Und jetzt hören Sie
Weil meine Stimme nicht mehr reicht
Sie ist schon gänzlich ausgebleicht
Auf einem alten Grammophon
Von dem anderen Augsburger Bürgersohn
Einen Song
Angekündigt durch einen Gong.
(Gongschlag)
(Die Schlußstrophen des Dreigroschenfilms, B. Brecht: Gesammelte Werke, Frankfurt 1975, Bd. II, S. 497, 1. + 3. Strophe.)
Würden nicht die hier unten steh'n,
So könntet ihr ihn nicht dort oben seh'n.
Herr Fugger hält herab von der Leiter
Eine Ansprache an seine Mitarbeiter.

FUGGER: Unsere große Familie
Reicht jetzt schon bis nach Übersee
Und jede Familie hat ein Oberhaupt
Der Vergleich sei mir erlaubt
Das ist so wie mit Gott und der Welt,
Wenn nicht einer die Hand darüberhält
Der ganze Bau zusammenfällt
Denn einer trägt das Risiko.

JUNGER LEINEW.: Und wenn's nicht reicht bei Ultimo,
Wer trägt dann das Risiko?

ANGESTELLTER: Das ist ja offene Meuterei!
Herbei, herbei, die Polizei!
Auf dem Marktplatz steht ein Schandpfahl frei.

FUGGER: Ach liebe Leute, seid doch still

Und hört, was ich euch sagen will.
Gäb's nicht die Privatinitiative
Der Weltlauf nicht mehr weiterliefe.
Drum stehe ich hier oben auf der Leiter
Aber ihr andern, ihr seid Mitarbeiter.
Ich sag es frei heraus mit Mut,
Die Geschäfte laufen wieder gut,
Drum gibt es zum verdienten Lohn
Noch eine Weihnachtsgratifikation.

JUNGER LEINEW.: Eine Gratifikation, was ist denn das?
Der macht sich ja die Hosen naß.

ALTER LEINEW.: Nun sei doch still, mein lieber Sohn,
Er meint einen höheren Lohn.

JUNGER LEINEW.: Ach so,
Von wegen dem Risiko.

ALTER LEINEW.: Siehst du, Herr Fugger tut uns Arbeit geben,
Damit wir können weiterleben.
Du solltest den Mund halten
Und dich schämen
Schließlich profitieren wir davon alle.

SONG:
Und die es glaubten, saßen in der Falle
Und leider waren es fast alle
Und als sie's merkten, war es schon zu spät.
Und es fehlte ihnen die Solidarität.

Ja, der Herr Fugger ist ein Realist
Der weiß etwas, was ihr nicht wißt
Und ist gekleidet wie ein Christ.
Man sieht ihm gar nicht an, wie reich er ist.

SPRECHER: Aber Herr Fugger
Hatte noch eine andere Methode,
Indem er drohte.
Denn draußen stand ein ganzes Heer.
Die waren hier ganz unbekannt
Das waren Bauern ohne Land.
Und da sagte er:

FUGGER: Da draußen steht ein ganzes Heer,
Die sind hier ganz unbekannt
Das sind Bauern ohne Land.
Wenn ihr nicht wollt, na bitte sehr,
Da draußen steht ein ganzes Heer
Ich hab' euch in der Hand.

SONG:
Doch wir wollen nicht vergessen
Denn das wär' nicht angemessen
Das große Kapital
War ja nicht nur böse
Sondern auch christlich und sozial.
Und er gründete ein Hospital
Für die Witwen und Verwaisten
Und die allzufrüh Ergreisten
Daß sie nicht so mitgenommen
Wenn sie in den Himmel kommen.
(Vorhang zu)

20. Szene

SPRECHER: Das war die Geschichte von Jakob, dem Fugger.
Er lebte kurz nach Johann Gutenberg, dem Buchdrucker.
Und damals lebte auch der berühmte Doktor Martin Luther
Und viele lebten, die waren bloß Kanonenfutter
Und es lebten viele ungenannte
Deren Namen niemand kannte.
Das war ein frühkapitalistisches Stück
Vom märchenhaften Reichtum und vom unverschämten Glück
Und vom großen Betrug,
Der sich vor fünfhundert Jahren zutrug.
Ihr konntet sehen,
Wie es einer weit brachte,
Und wie er es machte,
Und wie er es hat geschafft
Aus eigener Kraft.
Das ist natürlich ein Märchen.
Aber daß er es schaffte
Und daß er viel zusammenraffte,
Das ist kein Märchen.
Am Anfang war da eine Klasse
Und einer stieg auf aus der Masse
So wie die Spreu vom Weizen sich scheidet
Der eine freut sich, und der andere leidet.
Zuerst war er ein Leineweber
Dann wurde er Lieferant
Und dann Spekulant
Und schließlich Fabrikant
Und Arbeitgeber.

FUGGER (erscheint):
In diesen wechselvollen Zeiten

Mußte man eben in vielen Sätteln reiten
Und da konnte man nicht gerecht sein
Leider.

SPRECHER: Während er aufstieg auf der Leiter
Zum Fabrikanten und Arbeitgeber
Wurden die übrigen Leineweber
Fabrikarbeiter.

SONG:
Und der da oben war nun riesengroß
Und da unten stand sein Amboß
Auf den er schlug.
Und das war die Menge, die es ertrug
Und die schmiedete sein Glück
Stück um Stück und Stück um Stück.

SPRECHER: Das Stück spielte zu einer Zeitenwende.
Die Zeit, die damals begann, ist ja jetzt zu Ende
Denn Gott sei Dank ist es vorbei
Mit der Ausbeuterei.

FUGGER (erscheint):
Das mit den Fuggern ist ja schon so lange her
Und deshalb gibt's auch keine Fugger mehr.

SPRECHER: Na, ist doch logisch.
Weil die schon lange nicht mehr leben
Kann es sie ja auch nicht mehr geben.

FUGGER: Eben.
(Er geht ab.)
(Evtl. hebt sich noch einmal der Vorhang. Eine Schulklasse. Die Kinder winken wild.)

SPRECHER: Seht auch, was sich geändert hat:
Die Kinder werden alle satt
Sie können jetzt zur Schule geh'n
Und auch die Alten leben angenehm.
Denn wirklich, liebe Leute
Es ging euch doch noch nie so gut wie heute.
Na ehrlich, so gut wie heut' ging's euch noch nie
Und wir leben jetzt in einer Demokratie.
Und zieh'n Sie Parallelen da und hie
So zieh'n nicht wir sie, sondern Sie.
Und schreit nicht gleich Zeter und Mordio,
Sonst fragt sich am Ende einer –
Und das soll doch keiner –,
Ist es denn noch immer so?
ENDE

Ein Tag da oben

Ich fuhr zu U. in die Obdachlosensiedlung, um ihn abzuholen. Seine Mutter zog ihn frisch an und wusch ihn, weil er mit dem Lehrer gehen sollte. Eine Zeitlang saß ich mit seinem älteren Bruder allein im Zimmer. Er war ein junger Mann von rauhem Aussehen. Ich versuchte, ihn in ein Gespräch zu ziehen. Dabei erfuhr ich, daß er mit Sorge in die Zukunft sah. Täglich fuhr er mit seinem Mofa hinaus zu den Müllhalden. Er klagte über den verstärkten Umweltschutz. Die Schließung der Müllhalden in der näheren Umgebung, die ihn zu weiteren Wegen bei erhöhten Benzinpreisen zwangen, würde seine Existenz ruinieren.

An der Wand hingen einige alte Helme und Kupferkannen, die er aus dem Müll gezogen hatte. Ich hätte gern eine alte Kanne gekauft, doch wollte er sich davon nicht trennen, nur in der allerhöchsten Not.

U. kam und wir fuhren los. Über der Stadt hing eine graue, dichte Wolkendecke. Bald fuhren wir durch den Wald, die Serpentinen hinauf. Es wurde heller, und jetzt erst sahen wir, aus welcher Welt wir gekommen waren. Der Himmel war blau, veilchenblau, sozusagen eine blaue Nacht, in die die Bergrücken hineinragten. Das Weiß des Schnees und das Grün der Tannen kontrastierten reizvoll damit. Nach Süden begrenzten die Alpen die Aussicht, sie waren zum Greifen nahe. Manche Berge sahen aus wie kleine, mit Puderzucker überstreute Erdhaufen. Zwischen zwei Bergzacken hing eine Wolke, vielleicht wütete dort ein Sturm. Ich hatte in der Zeitung gelesen, daß die Pässe wegen der Schneemassen gesperrt waren. Wir erkannten die Jungfrau und den Eiger. Ich erzählte, daß dort in der Nordwand noch ein paar tote Männer hingen. Hinter den Bergen lagen Italien, das Mittelmeer und Afrika.

U. schloß die Augen, machte ein verzücktes Gesicht und breitete die Arme aus, als wollte er gleich davonfliegen. Ich meinte, eine solche Aussicht könnte schon eine Flugreise ersetzen. Wir setzten uns auf einen Fleck, wo der Schnee weggetaut war, und packten Butterbrote aus. Ein Skiläufer kam aus dem Wald, er hatte eine rote Pudelmütze auf und sagte, als er mit schleppendem Schritt an uns vorbeizog, «Grüß Gott». Dann verschwand er wieder. Plötzlich entdeckte U. den Mond, der gerade aufgegangen war oder dort schon eine Weile gestanden hatte.

Er fragte mich, ob man den italienischen Stiefel sehen könnte. Ich sagte: «Nur vom Raumschiff aus.» Ich könnte ihm Aufnahmen zeigen, auf denen nicht bloß der Stiefel, sondern Teile von Europa und Afrika zu sehen seien und natürlich das Meer. Im Flugzeug käme alles nacheinander, zuerst die Alpen, dann die Poebene, Mailand könnte man nicht sehen, nur eine Wolke von Dreck. Dann käme das Meer in Sicht. Schiffe durchpflügten es, das Kielwasser im Schlepp. Die Putzfrauen aus unserer Schule hätten auf einem dieser Schiffe eine Kreuzfahrt nach Afrika gemacht. Sie hätten gesagt, daß sie es jederzeit wieder machen würden.

Auf dem Schiff könnte man zollfrei einkaufen. Deshalb würde unheimlich gesoffen. Ein Bewohner unserer Stadt sei in Afrika eingestiegen und in Italien nicht mehr von Bord gegangen. Er sei unterwegs spurlos verschwunden, niemand habe es bemerkt. Wahrscheinlich habe er an der Reeling gestanden mit schwerem Kopf, der ihn schließlich hinunterzog. Vielleicht sei er zuletzt noch einmal zur Besinnung gekommen wegen der plötzlichen Kälte und habe das Schiff fortfahren sehen in der unendlichen Nacht. Übrigens sollte er sich Nordafrika nicht zu warm vorstellen zu dieser Jahreszeit. Die Bewohner würden sehr frieren, auch ohne Schnee. Ich selbst hätte einen Araber gesehen mit abgeschnittenen Hosenbeinen und zu kurzen Socken. Um an den Waden nicht so sehr zu frieren, hätte er die Enden von Hosenbeinen und Socken zu Zipfeln zusammengedreht und mit Bindfäden verbunden. Dadurch wären die Hosen nach unten und die Socken nach oben gezogen worden. Da die Leute keine Arbeit hätten, würden sie die ganze Zeit durch die Stadt gehen, wie im Aufruhr. Aber nie würde etwas geschehen, und sie machten es nur, um keine kalten Füße zu bekommen. Oder sie säßen in den Lokalen vor Gläsern mit Tee, die Hände darum geschlossen, um sie zu wärmen.

Ich selbst hätte damals von der ersten Sanddüne aus in die Sahara hineingespäht und nirgends Leben entdeckt. Neben mir hätte ein Schweizer gesessen, der tatsächlich zu jodeln anfing. Zu dieser Düne wären wir zwei Tage lang mit dem Omnibus gekarrt worden, aber die letzten Kilometer wären wir auf Kamelen geritten. Vielleicht hätte die Düne nur eine Schar von Beduinen im Auftrag des Touristikunternehmens aufgeschaufelt.

Wir gingen weiter, der Schnee knirschte unter den Schritten, und wenn wir gegen die Sonne schauten, begann er zu glitzern. U.s Schuhe quietschten außerdem vor Nässe. Es waren die Schuhe, die ich ihm kürzlich gekauft hatte. Eine Nachbarin war dabeigestanden und hatte gesagt: «Was für ein guter Mensch Sie doch sind.» Wir kamen an einen See. Er war zugefroren, und auf das Eis hatte es geschneit. Die Fußgänger hatten sich einen Weg über das Eis gebahnt wie eine lange Schlitterbahn. Dann fuhren wir weiter. Die Landschaft glich nun einem weitläufigen Park. Wir kamen an erleuchteten Häusern vorbei. Hinter den Fenstern sah man Familien. Von den Häusern gingen Wege aus, die irgendwo endeten. Sie sahen nicht aus, als ob sie zu einer Arbeitsstelle führten.

Wir fuhren wieder talwärts, und das Auto schlitterte zwischen den Schneewällen beiderseits der Straße entlang wie ein Bob. Unten in der Stadt glänzte das Pflaster vor Nässe. Ein Zug von Demonstranten kam uns in die Quere, ausgehend von der Universität und angeführt von einer Gruppe Parolen schreiender Aktivisten. Offenbar protestierten sie gegen eine neue Untat des Imperialismus. Ich stieg aus, um Genaueres zu erfahren. U. hockte im Fond des Wagens und wollte dort bleiben. Ein Student kam auf mich zu und wollte mit mir diskutieren. Aus irgendeinem Grund war ich wütend und sagte zu ihm, er solle doch erst einmal etwas Vernünftiges tun, und sei es nur, daß er einem einzigen auf die Beine helfe. Er meinte, das ganze Proletariat müsse neu beschuht und auf Trab gebracht werden, da ihm ein langer Marsch bevorstünde. «Ha, ha,» sagte ich, «das Proletariat gibt es gar nicht mehr, schon Putzfrauen fahren heute nach Afrika.» Er fragte mich, ob ich schon einmal einen Toten auf der Kaiser-Joseph-Straße gesehen hätte oder wenigstens einen Sterbenden. «Natürlich nicht», sagte ich. «Sehen Sie», sagte er, «man sieht nur die Lebenden, die in erleuchteten Kaufhäusern nach unnützen Dingen grapschen» – es war damals Winterschlußverkauf. «Um sich herum sieht man nur Lebende. Aber darf man daraus den Schluß ziehen, es gebe keine Toten und keine Sterbenden? Die Toten drängt man auf die Friedhöfe und die Sterbenden in die Krankenhäuser. Ebenso ist es mit der Armut und dem Elend. Man versteckt sie, ja, sie verstecken sich selbst.» Ich war froh, daß U. im Auto saß. Ich wußte ihn in Sicherheit. Vielleicht hätten sie ihn ans Licht gezerrt. «Sehen Sie», hätten sie gesagt, «das ist eines der unzähligen Proletarierkinder, von denen ihr glaubt, daß es sie nicht mehr gibt. Schaut es euch an, die bleiche Gesichtsfarbe, das traurige Gesicht. Das ist kein Fossil aus den Zeiten des Klassenkampfes, sondern traurige Wirklichkeit.» Aber ich sagte: «Sie sehen nur Mißstände, aber ich lasse mich nicht durch Miesmacher wie sie unglücklich machen.» Dann ging ich, und er schrie mir wütend nach: «So einem wie Ihnen ist ja nicht mehr zu helfen!» Ich öffnete den Wagen, U. war eingeschlafen, er wachte auf und sagte: «Die sollen doch erst mal schaffen.»

Der Kampf

Im Zug auf der Rückfahrt von einem Ausflug bekamen meine Schüler Streit mit gleichaltrigen Schülern des Gymnasiums in M. Sie sagten später, die Gymnasiasten hätten sie beleidigt: Ihr Hauptschüler habt ja nichts im Kopf. Aber das ist vielleicht eine einseitige Darstellung. Ich saß in einem anderen Abteil und wurde erst nach einiger Zeit hinzugerufen. Mir schien, die Sache wäre beigelegt, aber beim Aussteigen baten mich vier Gymnasiasten, sie zum Zug auf das andere Bahngleis zu begleiten. Sie hatten offenbar Angst, denn einer von ihnen hatte zu R. gesagt: «Du bist ein Schwuler.» «Bloß weil er sich mit der Zunge über die Lippe gefahren war», erklärten mir meine Schüler am anderen Tag.

Wir hatten fast den anderen Bahnsteig erreicht, als in unserem Rükken, unten in der Bahnhofsunterführung, ein mächtiges Geschrei losging und ein kurzer, aber heftiger Kampf entbrannte. Ich stürzte die Treppe hinunter, und während ich lief, sah ich, wie R. auf einen Schüler einschlug. Dabei bewegten sich seine Arme schnell wie Windmühlenflügel.

Ich habe auch gesehen, wie der Gymnasiallehrer auf einen deutschen Jugendmeister im Ringen eindrang und dieser ihn mit lässigen Bewegungen von sich abwehrte wie man eine Fliege abwehrt. Der deutsche Meister gehörte nicht zu meiner Klasse, sondern in die Nachbarschule, er war mit einigen Kameraden zur Unterstützung herbeigeeilt. Ich bekam R. von hinten zu fassen. Da war der Kampf auch schon zu Ende.

Der Gymnasiallehrer schrie mich an, ich hörte ein paar Mal das Wort «Saubande», offenbar hielt er mich für deren schlechten Hirten. Einen Augenblick fürchtete ich, es sollte der Kampf zwischen den Lehrern fortgesetzt werden. Ich konnte nicht mit ihm sprechen, da er fortfuhr, mich anzuschreien. In seiner verständlichen Erregung war der Mann zu bedauern. Wie ich später hörte, war jener Ausflug seine letzte Amtshandlung gewesen, er hatte das Pensionsalter erreicht. Ich hätte ihm gern einen besseren Abschluß gegönnt.

Ich ging hinaus und setzte mich auf eine Bank vor dem Bahnhof. Dort blieb ich etwa eine halbe Stunde. Die Schüler hatten sich verstreut, aber ich denke, daß sie sich in einer Kneipe trafen, um den Sieg mit Bier zu begießen. Am nächsten Morgen sagten sie zu mir: «Wer zu uns sagt, wir hätten nichts im Kopf, dem haun wir eins auf den Kopf.» Sie sagten auch: «Die werden noch lange an uns denken.»

Am nächsten Morgen erhielt ich auch einen Anruf von der Nachbarschule, die vom Gymnasium benachrichtigt worden war. Es war die Rede von einem Lehrer in schwarzer Jacke, der Auskünfte zur Person verweigert hätte. Offenbar begannen in einigen Köpfen die Mythen zu blühen und die Gerüchte zu wuchern: Eine Schlägerbande, angeführt von einem langhaarigen Schwarzbejackten, hätte die Gymnasiasten auf ihrem friedlichen Heimweg zusammengeschlagen. Ich mußte auch erfahren, daß einer von ihnen mit einem Nasenbeinbruch im Krankenhaus lag, während ein anderer mit Verdacht auf Gehirnerschütterung zunächst eingeliefert, aber dann wieder entlassen worden war. Bei der Prügelei war er zu Boden gegangen, und jemand hatte ihm mit dem Fuß mehrmals gegen den Kopf getreten.

Am nächsten Tag verabredete ich mich mit J. und R., die beide geringfügige Blessuren an der Lippe und am Auge hatten, um den verletzten Schüler zu besuchen, doch kamen sie nicht. Vielleicht fürchteten sie eine Gegenüberstellung oder meinten sogar, ich wollte sie in eine Falle locken.

Dem Verletzten ging es verhältnismäßig gut. Im Krankenhaus besuchten ihn gerade mehrere seiner Kameraden. Sie waren nett und vernünftig und gaben eine Mitschuld zu. Über den Vorgang, der direkt zu den tätlichen Auseinandersetzungen geführt hatte, bestanden weiterhin zwei Versionen. Sie sagten, sie seien angegriffen worden, während meine Schüler das Gegenteil behaupteten.

Wegen der Folgen der Auseinandersetzungen wurde Klage eingereicht, die von der Polizei verfolgt werden mußte. Dabei stellte sich heraus, daß keine meiner Schüler die Täter gewesen waren. Aber ich hatte es für möglich gehalten.

Die Podiumsdiskussion

Ich saß vorn auf dem Podium und sah, wie die Aula sich langsam füllte. Der Platz war mir ungewohnt, sonst hatte ich unten gesessen. Als der Saal voll war, begann Professor P. zu reden. Er sagte, daß der Einstellungsstopp für Lehrer sowohl für die Lehrer als auch für die Schüler gefährlich sei, weil diese nicht die nötige Förderung erhielten und jene beinahe notwendig in einen autoritären Stil verfallen würden. Jeder Lehrer, der nicht eingestellt würde, würde der Gesellschaft sehr viel Geld kosten, da um so mehr Schüler als verkrachte Existenzen ihr später zur Last fallen würden.

Auch Professor P. war für die Einstellung aller Studenten, wenn sie das Examen gemacht hätten. Es sei nicht zu verantworten, die jungen Leute erst zu diesem Studium aufzufordern und sie dann nicht einzustellen.

Dr. K. vom Ministerium, der neben mir saß, wies, wie zu erwarten war, auf die fallenden Geburtsraten hin, weshalb über kurz oder lang von selbst die besten Schulverhältnisse entstehen würden. Während Dr. K. sprach, lachte eine Gruppe von Studentinnen, die nahe am Podium saß, ihm ins Gesicht, und Dr. K. sagte: «Lachen Sie nur, meine Damen», und es klang so, als würde er sagen: «Wer zuletzt lacht, lacht am besten.»

Ein Kollege von der GEW führte Zahlen an, um Dr. K. zu widerlegen, der von Zeit zu Zeit wissend den Kopf schüttelte. Dann sprach der bekannte Politiker S., da ich aber leise die Wörter mir vorsagte, die ich nachher laut sprechen wollte, habe ich nicht gut aufgepaßt. Mir fiel nur auf, daß S. hin und wieder laut die Stimme hob, doch konnte ich keinen Zusammenhang erkennen zum Inhalt seiner Rede und kam zu der Auffassung, daß er es immer dann tat, wenn die Zuhörer ihm entglitten in ihre privaten Tagträume. So bekam er sie wieder in den Griff.

Nun war ich an der Reihe. Ich gab zuerst ein Bild meiner Klasse, ganz ähnlich wie hier, aber natürlich in der gebotenen Kürze. Dann verglich ich die Aussagen, die über die Bildungspolitik und die Schule gemacht werden, mit der mir bekannten Schulwirklichkeit. Ich bediente mich also der Methode der Wahrheitsfindung, weil ja die Übereinstimmung der Sache mit dem Gedachten Wahrheit, die Nichtübereinstimmung Unwahrheit, die wissentlich falsche Aussage aber Lüge genannt wird. Wie ich nun an die mir bekannte Realität der Schule Sätze anlegte wie: «Das ist eine Bildungspolitik in christlicher Verantwortung» oder: «Die

Hauptschule ist eine weiterführende Schule», erhob sich jedesmal ein großes Gelächter. Doch meine ich, daß der Abgrund, der sich hier auftut, durch kein noch so großes Gelächter aufgefüllt werden kann.

Schließlich verglich ich unser Schulwesen mit dem unserer Nachbarstaaten, darunter auch mit dem der DDR. Das lag mir besonders am Herzen, weil ich von daher komme. Ich erklärte, daß ich mich genau an damals erinnerte und wie man sich beim Sprechen fragte, ob man das, was man sagte, tatsächlich sagen durfte und was es möglicherweise für Folgen hätte. Tatsächlich erinnerte ich mich gerade in diesem Augenblick an jene Situation. «Um so mehr», fuhr ich fort, «muß ich es bedauern, daß ich mir heute, wenn ich durch meine Klasse gehe, beim Anblick verschiedener Schüler sagen muß: Für euch wäre es wahrscheinlich besser, wenn ihr in der DDR aufwachsen würdet.» Ich meinte jene, die aus der Obdachlosensiedlung kommen und wieder in sie zurückkehren, und jene, die, aus der Schule entlassen, keine Arbeit finden und vielleicht kriminell werden, und jene, die vielleicht verkommen und die wir verkommen lassen.

Ich sagte auch, daß ich mich selbst ein wenig bedauere, weil ich in einer Klasse unterrichte, wie sie wahrscheinlich von Sonneberg bis Stralsund und von Nordhausen bis Zittau nicht mehr anzutreffen sei, und daß diese Tatsache meinem Lebenslauf eine etwas absurde Wendung geben würde.

Dr. K. wandte sich zu mir und sagte: «Ich möchte Sie noch privat sprechen. Was Sie da eben gesagt haben, finde ich äußerst frivol, vor allem von einem, der aus der DDR kommt.» Er sagte tatsächlich «frivol», aber er meinte wohl «unverantwortlich».

Auf dem Arbeitsamt

Ich ging mit fünf Schülern, die die Schule verlassen wollten, zum Arbeitsamt. Für vier Uhr hatten wir einen Termin erhalten. Am Vormittag hatten wir unseren Auftritt in der Schule geübt, wobei die Schüler die Rolle des Ratsuchenden und ich die des Beraters übernommen hatten. Mir war aufgefallen, daß die Schüler, anstatt mich zu befragen, sich befragen ließen.

Auf dem Arbeitsamt waren viele Leute, und als wir für einen Augenblick den Eingang versperrten, wurden wir von einer Dame verscheucht. Ich klopfte an die Tür des Beraters, wir traten ein, und er erhob sich und packte schnell das Butterbrot ein, das er gerade essen wollte. Dabei machte er ein verlegenes Gesicht, weil ihm offenbar klar war, daß er gerade dem Bild entsprochen hatte, das man im allgemeinen von Beamten hat. Der Berater war freundlich und hatte viel Zeit für uns. Er fragte die Schüler nach ihren Berufswünschen, und es zeigte sich, daß diese zu hoch gegriffen waren. Bisher hatte ich ihnen vergeblich beizubringen versucht, die Rosinen im Kopf aufzugeben. Ein junges Mädchen hatte mir erklärt, daß junge Menschen das Recht hätten, zu träumen, und ältere nicht das Recht, ihnen die Träume zu nehmen. Dann war mehrmals die Geschichte von dem Sonderschüler aufgetischt worden, der eine eigene Firma gegründet hatte, die offenbar sehr gut lief. Ich hatte versucht, zu erklären, daß die Gegenwart, die sie in der Schule vertun würden, anstatt sie zu nutzen, bald Vergangenheit sein und in Form einer ziemlich hoffnungslosen Zukunft auf sie zurückkommen würde. Daraufhin hatte M., der ein Anhänger des süßen Lebens ist, mir ernsthaft erklärt, daß es, wenn es tatsächlich so sei, ein Grund mehr wäre, jetzt das Leben zu genießen und möglichst wenig zu tun – damit man später mindestens sagen könne, man hätte eine glückliche Jugend gehabt. Nun hoffte ich, die Konfrontation mit der Realität würde sie ernüchtern und ihnen die Augen öffnen.

Der Berater beschäftigte sich vorwiegend mit S., der der aufgeschlossenste war und aufrecht auf dem Stuhl saß, während die andern die Beine von sich streckten, als säßen sie bei Muttern am Tisch. Zweifellos würde diese Haltung ein Hindernis sein in der Konkurrenz um die Lehrstellen. Der Berater erklärte uns, daß die Zeiten sich geändert hätten und es schwer wäre, eine Stelle oder eine Arbeit zu finden, und nannte als Ursache für diese plötzliche Wendung die überhöhten Anforderungen, welche an die Ausbildung gestellt würden, dazu schlechte Erfahrungen, welche Meister mit unwilligen Lehrlingen gemacht hätten, aber auch konjunkturelle Schwankungen und Überproduktion. Unter diesen Umständen hätte ein Schüler, der vorzeitig die Schule verlasse, kaum eine Chance, vor allem dann nicht, wenn er kein A-Schüler, sondern ein B-Schüler sei. Er müsse deshalb allen raten, sich auf den Hosenboden zu setzen und den Hauptschulabschluß zu machen. Auch dann seien die Aussichten nicht allzu rosig, wenn man auch nicht gerade schwarzsehen müsse. Die Schüler sollten ihre Aufmerksamkeit auch Berufsbildern zuwenden, an die sie bisher wahrscheinlich nicht gedacht hätten, wie Waldarbeiter und Küfer. Er zeigte uns Karten, in denen Meister ihre Wünsche eingetragen hatten, die sie wegen ihrer Lehrlinge hegten. Daraus ging hervor, daß es für einen guten Hauptschüler durchaus möglich war, Bäcker oder Schreiner zu werden. Auf einigen Karten stand auch, der Lehrling müsse aus guter Familie sein, und als die Schüler es lasen, gab es manchem von ihnen einen Stich im Herzen, weil sie sich fragten, ob sie aus guter Familie seien.

Zum Schluß gebrauchte der Berufsberater ein Bild. Es sei wie auf dem Wochenmarkt unter dem Münster. Die guten Äpfel gehen weg, aber die schlechten bleiben liegen. Da dachte S. offenbar an die Fugger und sagte: «Das ist ja wie im Mittelalter.»

Eine Annonce

Viele Schülerinnen und Schüler hatten sich schon sehr früh, zu Beginn des Schuljahres, um Lehrstellen bemüht. Da ihre Versuche jedoch meist ergebnislos blieben, sagte ein Mädchen: «Jetzt hilft nur noch eine Annonce.» Das war kurz vor Ostern. Ich setzte mich hin und schrieb im Einverständnis mit den beiden Kolleginnen der Parallelklassen einen Brief an die Eltern.

Freiburg, den 10. 3. 76

Liebe Eltern,
wir möchten Sie heute über die Aussichten Ihrer Kinder und unserer Schülerinnen und Schüler auf dem Arbeitsmarkt informieren und Ihnen einen Vorschlag unterbreiten.

Die drei Abschlußklassen unserer Schule haben 33, 34 und 38, also insgesamt 105 Schülerinnen und Schüler. Von ihnen haben sich 30 an einer Schule angemeldet, 23 haben eine Lehrstelle gefunden, die übrigen 52 haben bisher vergeblich nach einer Lehrstelle gesucht. Da über die Aufnahme an einer der Schulen noch nicht entschieden ist und sich außerdem verschiedene Jugendliche nur notgedrungen dort angemeldet haben, weil sie bisher keine Lehrstelle fanden, dürfte die Anzahl der Stellensucher noch höher liegen. Die Aussichten, Erfolg zu haben, scheinen aber mit der Zeit immer geringer zu werden.

In dieser Situation, die wir für katastrophal halten, möchten wir Ihnen vorschlagen, mit einer Anzeige in der Zeitung an die Öffentlichkeit zu treten.

Wir erhoffen davon einige Stellenangebote. Alle Schülerinnen und Schüler, die sich für ein eingehendes Angebot interessieren, könnten sich dann bewerben.

Ferner scheint uns eine Anzeige ein geeignetes Mittel zu sein, die Öffentlichkeit auf die Probleme der Jugendlichen aufmerksam zu machen.

Vielleicht können Sie einen kleinen Beitrag, wir denken an 0,50 DM oder 1 DM, beisteuern, ansonsten wird der Ortsverband Freiburg der Gewerkschaft Erziehung und Wissenschaft die Kosten übernehmen (ca. 500 DM für eine Anzeige von 8 × 8 cm).

Wir stellen uns folgenden Text vor:

«Wir, über 50 Schülerinnen und Schüler der drei Abschlußklassen einer Hauptschule in Freiburg-Haslach, haben bisher vergeblich nach Lehrstellen als (hier folgt die Aufzählung der Berufe) gesucht. Falls Sie, öffentliche und private Arbeitgeber und verantwortliche Politiker und Volksvertreter, noch irgendein Interesse an uns haben sollten, schreiben Sie uns bitte.

Denken Sie auch daran, daß unser Fall nur einer von vielen ist. Die Klassen 9a, b, c, V.-Schule II, Freiburg.

Diese Anzeige wurde finanziert von den betroffenen Schülern, ihren Eltern, Elternbeiräten, den Klassenlehrern und dem Ortsvorstand der GEW Freiburg.»

Wir möchten Sie fragen, ob Sie mit dieser Annonce einverstanden wären. Sie könnte am kommenden Mittwoch in der BZ erscheinen.

ja nein

Wären Sie damit einverstanden, daß die Annonce auch als Flugblatt verteilt wird?

ja nein

(Nichtzutreffendes bitte streichen)

Mit freundlichen Grüßen

Da die Eltern einverstanden waren, gaben wir die Annonce in der Zeitung auf und verteilten in der Stadt ein gleichlautendes Flugblatt mit dem einzigen Zusatz: «Jeder junge Mensch hat ohne Rücksicht auf Herkunft oder wirtschaftliche Lage das Recht auf eine seiner Begabung entsprechende Erziehung und Ausbildung (Artikel 11,1 der Verfassung von Baden-Württemberg).»

"Jeder junge Mensch hat ohne Rücksicht auf Herkunft oder wirtschaftliche Lage das Recht auf eine seiner Begabung entsprechende Erziehung und Ausbildung."

Artikel 11 (1) der Verfassung von Baden-Württemberg

Wir, über 50 Schülerinnen und Schüler

der drei Abschlußklassen einer Hauptschule in Freiburg-Haslach, haben bisher vergeblich nach Lehrstellen als **Bäcker, Dekorateur, Drogistin, Elektriker, Friseuse, Installateur, Bank-, Einzelhandels-, Industrie-, Versicherungskaufmann, Koch, Mechaniker, Metzger, Rechtsanwaltsgehilfin, Schreiner, Sekretärin, Verkäuferin, Verwaltungsangestellte, Zahnarzthelferin usw.** gesucht.

Falls Sie, öffentliche und private Arbeitgeber und verantwortliche Politiker und Volksvertreter, noch irgendein Interesse an uns haben sollten, **schreiben Sie uns bitte!**

Denken Sie auch daran, daß unser Fall nur einer von vielen ist!

Die Klassen 9a, b, c, V schule II, Freiburg.

Diese Anzeige wurde finanziert von den betroffenen Schülern, ihren Eltern, Elternbeiräten, den Klassenlehrern und dem Ortsverband der Gewerkschaft Erziehung und Wissenschaft **Freiburg.**

Wolfgang Wimmer, V schule II

Anzeige aus der Badischen Zeitung vom 17. März 1976

V.i.S.d.P.: Gerhard Hinz, Elternbeiratsvorsitzender, Freiburg / Wolfgang Wimmer, Lehrer, Freiburg

Als direkte Antwort auf unsere Annonce erschien am darauffolgenden Wochenende folgende Anzeige in der Zeitung:

Wir 5 Freiburger Baufirmen

haben die Anzeige der 50 Schülerinnen und Schüler

der V -Schule II

gelesen und leider unsere Berufe unter den gesuchten Lehrstellen vermißt.

► **Wir haben als sozial verantwortungsvolle Unternehmen großes Ver-**
► **ständnis für die Sorgen aller Schüler und Jugendlichen** und daher uns seit Jahrzehnten um die Ausbildung von Fachhandwerkern bemüht.

Wir bieten Ihnen 12 **Ausbildungsplätze** in den Ausbildungsberufen:

Maurer und Betonbauer

an und bitten Interessenten sich zu wenden an die Firmen:

Dr. Armbruster Bau GmbH & Co, 78 Freiburg, Postfach 5220
Badische Zementbau KG, 78 Freiburg, Auerstraße 2
Brenzinger & Cie GmbH, 78 Freiburg, Postfach 340
F. Egenter Bau GmbH & Co, 78 Freiburg, Carl-Mez-Straße 71
Sebastian Moser, Bauunternehmung, 78 Freiburg, Skagerrackstraße 1

Der stille Vorwurf, den sie enthielt, war berechtigt, denn niemand der Schüler wollte ursprünglich einen Bauberuf erlernen. Auf Grund der Anzeige entschlossen sich zwei dazu und erhielten bald darauf Lehrverträge. Sonst blieben unsere Bemühungen lange Zeit ergebnislos. Immerhin haben wir schließlich durch unsere Annonce 10 Schülerinnen und Schülern eine Lehrstelle vermitteln können.

Das öffentliche Echo war erstaunlich. Es läßt sich gut an dem Weg zeigen, den unsere Anzeige nahm.

haben, die begrifflich zum Wagnis gehört.

Mit Appellen an Industrie und Handwerk suchten Industrie- und Handelskammern in den vergangenen Wochen das Angebot der Lehrstellen zu vergrößern. „Die Lebensfähigkeit des demokratischen Staates und unserer freiheitlich-sozialen Wirtschaftsordnung", so schrieb Dr. Wilhelm Imhoff, Vorsitzender der Hamburger Arbeitgeber-Verbände, „hängt auch von den Möglichkeiten zu guter beruflicher Ausbildung ab." Die Wirtschaft solle „alle Anstrengungen

Wir, über 50 Schülerinnen und Schüler

der drei Abschlußklassen einer Hauptschule in Freiburg-Haslach, haben bisher vergeblich nach Lehrstellen als **Bäcker, Dekorateur, Drogistin, Elektriker, Friseuse, Installateur, Bank-, Einzelhandels-, Industrie-, Versicherungskaufmann, Koch, Mechaniker, Metzger, Rechtsanwaltsgehilfin, Schreiner, Sekretärin, Verkäuferin, Verwaltungsangestellte, Zahnarzthelferin usw.** gesucht.

Falls Sie, öffentliche und private Arbeitgeber und verantwortliche Politiker und Volksvertreter, noch irgendein Interesse an uns haben sollten, schreiben Sie uns bitte!

Denken Sie auch daran, daß unser Fall nur einer von vielen ist!

Die Klassen 9a, b, c, V schule II, , Freiburg.

Diese Anzeige wurde finanziert von den betroffenen Schülern, ihren Eltern, Elternbeiräten, den Klassenlehrern und dem Ortsverband der Gewerkschaft Erziehung und Wissenschaft Freiburg.

Wolfgang Wimmer, V schule II

Hauptschüler-Inserat in Freiburg: Leben höchsten Risikos

sanken nach einer Untersuchung des Bonner Bildungsministeriums 1974 auf 400 000, zugleich wuchs die Bereit-

(Aus: Der Spiegel, 19. 4. 1976, S. 145)

(Aus: Stern, 3. 6. 1976)

getrieben.

Die Allgemeinheit hat das nie tragisch genommen. Vielleicht aus der richtigen Erkenntnis heraus, daß die Schule für gewöhnliche Kinder gemacht ist und daß das Leiden an der Normalität der unvermeidliche Preis für eine besondere Begabung ist.

Jetzt aber ist es mit den Schulkindern wie mit den Singvögeln: Es sind nicht mehr nur ein paar besonders kostbare Arten bedroht. „Rund zwei Drittel aller Schulkinder in der Bundesrepublik", urteilt die Fachzeitschrift „Der deutsche Arzt", „sind psychisch gefährdet."

Der junge Arzt kann sich das leisten: Seine Praxis hat er erst vor anderthalb Jahren eröffnet, Penzberg ist klein und das Wartezimmer

Schon die ganz normal Begabten werden durch die hohen Belastungen der Schule krank

tersuchungen. Er schickt den Jungen weg zum Röntgen. Er erforscht seinen Kreislauf. Tatsächlich ist da etwas nicht in Ordnung. Kreislauf-Medi-

ganisch krank. Sie sind schulkrank." Und: „Um Kinder heilen zu können, brauche ich neben meiner Spezialausbildung als Kinderarzt eigentlich auch noch eine Spezialausbildung als Schulpsychologe."

Was den Kinderarzt besonders beunruhigt, ist dies: „Nach meiner Erfahrung sind es die durchschnittlichen, die normal begabten Kinder, die jetzt in der Schule so überfordert sind, daß sie krank werden. Sie kommen auch aus normalen Familien, in denen natürlich nie alles vollkommen ist. Aber was sind das für Verhältnisse, wenn nur noch das optimal ver-

Wir, über 50 Schülerinnen und Schüler

der drei Abschlußklassen einer Hauptschule in Freiburg-Haslach, haben bisher vergeblich nach Lehrstellen als **Bäcker, Dekorateur, Drogistin, Elektriker, Friseuse, Installateur, Bank-, Einzelhandels-, Industrie-, Versicherungskaufmann, Koch, Mechaniker, Metzger, Rechtsanwaltsgehilfin, Schreiner, Sekretärin, Verkäuferin, Verwaltungsangestellte, Zahnarzthelferin usw.** gesucht.

Falls Sie, öffentliche und private Arbeitgeber und verantwortliche Politiker und Volksvertreter, noch irgendein Interesse an uns haben sollten, schreiben Sie uns bitte!

Denken Sie auch daran, daß unser Fall nur einer von vielen ist!

Die Klassen 9a, b, c, V schule II, Freiburg.

Diese Anzeige wurde finanziert von den betroffenen Schülern, ihren Eltern, Elternbeiräten, den Klassenlehrern und dem Ortsverband der Gewerkschaft Erziehung und Wissenschaft Freiburg.

Wolfgang Wimmer, V schule II

Diesen Hilferuf veröffentlichten Freiburger Hauptschüler gemeinsam mit ihren Eltern und Lehrern am 17. März 1976 in der »Badischen Zeitung«. Zwei Monate später hatten 16 Hauptschulabsolventen der Vigeliusschule II noch immer keine Lehrstelle

stern 99

Wir, über 50 Schülerinnen und Schüler

der drei Abschlußklassen einer Hauptschule in Freiburg-Haslach, haben bisher vergeblich nach Lehrstellen als **Bäcker, Dekorateur, Drogistin, Elektriker, Friseuse, Installateur, Bank-, Einzelhandels-, Industrie-, Versicherungskaufmann, Koch, Mechaniker, Metzger, Rechtsanwaltsgehilfin, Schreiner, Sekretärin, Verkäuferin, Verwaltungsangestellte, Zahnarzthelferin usw.** gesucht.

Falls Sie, öffentliche und private Arbeitgeber und verantwortliche Politiker und Volksvertreter, noch irgendein Interesse an uns haben sollten, schreiben Sie uns bitte!

Denken Sie auch daran, daß unser Fall nur einer von vielen ist!

Die Klassen 9a, b, c, V schule II, Freiburg.

Diese Anzeige wurde finanziert von den betroffenen Schülern, ihren Eltern, Elternbeiräten, den Klassenlehrern und dem Ortsverband der Gewerkschaft Erziehung und Wissenschaft Freiburg.

Wolfgang Wimmer, V schule II

Ein Inserat, das eigentlich eine Traueranzeige ist

Trotz des schwarzen Randes ist dies oben keine Todes-Annonce. Und doch ist der Rand wichtig, signalisiert er einen Sterbefall: Gestorben sind die Hoffnungen dieser 50 Schüler auf eine sichere Zukunft. Sie sehen schwarz, sind verbittert, ausweglos.

Die in der Annonce der Freiburger „Badischen Zeitung" (BRD) vom 17. März angesprochenen verantwortlichen Politiker preisen ihren Staat oft als eine „freiheitlich-demokratische Grundordnung". Für die 50 Jugendlichen dürfte sich dabei die FREIHEIT darauf reduzieren, daß sie unfreiwillig frei sind von jeder Arbeitsmöglichkeit. Die große DEMOKRATIE besteht für sie darin, daß sie ihre Tragik der Öffentlichkeit in einer selbst finanzierten Annonce mitteilen dürfen. (Daß ihnen das jedoch — nach den vielen Versuchen, die sie zuvor schon unternahmen — hilft, ist sehr zu bezweifeln!) Und die gepriesene GRUNDORDNUNG dürfte sich diesen Schülern wie den anderen 400 000 arbeitslosen Jugendlichen in der BRD eher als eine durchaus nicht in Ordnung befindliche Un-Ordnung darstellen.

Weil die genannten Politiker ihre „freiheitlich-demokratische Ordnung" so gern den angeblich unfreien und totalitären Verhältnissen in der DDR gegenüberstellen, hier noch ein kleines Nebenbei: 400 000 arbeitslose Jugendliche in der BRD, das sind so viele, wie in den Bezirken Cottbus, Suhl und Schwerin leben. Die aber FREI sind von Angst und Arbeitslosigkeit, in DEMOKRATISCH geleiteten Betrieben und GEORDNETEN Verhältnissen leben.

Dietmar Halbhuber

(Aus: Junge Welt, Organ des Zentralrats der FDJ, 14. 4. 1976, S. 4)

Den Artikel aus der DDR hatte uns eine Dame zugeschickt, die sich gerade dort aufgehalten hatte.

> Freiburg, 28. 4. 76
>
> An die Klassen 9a, b, c
> V.-Schule
>
> Von einer Reise aus der DDR zurückgekehrt, möchte ich Ihnen einen Artikel aus der DDR-Zeitung «Junge Welt» vom 13. 4. 76 zusenden.
>
> Es wird Sie vielleicht interessieren, welchen Weg die Anzeige von Ihnen ging.
>
> Einen Kommentar dazu möchte ich mir ersparen, ich nehme an, über den dazugehörenden Artikel wird bei Ihnen ganz sicher gesprochen.
> Mit freundlichen Grüßen
> Z.

Ich antwortete ihr.

Sehr geehrte Frau Z.!
Vielen Dank für die Zusendung des Artikels. Ich bin selbst in der DDR aufgewachsen. Mein Vater ist noch mit 60 Jahren in die Bundesrepublik gekommen. Daher hat mich dieses Echo verständlicherweise besonders betroffen gemacht.

Wir sollten alles tun, damit die Ursache, und das ist natürlich nicht unsere Annonce, sondern die skandalöse Tatsache der Jugendarbeitslosigkeit wegfällt.

Mit freundlichen Grüßen

Inzwischen hatten wir einen zweiten Brief an die Eltern geschrieben, um sie zu informieren.

> Freiburg, den 24. 3. 1975
>
> Liebe Eltern,
> wir haben von Ihnen ca. 3/4 der ausgeteilten Elternbriefe zurückerhalten. Sämtliche Eltern haben sich für die Aufgabe der Annonce entschieden, eine große Mehrheit bei 5 Gegenstimmen für die Verwendung als Flugblatt. Daraufhin haben wir uns berechtigt gesehen, beides zu tun. Heute wollen wir Ihnen kurz über das Ergebnis berichten.
>
> Auf die Annonce hin sind verschiedene Anrufe und Briefe eingegangen. So haben sich zwei Friseurgeschäfte und eine Buchdruckerei mit Stellenangeboten gemeldet. Besonders gefreut hat uns ein Brief von der Gewerbeschule I, in dem Möglichkeiten aufgezeigt wurden, noch Plätze an Berufsfachschulen zu

erhalten, sowie als direkte Reaktion auf unsere Annonce die Anzeige in der BZ von fünf Freiburger Baufirmen, die zwölf Lehrstellen als Maurer und Betonbauer anbieten. Inzwischen haben zwei Jungen Lehrstellen dort angenommen.

Beim Austeilen der Flugblätter auf der Kaiser-Joseph-Straße haben sich der Elternbeiratsvorsitzende, Herr Hinz, fünf Schüler mit Einwilligung der Eltern und fünf Lehrerinnen und Lehrer von unserer Schule beteiligt. Die Leute, mit denen wir sprachen, haben sich überwiegend positiv über unsere Aktion geäußert. Wir erhielten dabei zwei weitere Stellenangebote.

Überraschend hat uns das öffentliche Interesse. Wir wurden interviewt von Zeitung und Rundfunk. Der Südwestfunk möchte noch eine Aufnahme mit Schülerinnen und Schülern machen, die trotz vieler Bemühungen noch keine Lehrstellen gefunden haben. Nach unserer Erfahrung ist die Situation für Mädchen besonders schwierig, auch wenn sie gute Zeugnisse haben. Der Satz, jeder könne eine Lehrstelle oder Arbeit erhalten, wenn er sich nur bemüht, stimmt leider nicht mehr. Von den Politikern haben sich Herr Schieler und Herr Böhme an uns gewendet. Wir haben mit den Entlaßschülern und ihnen ein Treffen am Freitag, 14 Uhr, im Jugendzentrum vereinbart und die anderen im Landtag vertretenen Parteien darauf hingewiesen. Es werden auch Vertreter der Kammern, der Gewerkschaft, des Arbeitsamtes und der Gewerbeschule anwesend sein. Einziges Thema der Zusammenkunft soll sein: Wie können wir unseren Schulabgängern Lehrstellen verschaffen. Wir würden uns sehr freuen, wenn Sie trotz der ungünstigen Zeit kommen könnten.

Wir verfolgen mit unserer Initiative keinerlei Parteiinteresse, sondern die Interessen unserer Schülerinnen und Schüler. Entsprechend werden wir uns auch in der Veranstaltung mit den Politikern verhalten. Sollten diese, was wir allerdings nicht glauben, die Zusammenkunft benutzen, um Wahlreden zu halten, werden wir sie daran erinnern, daß sie damit nicht am richtigen Ort sind.

Alle Unternehmungen haben wir bisher in Absprache mit dem Elternbeiratsvorsitzenden, Herrn Hinz, gemacht. Auf jeden Fall aber möchten wir auch mit Ihrem Einverständnis handeln. Deshalb möchten wir Sie fragen:

Sind Sie für die Fortsetzung unserer Initiative, indem wir zunächst noch einmal Flugblätter mit der Annonce verteilen?

ja nein
(Nichtzutreffendes bitte streichen)

Mit freundlichen Grüßen

Auch diesmal waren die Eltern einverstanden.

Das Treffen mit den Politikern fand im Jugendzentrum statt, und die Schülerinnen und Schüler der drei Abschlußklassen erschienen fast vollzählig. Sie wählten zunächst für die Politiker rotgepolsterte Stühle aus, die sie vorne hinstellten, getrennt von den grauen Holzstühlen, auf die sie sich selbst setzten. Nach einer kurzen Beratung stellten wir die Stühle in einem großen Halbkreis auf und ersetzten die gepolsterten durch gewöhnliche.

Gegenüber den Politikern bestanden bei den Jugendlichen große Vorbehalte. Sie sagten: «Die kommen ja doch bloß, weil jetzt Wahl ist.» Sehr oft hatte ich die Sätze gehört: «Die kleinen Leute können ja doch nichts machen. Die da oben machen ja doch, was sie wollen.» Der Götterglaube war tiefverwurzelt und weitverbreitet.

Ich glaube, daß viele Eltern und daher auch ihre Kinder die Wahl weniger als einen Akt des Mitbestimmens auffaßten als eine Form der Entmündigung. Sie gaben ihre Stimme ab. Sie würden nun vier Jahre lang schweigen, und nach vier Jahren würde dieses Schweigen besiegelt, indem sie abermals ihre Stimme abgaben. Sie wählten und nannten die, die sie wählten, nachher «die Bonzen». Sie wählten nicht ihre Regierung, sondern ihre Obrigkeit. Sie wählten sich ihre Vertreter, aber sie fühlten sich nicht vertreten.

Die Politiker diskutierten heftig, aber nicht, weil Wahlkampf, sondern weil die Sache strittig war. Unsere Schulsprecherin hatte die Gesprächsleitung, sie machte es gut, war aber natürlich nicht immer imstande, die Leute zu bremsen. Dadurch fühlten sich die Jugendlichen zurückgesetzt, sie kamen nicht genügend zu Wort. Auch war die Materie schwierig und schwer zu durchschauen. Natürlich hatten wir sie vorbereitet, aber wir hatten ihnen nicht Sätze in den Mund gelegt. Denn es ist nicht unsere Aufgabe, für und durch unsere Schüler zu sprechen, sondern sie zum Sprechen zu bringen, und das ist schwer genug. Die Politiker sprachen also manchmal über die Köpfe der Jugendlichen hinweg. In einer Ecke regte sich Unmut, ohne daß er sich artikulieren konnte.

Die Politiker versprachen, sich zu bemühen. Da aber natürlicherweise von den Folgen ihrer Bemühungen nach einigen Wochen nichts zu spüren war und die Lage der Jugendlichen sich nicht wesentlich verbessert hatte, schlossen diese, daß sich die Politiker nicht bemüht hätten. Manche hielten die Politiker für bloße Sprücheklopfer. Es war ihnen kaum klarzumachen, wie schwer es ist, Forderungen durchzusetzen. Daher glaube ich, daß das Treffen mit den Politikern einige nur in ihrem Mißtrauen bestärkte.

Immerhin wurde folgende Resolution beschlossen und von den anwesenden Politikern unterzeichnet:

RESOLUTION

Gemeinsam mit den Schülerinnen und Schülern der V   schule II wenden wir uns mit der dringlichen Bitte an alle öffentlichen und privaten Arbeitgeber, Auszubildende einzustellen. Unsere Schulabgänger befinden sich in einer großen Notlage. Falls es nicht gelingt, ihnen Ausbildungsplätze zu beschaffen,

- verschlechtern sich ihre Aussichten für ihr gesamtes Leben,
- sind nicht wenige in Gefahr, den Anschluß an das Berufsleben endgültig zu verlieren mit allen negativen Folgen (soziale Degradierung, Kriminalität),
- werden wir unserer Verantwortung gegenüber der jungen Generation nicht gerecht,
- wird dem Artikel 11 (1) der Landesverfassung von Baden-Württemberg nicht entsprochen:

  " Jeder junge Mensch hat ohne Rücksicht auf Herkunft oder wirtschaftliche Lage das Recht auf eine seiner Begabung entsprechende Erziehung und Ausbildung "

Folgende Maßnahmen halten wir für nötig:

1. Keine Verminderung des bestehenden Lehrstellenangebotes
2. Einwirken auf Betriebe, die bisher keine Lehrlinge ausbilden, notfalls Ausgleichabgabe
3. Appell an die Unternehmen, ihrer Ausbildungsverpflichtung nachzukommen.

   Begründung:

   a) Facharbeiterbedarf
   b) Unabhängigkeit der Ausbildung von staatlichen Regelungen
   c) gesellschaftliche Folgekosten von Lehrstellenmangel und Jugendarbeitslosigkeit
4. Einführung eines Berufsgrundbildungsjahres
5. Ausbau der Kapazitäten im Bereich der weiterführenden Schulen und Berufsfachschulen.
6. Staatliche Unterstützung für Betriebe, die besondere Ausbildungsleistungen erbringen.
7. Behebung des Mangels an qualifizierten Ausbildern
8. Unterstützung arbeitsloser Jugendlicher

Diese Resolution wurde am 26.3.1976 bei einer Versammlung der Schüler beschloßen und wird von den Politikern Dr. Rolf Böhme, SPD, Dr. Rudolf Schieler, SPD, Dr. Conrad Schroeder, CDU, Henning Wellbrock FDP, unterstützt.

Kritik am Fehlen einer Statistik über die noch offenen Lehrstellen

Politiker nahmen sich Zeit für die Neuntkläßler der Vigeliusschule

Zwei Stunden nahmen sich am Freitagnachmittag die Politiker Böhme und Schieler (SPD), Conrad Schroeder (CDU), Henning Wellbrock (FDP) und Vertreter des Arbeitsamtes, der Handwerkskammer, der Gewerkschaft Handel, Banken und Versicherungen in der Gewerbeschule Zeit, um mit Schülern der drei Abschlußklassen der V schule, die lange auf der Suche nach einer Lehrstelle waren oder es immer noch sind, über ihre Situation zu diskutieren. Den meisten Beifall erntete zum Schluß Wellbrocks Vorschlag, die Politiker sollten gemeinsam an die Betriebe des Einzugsgebiets schreiben und sie auffordern, weitere Stellen einzurichten. Wie groß das Konkurrenzdenken unter den Jugendlichen im Kampf um eine Lehrstelle ist, machte dann ein Mädchen deutlich: „Diese Lehrstellen müssen dann aber für die V Schüler sein."

Es dürfe nicht sein, „daß wir eine Initiative machen und die anderen die Lehrstellen einheimsen". Die Initiative hatte darin bestanden, daß Schüler, Eltern und Lehrer in einer Anzeige darauf aufmerksam gemacht hatten, daß rund fünfzig Schüler der drei Abschlußklassen der V schule bislang vergeblich nach einer Lehrstelle gesucht hätten. Daraufhin trafen zwar einige Angebote ein, — aber die Schüler blieben am Ball. Zusammen mit ihren Lehrern luden sie Vertreter der drei großen Parteien zu einem Gespräch in das Jugendzentrum in der Bugginger Straße ein.

Zunächst einmal schilderten dort die Jugendlichen, wie es bei ihrer Stellensuche zugegangen sei. Einer: „Elf Betriebe habe ich abgeklappert, erst beim zwölften hat's geklappt". Viele Klagen wurden laut über das Arbeitsamt — einmal wegen der Behandlung, die vielen nicht gefallen hat, zum anderen auch wegen der Tatsache, daß die Schülerinnen und Schüler oft zu Betrieben geschickt worden seien, wo es dann geheißen habe, die Stelle sei bereits besetzt.

Frau Haßmüller entschuldigte sich für Fehlverhalten von Angestellten des Arbeitsamtes, kam dann aber auf einige Schwierigkeiten dieser Einrichtung zu sprechen: Daß etwa Betriebe nicht rechtzeitig Bescheid sagten, wenn eine beim Arbeitsamt gemeldete offene Stelle inzwischen besetzt worden sei. Das führte zu einem grundsätzlichen Problem, auf das auch vom Vertreter der Handwerkskammer hingewiesen worden war. Es gibt zum Beispiel für den Arbeitsamtsbezirk Freiburg keine einigermaßen fundierte Übersicht über die noch freien Lehrstellen. Wo es für nahezu alles eine Statistik gebe, so forderten Böhme und der Gewerkschaftsvertreter, sollten die mit der beruflichen Bildung befaßten Einrichtungen unverzüglich zusammenarbeiten, um eine solche Übersicht zu schaffen.

Wie das bisherige Lehrstellenangebot zumindest erhalten bleiben, wenn nicht gar vermehrt werden könne, bildete einen Hauptpunkt in der Diskussion. Der Vertreter der Gewerkschaft HBV bedauerte, daß es auch über die Betriebsräte in einigen Kaufhäusern nicht gelungen sei, eine Reduzierung der Lehrstellen zu verhindern. Mehr Lehrstellen versprachen sich alle Politiker von der Verabschiedung des Berufsbildungsgesetzes, das aber im Bundesrat noch umstritten ist. Alle Politiker unterschrieben eine Resolution, in der die Arbeitgeber aufgefordert werden, Lehrlinge einzustellen.

„Jedes Kind hat ohne Rücksicht auf seine Herkunft oder wirtschaftliche Lage das Recht auf eine seiner Begabung entsprechende Erziehung und Ausbildung" — so steht es in der Landesverfassung. Enttäuscht fragte eine Schülerin, was dieser Artikel denn jetzt noch wert sei?
e.r.

(Elmar Reinauer, in: Badische Zeitung, 27./28. März 1976, S. 15)

Mit dieser Resolution gingen wir wieder auf die Straße. Diesmal waren wir 25 Schülerinnen und Schüler und 6 Lehrer. Von den Eltern war nichts zu sehen, außer dem Elternratsvorsitzenden, der uns bei allen Aktionen tatkräftig unterstützte.

Es war wenige Tage vor dem Wahlsonntag. Überall in der Stadt waren die Stände der Parteien aufgestellt, und Unmassen von Papier wurden an die Passanten verteilt. Alle wollten nach Stuttgart, während wir ein viel bescheideneres Ziel hatten. Die Schüler gingen auf die Straße, um später nicht auf der Straße zu liegen. Indem sie diesen Schritt taten, wurden sie vielleicht ein klein wenig anders, als sie früher waren. Vielleicht entdeckten sie auch, wozu die Straße gut war, und irgendwie hoffte ich, sie würden, falls sie keine Arbeit fänden, später nicht lauter Vereinzelte sein, die sich vor den Biergläsern wiederfinden und die, wenn die Kneipe geschlossen wird, ihre Kämpfe auf der Straße ausfechten.

Ich ging zu den verschiedenen Ständen. An einem sagte mir ein gutgekleideter Herr, ziemlich empört über unser Ansinnen, er suche schon seit Wochen nach Lehrlingen für seine Versicherung. Er gab mir seine Adresse. Zwei Tage später rief er uns an, empört noch immer, so habe er sich das nicht gedacht, wir sollten die Störungen unterlassen. Es hatten sich viele bei ihm gemeldet.

An einer Ecke hatten sich die Radikalen versammelt. Ich mischte mich unter sie und wollte einem Mädchen das Flugblatt geben. Mit verklärtem Lächeln zeigte sie auf ein dickes Maobuch und hob es mir entgegen. Dabei wurde ihr Zeigefinger immer länger. Ich sagte: «Das können Sie doch trotzdem lesen.»

Ich hörte, wie ein Schüler gesagt bekam: «Friß dein Papier doch selber!» Eine Schülerin war mit einem älteren Mann in ein Gespräch verwickelt, der meinte: «Recht habt ihr. Unter Hitler hätte es das nicht gegeben. Nur die KZs waren nicht richtig.» Aber viele Leute sagten bloß: «Recht habt ihr.»

Wir hatten die Öffentlichkeit auf unser Problem aufmerksam machen wollen, um einige Lehrstellen zu bekommen. Viele Schülerinnen und Schüler wurden nun aktiver, und das war eine gute Nebenwirkung. Wir erhielten viele Zuschriften, die wir besprachen und bewerteten. In der Regel ist die Schule ein Getto, nun öffnete es sich etwas. Der Unterricht bekam Andeutungen eines Projekts. Wir hatten einen kleinen Schritt an die Öffentlichkeit getan, sie reagierte, und wir erhielten dadurch einen Beweis unserer Existenz.

Diese Aktivierung darf man sich jedoch nicht zu groß vorstellen. Auch jetzt gab es noch einige Schüler, die nicht zu interessieren waren. Sie kamen weiter unregelmäßig zur Schule und hingen bloß herum. Als wir auf der Straße waren, war uns von einigen Passanten das Bild des faulen, lustlosen, willenlosen Hauptschülers entgegengehalten worden, das falsch ist, dem sie jedoch entsprachen. Sie schienen diesen Leuten recht zu geben. Obgleich ich die Gründe ihres Verhaltens gut genug kannte, machte ich es ihnen zum Vorwurf, fast wie jene, die die Gründe nicht kennen oder nicht kennen wollen. Ich dachte: «Während wir kleine Schritte machen, um für sie einzutreten, fallen sie uns in den Rücken. Anstatt die hilfreiche Hand zu ergreifen, die wir ihnen entgegenstrecken, bewerfen sie uns mit dem Dreck, aus dem wir sie ziehen wollen.» Auch von Kollegen wurde uns gesagt: «Für die setzt ihr euch ein?» Und das war eine der Gründe, weshalb unsere Aktion nicht von allen gutgeheißen wurde. Ich durchlebte die Gefühle des Zorns, der Verbitterung, auch der Verachtung. Schließlich trat eine gewisse Gleichgültigkeit ein. Im Grunde waren es arme Menschen, die sich selbst aufgegeben hatten. Sie widersetzten sich jedem Versuch, etwas zu lernen, weil jeder Zuwachs an Wissen ihnen gezeigt hätte, wiewenig sie wußten, und ihr übersteigertes, unrealistisches Selbstbild, das auf ihre Ohnmacht aufgepfropft war, zerstört hätte.

Unsere Aktion erhielt allerhand Anerkennung, aber natürlich waren wir auch Anfeindungen ausgesetzt. Für eine – allerdings kleine – Gruppe, waren die daran beteiligten Lehrer die rote Zelle. Ein Lehrer erkannte in meinem Verhalten eine bestimmte, durchgehende Linie, die er als Parteilinie identifizierte. Über den Begriff «linientreu» gelangte er zu dem Verdacht, daß ich ein solcher Funktionär sei oder wenigstens ein vom Osten gesteuerter Agent. Als ich ihn sachte darauf hinwies, daß ich von dort herkäme und sogar einen Flüchtlingsausweis hätte, schien ihm das nur ein besonders arglistiger Versuch der Täuschung zu sein. Man hatte mich mit den notwendigen Papieren ausgerüstet. «Ich warne Sie», sagte er, «überspannen Sie den Bogen nicht. Sie kritisieren den Staat, Sie sind gegen die Demokratie.» Ich glaube, in Wahrheit fürchtete der gute Mann, mit einem Extremisten in eine Ecke gestellt und verwechselt, vorzeitig aus dem Dienst entlassen und um die Pension, die zum Greifen nahe war, betrogen zu werden.

Ich nahm es von der spaßigen Seite, und doch bekam die Wendung: «Ich warne Sie», noch nachträglich einen bedrohlichen Klang, er drängte sich einfach auf, obwohl ich dem Mann damit zweifellos unrecht tat.

Der Ortsvorstand der Gewerkschaft, in dem ich Mitglied bin, erhielt den Beweis, daß an Schulen tatsächlich bespitzelt und denunziert wurde. Wie soll man es anders nennen, wenn es überhaupt noch eine Gemeinsamkeit der Wörter und der Sitten gibt? Einen Auszug aus dem amtlichen Protokoll, der dessen Geist nur ungenügend wiedergibt, veröffentlichten wir in der Zeitung.

Sätze, die beginnen: «Am Biertisch sagte Herr X», die auf Behörden aufbewahrt und gegen die so Beschuldigten verwandt werden, sind mir unheimlich. Sie werden um nichts erträglicher, wenn man für «Herrn X» einsetzt «der Kommunist X». Das Maß an Furcht und Freiheit in einem Lande können die am besten ermessen, die nicht der herrschenden Mei-

JAGDSZENEN IN NORDBADEN

So habe ich einen Radikalen erkannt!

Im Laufe von vier Jahren gesammelt und zu Protokoll gegeben am 12. 11. 1975 von Studienrat [redacted], Vertrauenslehrer des Philologenverbandes an einem Gymnasium in Nordbaden;
beglaubigt,
zu den Akten genommen
und für gerichtsverwertbar gehalten
vom Oberschulamt Karlsruhe:

„Als politische Tätigkeit von Herrn [redacted] ist mir bekannt, daß er . . . einen Artikel zur Demokratisierung der Schule geschrieben hat" . . . „Bei einem Gespräch am Biertisch versuchte er zu überzeugen, daß die Winzergenossenschaften im Kaiserstuhl genau das seien, was man in der Sowjetunion Kolchose nenne" . . .

„Auffallend ist, daß in der jetzigen Klasse 12 b, nachdem sie seinerzeit von Herrn [redacted] übernommen worden war, mehrere Schüler aus der Jungen Union austraten und einige davon extrem als linkslastig anzusprechen sind (z. B. Schüler X)" . . .

„Auch der Kollege Y radikalisierte sich unter dem Einfluß von Herrn [redacted] zusehends. Er äußerte sich z. B. in einer Elternversammlung wie folgt: ‚Ich wäre ein schlechter Vertreter meiner Partei, wenn man dies nicht in der ersten Stunde merkte.'" (Koll. Y ist SPD-Stadtrat) . . .

„Es gelang Herrn [redacted] immer mehr, die GEW-Mitglieder im Kollegium an sich zu binden und zu einem festen Block zusammenzuschweißen, der dann auch bei Lehrerkonferenzen geschlossen auftrat" . . .

„Zur Spaltung des Kollegiums trug zum ersten Mal in stärkerer Weise das von der GEW vorgelegte Modell zur Konfliktlösung zwischen Schülern und Lehrern bei" . . .

Sie lachen? – So wird bespitzelt und denunziert! Solcher „Erkenntnisse" und Methoden bedient sich eine Schulbehörde, um einem Lehrer den Beruf zu verbieten.

Seit vielen Monaten kämpft der Betroffene vor Gericht um seinen Verbleib im Schuldienst.

Wir fordern die Schulbehörde auf, die freiheitlich demokratische Grundordnung zu schützen und nicht zu zerstören!

Ortsvorstand der GEW Freiburg – Vorstand der GEW Hochschulregion Freiburg – Bund demokratischer Wissenschaftler, Sektion Freiburg

nung sind, zum Beispiel in der Frage des Radikalenerlasses und seiner Anwendung. Wir hatten die Freiheit, Spitzelei «Spitzelei» zu nennen, Denunziation «Denunziation», miese Methoden «miese Methoden», auch wenn sie von Amts wegen gebilligt wurden, und zugleich fürchteten wir, daß man uns eines Tages diese Freiheit vorhalten könnte. Ich hatte Furcht, genauer gesagt, ich hatte wieder Furcht.

Ich erschrak, als ich sah, daß wir, in einem verhältnismäßig freien Land lebend, sehr schnell bereit sind, die Diktatur in uns zu errichten, denn über die ängstlichen Herzen kann leicht die wirkliche Diktatur einziehen. Die Furcht ist ein schlechtes Gefühl, und man muß sich von ihr freisprechen. Überall werden heute Erkenntnisse gewonnen. Auch ich bin zu bestimmten Erkenntnissen gekommen.

Im § 11 (1) der Landesverfassung von Baden-Württemberg heißt es: «Jeder junge Mensch hat ohne Rücksicht auf Herkunft oder wirtschaftliche Lage das Recht auf eine seiner Begabung entsprechende Erziehung und Ausbildung.» Ich erwarte nicht, daß Wirklichkeit und Anspruch der Verfassung vollkommen übereinstimmen. Aber es muß noch eine Nachbarschaft zu erkennen sein. Wenn von ca. 50 Schülerinnen und Schülern, die während fünf Jahren in meiner Klasse waren, die Hälfte entweder nicht den Abschluß erreicht hat (13 Schüler) oder in ein Erziehungsheim gekommen ist (3 Schüler), oder nach dem Schulabschluß keine Arbeit gefunden hat (7 Schüler), ist das nicht der Fall. Der Zustand ist verfassungsfeindlich, nicht derjenige, der ihn beklagt.